भक्ति काव्य और लोक जीवन

भक्ति काव्य और लोक जीवन

डॉ. ओघड़ एल. झाला

रावत प्रकाशन
नई दिल्ली-110 002

रावत प्रकाशन
4264/3, अंसारी रोड, दरियागंज, नई दिल्ली - 110 002
दूरभाष : 011-23244078, 43559448, फैक्स : 011-23280028
ई-मेल : rawatprakashan@yahoo.com

भक्ति काव्य और लोक जीवन

पेज : 232

ISBN : 978-93-85925-79-5

मूल्य : 1000 रुपये

प्रथम संस्करण : 2016

गौतम सिंह रावत द्वारा 'रावत प्रकाशन' के लिए प्रकाशित एवं एशियन ऑफसेट प्रिन्टर्स, दिल्ली से मुद्रित।

प्रस्तावना

हिंदी साहित्य का भक्ति काल 1375 ईस्वी से 1700 ईस्वी तक माना जाता है। यह हिंदी साहित्य का श्रेष्ठ युग है। समस्त हिंदी साहित्य के श्रेष्ठ कवि और उत्तम रचनाएं इस युग में प्राप्त होती हैं। तेरहवीं सदी तक धर्म के क्षेत्र में बड़ी अस्तव्यस्तता आ गई। जनता में सिद्धों और योगियों आदि द्वारा प्रचलित अंधविश्वास फैल रहे थे, शास्त्रज्ञान संपन्न वर्ग में भी रूढ़ियों और आडंबर की प्रधानता हो चली थी। मायावाद के प्रभाव से लोकविमुखता और निष्क्रियता के भाव समाज में पनपने लगे थे। ऐसे समय में भक्ति आंदोलन के रूप में ऐसा भारतव्यापी विशाल सांस्कृतिक आंदोलन उठा जिसने समाज में उत्कर्ष विधायक सामाजिक और वैयक्तिक मूल्यों की प्रतिष्ठा की। भक्ति आंदोलन का आरंभ दक्षिण के आलवार संतों द्वारा दसवीं सदी के लगभग हुआ।

यद्यपि भक्ति का स्रोत दक्षिण से आया तथापि उत्तर भारत की नई परिस्थितियों में उसने एक नया रूप भी ग्रहण किया। मुसलमानों के इस देश में बस जाने पर एक ऐसे भक्तिमार्ग की आवश्यकता थी जो हिंदू और मुसलमान दोनों को ग्राह्य हो। इसके अतिरिक्त निम्न वर्ग के लिए भी अधिक मान्य मत वही हो सकता था जो उसी वर्ग के पुरुष द्वारा प्रवर्तित हो। महाराष्ट्र के संत नामदेव ने 14वीं शताब्दी में इसी प्रकार के भक्तिमत का सामान्य जनता में प्रचार किया जिसमें भगवान् के सगुण और निर्गुण दोनों रूप गृहीत थे। कबीर के संतमत के ये पूर्वपुरुष हैं। दूसरी ओर सूफी कवियों ने हिंदुओं की लोककथाओं का आधार लेकर ईश्वर के प्रेममय रूप का प्रचार किया।

प्रस्तुत पुस्तक की रचना में कुछ लिखित व अलिखित स्रोतों से मदद ली गई है जिनके लेखकों व प्रकाशकों के प्रति मैं विनम्र आभार प्रकट करता हूँ। आशा है, पुस्तक पाठकों के लिए उपयोगी सिद्ध होगी।

–लेखक

अनुक्रम

प्रस्तावना v
1. विषय बोध 1
2. सूरदास के काव्य में लोक जीवन 12
3. तुलसीदास के काव्य में लोक जीवन 52
4. रसखान के काव्य में लोक जीवन 69
5. दादू दयाल के काव्य में लोक जीवन 113
6. मीराबाई के काव्य में लोक जीवन 126
7. नंददास के काव्य में लोक जीवन 155
8. रैदास के काव्य में लोक जीवन 159
9. चैतन्य महाप्रभु के काव्य में लोक जीवन 175
10. मालिक मुहम्मद जायसी के काव्य में लोक जीवन 192
सन्दर्भ-ग्रन्थ सूची 223

1

विषय बोध

हिंदी साहित्य का भक्ति काल 1375 ईस्वी से 1700 ईस्वी तक माना जाता है। यह हिंदी साहित्य का श्रेष्ठ युग है। समस्त हिंदी साहित्य के श्रेष्ठ कवि और उत्तम रचनाएं इस युग में प्राप्त होती हैं। तेरहवीं सदी तक धर्म के क्षेत्र में बड़ी अस्तव्यस्तता आ गई। जनता में सिद्धों और योगियों आदि द्वारा प्रचलित अंधविश्वास फैल रहे थे, शास्त्रज्ञान संपन्न वर्ग में भी रूढ़ियों और आडंबर की प्रधानता हो चली थी। मायावाद के प्रभाव से लोकविमुखता और निष्क्रियता के भाव समाज में पनपने लगे थे। ऐसे समय में भक्तिआंदोलन के रूप में ऐसा भारतव्यापी विशाल सांस्कृतिक आंदोलन उठा जिसने समाज में उत्कर्ष विधायक सामाजिक और वैयक्तिक मूल्यों की प्रतिष्ठा की भक्ति आंदोलन का आरंभ दक्षिण के आलवार संतों द्वारा दसवीं सदी के लगभग हुआ। वहाँ शंकराचार्य के अद्वैतमत और मायावाद के विरोध में चार वैष्णव संप्रदाय खड़े हुए। इन चारों संप्रदायों ने उत्तर भारत में विष्णु के अवतारों का प्रचारप्रसार किया। इनमें से एक के प्रवर्तक रामानुजाचार्य थे, जिनकी शिष्यपरंपरा में आनेवाले रामानंद ने (पंद्रहवीं सदी) उत्तर भारत में रामभक्ति का प्रचार किया। रामानंद के राम ब्रह्म के स्थानापन्न थे जो राक्षसों का विनाश और अपनी लीला का विस्तार करने के लिए संसार में अवतीर्ण होते हैं। भक्ति के क्षेत्र में रामानंद ने ऊँचनीच का भेदभाव मिटाने पर विशेष बल दिया। राम के सगुण और निर्गुण दो रूपों को माननेवाले दो भक्तों-कबीर और तुलसी को इन्होंने प्रभावित किया। विष्णुस्वामी के शुद्धाद्वैत मत का आधार लेकर इसी समय बल्लभाचार्य ने अपना पुष्टिमार्ग चलाया। बारहवीं से सोलहवीं सदी तक पूरे देश में पुराणसम्मत कृष्णचरित् के आधार पर कई संप्रदाय प्रतिष्ठित हुए, जिनमें सबसे ज्यादा प्रभावशाली वल्लभ का पुष्टिमार्ग था। उन्होंने शांकर मत के विरुद्ध ब्रह्म के सगुण रूप को ही वास्तविक

कहा। उनके मत से यह संसार मिथ्या या माया का प्रसार नहीं है बल्कि ब्रह्म का ही प्रसार है, अतः सत्य है। उन्होंने कृष्ण को ब्रह्म का अवतार माना और उसकी प्राप्ति के लिए भक्त का पूर्ण आत्मसमर्पण आवश्यक बतलाया। भगवान के अनुग्रह या पुष्टि के द्वारा ही भक्ति सुलभ हो सकती है। इस संप्रदाय में उपासना के लिए गोपीजनवल्लभ, लीलापुरुषोत्तम कृष्ण का मधुर रूप स्वीकृत हुआ। इस प्रकार उत्तर भारत में विष्णु के राम और कृष्ण अवतारों प्रतिष्ठा हुई।

यद्यपि भक्ति का स्रोत दक्षिण से आया तथापि उत्तर भारत की नई परिस्थितियों में उसने एक नया रूप भी ग्रहण किया। मुसलमानों के इस देश में बस जाने पर एक ऐसे भक्तिमार्ग की आवश्यकता थी जो हिंदू और मुसलमान दोनों को ग्राह्य हो। इसके अतिरिक्त निम्न वर्ग के लिए भी अधिक मान्य मत वही हो सकता था जो उन्हीं के वर्ग के पुरुष द्वारा प्रवर्तित हो। महाराष्ट्र के संत नामदेव ने 14वीं शताब्दी में इसी प्रकार के भक्तिमत का सामान्य जनता में प्रचार किया जिसमें भगवान् के सगुण और निर्गुण दोनों रूप गृहीत थे। कबीर के संतमत के ये पूर्वपुरुष हैं। दूसरी ओर सूफी कवियों ने हिंदुओं की लोककथाओं का आधार लेकर ईश्वर के प्रेममय रूप का प्रचार किया।

इस प्रकार इन विभिन्न मतों का आधार लेकर हिंदी में निर्गुण और सगुण के नाम से भक्तिकाव्य की दो शाखाएँ साथ साथ चलीं। निर्गुणमत के दो उपविभाग हुए—ज्ञानाश्रयी और प्रेमाश्रयी। पहले के प्रतिनिधि कबीर और दूसरे के जायसी हैं। सगुणमत भी दो उपधाराओं में प्रवाहित हुआ—रामभक्ति और कृष्णभक्ति। पहले के प्रतिनिधि तुलसी हैं और दूसरे के सूरदास।

भक्तिकाव्य की इन विभिन्न प्रणलियों की अपनी अलग अलग विशेषताएँ हैं पर कुछ आधारभूत बातों का सन्निवेश सब में है। प्रेम की सामान्य भूमिका सभी ने स्वीकार की। भक्तिभाव के स्तर पर मनुष्यमात्र की समानता सबको मान्य है। प्रेम और करुणा से युक्त अवतार की कल्पना तो सगुण भक्तों का आधार ही है पर निर्गुणोपासक कबीर भी अने राम को प्रिय, पिता और स्वामी आदि के रूप में स्मरण करते हैं। ज्ञान की तुलना में सभी भक्तों ने भक्तिभाव को गौरव दिया है। सभी भक्त कवियों ने लोकभाषा का माध्यम स्वीकार किया है।

ज्ञानश्रयी शाखा के प्रमुख कवि कबीर पर तात्कालिक विभिन्न धार्मिक प्रवृत्तियों और दार्शनिक मतों का सम्मिलित प्रभाव है। उनकी रचनाओं में धर्मसुधारक और समाजसुधारक का रूप विशेष प्रखर है। उन्होंने आचरण की शुद्धता पर बल

दिया। बाह्याडंबर, रूढ़ियों और अंधविश्वासों पर उन्होंने तीव्र कशाघात किया। मनुष्य की क्षमता का उद्घोष कर उन्होंने निम्नश्रेणी की जनता में आत्मगौरव का भाव जगाया। इस शाखा के अन्य कवि रैदास, दादू हैं।

अपनी व्यक्तिगत धार्मिक अनुभूति और सामाजिक आलोचना द्वारा कबीर आदि संतों ने जनता को विचार के स्तर पर प्रभावित किया था। सूफी संतों ने अपने प्रेमाख्यानों द्वारा लोकमानस को भावना के स्तर पर प्रभावित करने का प्रयत्न किया। ज्ञानमार्गी संत कवियों की वाणी मुक्तकबद्ध है, प्रेममार्गी कवियों की प्रेमभावना लोकप्रचलित आख्यानों का आधार लेकर प्रबंधकाव्य के रूप में ख्यायित हुई है। सूफी ईश्वर को अनंत प्रेम और सौंदर्य का भंडार मानते हैं। उनके अनुसार ईश्वर को जीव प्रेम के मार्ग से ही उपलब्ध कर सकता है। साधाना के मार्ग में आनेवाली बाधाओं को वह गुरु या पीर की सहायता से साहसपूर्वक पार करके अपने परमप्रिय का साक्षात्कार करता है। सूफियों ने चाहे अपने मत के प्रचार के लिए अपने कथाकाव्य की रचना की हो पर साहित्यिक दृष्टि से उनका मूल्य इसलिए है कि उसमें प्रेम और उससे प्रेरित अन्य संवेगों की व्यंजना सहजबोध्य लौकिक भूमि पर हुई है। उनके द्वारा व्यंजित प्रेम ईश्वरोन्मुख है पर सामान्यतः यह प्रेम लौकिक भूमि पर ही संक्रमण करता है। परमप्रिय के सौंदर्य, प्रेमक्रीड़ा और प्रेमी के विरहोद्वेग आदि का वर्णन उन्होंने इतनी तन्मयता से किया है और उनके काव्य का मानवीय आधार इतना पुष्ट है कि आध्यात्मिक प्रतीकों और रूपकों के बावजूद उनकी रचनाएँ प्रेमसमर्पित कथाकाव्य की श्रेष्ठ कृतियाँ बन गई हैं। उनके काव्य का पूरा वातावरण लोकजीवन का और गार्हस्थिक है। प्रेमाख्यानकों की शैली फारसी के मसनवी काव्य जैसी है।

इस धारा के सर्वप्रमुख कवि जायसी हैं जिनका पदमावत अपनी मार्मिक प्रेमव्यंजना, कथारस और सहज कलाविन्यास के कारण विशेष प्रशंसित हुआ है। इनकी अन्य रचनाओं में अखरावट और आखिरी कलाम आदि हैं, जिनमें सूफी संप्रदायसंगत बातें हैं। इस धारा के अन्य कवि हैं कुतबन, मंझन, उसमान, शेख, नबी और नूरमुहम्मद आदि।

ज्ञानमार्गी शाखा के कवियों में विचार की प्रधानता है तो सूफियों की रचनाओं में प्रेम का एकांतिक रूप व्यक्त हुआ है। सगुण धारा के कवियों ने विचारात्मक शुष्कता और प्रेम की एकांगिता दूरकर जीवन के सहज उल्लासमय और व्यापक रूप की प्रतिष्ठा की। कृष्णभक्तिशाखा के कवियों ने आनंदस्वरूप लीलापुरुषोत्तम कृष्ण के मधुर रूप की प्रतिष्ठा कर जीवन के प्रति गहन राग को स्फूर्त किया। इन कवियों में सूरसागर के रचयिता महाकवि सूरदास श्रेष्ठतम हैं जिन्होंने कृष्ण के मधुर व्यक्तित्व का अनेक मार्मिक रूपों में साक्षात्कार किया। ये प्रेम और सौंदर्य के

निसर्गसिद्ध गायक हैं। कृष्ण के बालरूप की जैसी विमोहक, सजीव और बहुविध कल्पना इन्होंने की है वह अपना सानी नहीं रखती। कृष्ण और गोपियों के स्वच्छंद प्रेमप्रसंगों द्वारा सूर ने मानवीय राग का बड़ा ही निश्छल और सहज रूप उद्‌घाटित किया है। यह प्रेम अपने सहज परिवेश में सहयोगी भाववृत्तियों से संपृक्त होकर विशेष अर्थवान् हो गया है। कृष्ण के प्रति उनका संबंध मुख्यतः सख्यभाव का है। आराध्य के प्रति उनका सहज समर्पण भावना की गहरी से गहरी भूमिकाओं को स्पर्श करनेवाला है। सूरदास वल्लभाचार्य के शिष्य थे। वल्लभ के पुत्र बिट्ठलनाथ ने कृष्णलीलागान के लिए अष्टछाप के नाम से आठ कवियों का निर्वाचन किया था। सूरदास इस मंडल के सर्वोत्कृष्ट कवि हैं। अन्य विशिष्ट कवि नंददास और परमानंददास हैं। नंददास की कलाचेतना अपेक्षाकृत विशेष मुखर है।

मध्ययुग में कृष्णभक्ति का व्यापक प्रचार हुआ और वल्लभाचार्य के पुष्टिमार्ग के अतिरिक्त अन्य भी कई संप्रदाय स्थापित हुए, जिन्होंने कृष्णकाव्य को प्रभावित किया। हितहरिवंश (राधावल्लभी संप्र.), हरिदास (टट्टी संप्र.), गदाधर भट्ट और सूरदास मदनमोहन (गौड़ीय संप्र.) आदि अनेक कवियों ने विभिन्न मतों के अनुसार कृष्णप्रेम की मार्मिक कल्पनाएँ कीं। मीरा की भक्ति दांपत्यभाव की थी जो अपने स्वतरूस्फूर्त कोमल और करुण प्रेमसंगीत से आंदोतिल करती हैं। नरोत्तमदास, रसखान, सेनापति आदि इस धारा के अन्य अनेक प्रतिभाशाली कवि हुए जिन्होंने हिंदी काव्य को समृद्ध किया। यह सारा कृष्णकाव्य मुक्तक या कथाश्रित मुक्तक है। संगीतात्मकता इसका एक विशिष्ट गुण है।

कृष्णकाव्य ने भगवान्‌के मधुर रूप का उद्‌घाटन किया पर उसमें जीवन की अनेकरूपता नहीं थी, जीवन की विविधता और विस्तार की मार्मिक योजना रामकाव्य में हुई। कृष्णभक्तिकाव्य में जीवन के माधुर्य पक्ष का स्फूर्तिप्रद संगीत था, रामकाव्य में जीवन का नीतिपक्ष और समाजबोध अधिक मुखरित हुआ। एक ने स्वच्छंद रागतत्व को महत्व दिया तो दूसरे ने मर्यादित लोकचेतना पर विशेष बल दिया। एक ने भगवान की लोकरंजनकारी सौंदर्यप्रतिमा का संगठन किया तो दूसरे ने उसके शक्ति, शील और सौंदर्यमय लोकमंगलकारी रूप को प्रकाशित किया। रामकाव्य का सर्वोत्कृष्ट वैभव रामचरितमानस के रचयिता तुलसीदास के काव्य में प्रकट हुआ जो विद्याविद् ग्रियर्सन की दृष्टि में बुद्धदेव के बाद के सबसे बड़े जननायक थे। पर काव्य की दृष्टि से तुलसी का महत्व भगवान् के एक ऐसे रूप की परिकल्पना में है जो मानवीय सामर्थ्य और औदात्य की उच्चतम भूमि पर अधिष्ठित है। तुलसी के काव्य की एक बड़ी विशेषता उनकी बहुमुखी समन्वयभावना है जो धर्म, समाज और साहित्य सभी क्षेत्रों में सक्रिय है। उनका काव्य लोकोन्मुख है। उसमें जीवन की विस्तीर्णता

के साथ गहराई भी है। उनका महाकाव्य रामचरितमानस राम के संपूर्ण जीवन के माध्यम से व्यक्ति और लोकजीवन के विभिन्न पक्षों का उद्घाटन करता है। उसमें भगवान् राम के लोकमंगलकारी रूप की प्रतिष्ठा है। उनका साहित्य सामाजिक और वैयक्तिक कर्तव्य के उच्च आदर्शों में आस्था दृढ़ करनेवाला है। तुलसी की विनयपत्रिका में आराध्य के प्रति, जो कवि के आदर्शों का सजीव प्रतिरूप है, उनका निरंतर और निश्छल समर्पणभाव, काव्यात्मक आत्माभिव्यक्ति का उत्कृष्ट दृष्टांत है। काव्याभिव्यक्ति के विभिन्न रूपों पर उनका समान अधिकार है। अपने समय में प्रचलित सभी काव्यशैलियों का उन्होंने सफल प्रयोग किया। प्रबंध और मुक्तक की साहित्यिक शैलियों के अतिरिक्त लोकप्रचलित अवधी और ब्रजभाषा दोनों के व्यवहार में वे समान रूप से समर्थ हैं। तुलसी के अतिरिक्त रामकाव्य के अन्य रचयिताओं में अग्रदास, नाभादास, प्राणचंद चौहान और हृदयराम आदि उल्लेख्य हैं।

आज की दृष्टि से इस संपूर्ण भक्तिकाव्य का महत्व उसक धार्मिकता से अधिक लोकजीवनगत मानवीय अनुभूतियों और भावों के कारण है। इसी विचार से भक्तिकाल को हिंदी काव्य का स्वर्ण युग कहा जा सकता है।

दक्षिण में आलवार बंधु नाम से कई प्रख्यात भक्त हुए हैं। इनमें से कई तथाकथित नीची जातियों के भी थे। वे बहुत पढे-लिखे नहीं थे, परंतु अनुभवी थे। आलवारों के पश्चात दक्षिण में आचार्यों की एक परंपरा चली जिसमें रामानुजाचार्य प्रमुख थे।

रामानुजाचार्य की परंपरा में रामानंद हुए। आपका व्यक्तित्व असाधारण था। वे उस समय के सबसे बड़े आचार्य थे। उन्होंने भक्ति के क्षेत्र में ऊंच-नीच का भेद तोड़ दिया। सभी जातियों के अधिकारी व्यक्तियों को आपने शिष्य बनाया। उस समय का सूत्र हो गयाः

जाति-पांति पूछे नहिं कोई।
हरि को भजै सो हरि का होई।

रामानंद ने विष्णु के अवतार राम की उपासना पर बल दिया। रामानंद ने और उनकी शिष्य-मंडली ने दक्षिण की भक्तिगंगा का उत्तर में प्रवाह किया। समस्त उत्तर-भारत इस पुण्य-प्रवाह में बहने लगा। भारत भर में उस समय पहुंचे हुए संत और महात्मा भक्तों का आविर्भाव हुआ।

महाप्रभु वल्लभाचार्य ने पुष्टि-मार्ग की स्थापना की और विष्णु के कृष्णावतार की उपासना करने का प्रचार किया। आपके द्वारा जिस लीला-गान का उपदेश हुआ उसने देशभर को प्रभावित किया। अष्टछाप के सुप्रसिध्द कवियों ने आपके उपदेशों को मधुर कविता में प्रतिबिंबित किया।

इसके उपरांत माध्व तथा निंबार्क संप्रदायों का भी जन-समाज पर प्रभाव पड़ा है। साधना-क्षेत्र में दो अन्य संप्रदाय भी उस समय विद्यमान थे। नाथों के योग-मार्ग से प्रभावित संत संप्रदाय चला जिसमें प्रमुख व्यक्तित्व संत कबीरदास का है। मुसलमान कवियों का सूफीवाद हिंदुओं के विशिष्टा द्वैतवाद से बहुत भिन्न नहीं है। कुछ भावुक मुसलमान कवियों द्वारा सूफीवाद से रंगी हुई उत्तम रचनाएं लिखी गईं।

संक्षेप में भक्ति-युग की चार प्रमुख काव्य-धाराएं मिलती हैं–

1. सगुण भक्ति
2. रामाश्रयी शाखा
3. कृष्णाश्रयी शाखा
4. निर्गुण भक्ति
5. ज्ञानाश्रयी शाखा
6. प्रेमाश्रयी शाखा

इनका विस्तृत विवरण निम्न प्रकार है–

कृष्णाश्रयी शाखा

इस गुण की इस शाखा का सर्वाधिक प्रचार हुआ है। विभिन्न संप्रदायों के अंतर्गत उच्च कोटि के कवि हुए हैं। इनमें वल्लभाचार्य के पुष्टि-संप्रदाय के अंतर्गत अष्टछाप के सूरदास कुम्भनदास रसखान जैसे महान कवि हुए हैं। वात्सल्य एवं श्रृंगार के सर्वोत्तम भक्त-कवि सूरदास के पदों का परवर्ती हिंदी साहित्य पर सर्वाधिक प्रभाव पड़ा है। इस शाखा के कवियों ने प्रायः मुक्तक काव्य ही लिखा है। भगवान श्रीकृष्ण का बाल एवं किशोर रूप ही इन कवियों को आकर्षित कर पाया है इसलिए इनके काव्यों में श्रीकृष्ण के ऐश्वर्य की अपेक्षा माधुर्य का ही प्राधान्य रहा है। प्रायः सब कवि गायक थे इसलिए कविता और संगीत का अद्‌भुत सुंदर समन्वय इन कवियों की रचनाओं में मिलता है। गीति-काव्य की जो परंपरा जयदेव और विद्यापति द्वारा पल्लवित हुई थी उसका चरम-विकास इन कवियों द्वारा हुआ है। नर-नारी की साधारण प्रेम-लीलाओं को राधा-कृष्ण की अलौकिक प्रेमलीला द्वारा व्यंजित करके उन्होंने जन-मानस को रसाप्लावित कर दिया। आनंद की एक लहर देश भर में दौड गई। इस शाखा के प्रमुख कवि थे सूरदास, नंददास, मीरा बाई, हितहरिवंश, हरिदास, रसखान, नरोत्तमदास वगैरह। रहीम भी इसी समय हुए।

विशेषताएँ–कृष्ण-काव्य-धारा के मुख्य प्रवर्तक हैं- श्री वल्लभाचार्य। उन्होंने निम्बार्क, मध्व और विष्णुस्वामी के आदर्शों को सामने रखकर श्रीकृष्ण का प्रचार

किया। श्री वल्लभाचार्य द्वारा प्रचारित पुष्टिमार्ग में दीक्षित होकर सूरदास आदि अष्टछाप के कवियों ने कृष्ण-भक्ति-साहित्य की रचना की। वल्लभाचार्य ने पुष्टिमार्ग का प्रचार-प्रसार किया। जिसका अर्थ है- भगवान श्रीकृष्ण की भक्ति से उनकी कृपा और अनुग्रह की प्राप्ति करना।

कृष्ण-काव्य-धारा की प्रमुख विशेषताएँ निम्नलिखित हैं–

1. श्रीकृष्ण-साहित्य का मुख्य विषय कृष्ण की लीलाओं का गान करना है। वल्लभाचार्य के सिद्धांतो से प्रभावित होकर इस शाखा के कवियों ने कृष्ण की बाल-लीलाओं का ही अधिक वर्ण किया है। सूरदास इसमें प्रमुख है।
2. इस शाखा में वात्सल्य एवं माधुर्य भाव का ही प्राधान्य है। वात्सल्य भाव के अंतर्गत कृष्ण की बाल-लीलाओं, चेष्टाओं तथा माँ यशोदा के हृदय की झाँकी मिलती है। माधुर्य भाव के अंतर्गत गोपी-लीला मुख्य है। सूरदास के बारे में आचार्य रामचंद्र शुक्ल ने लिखा है- वात्सल्य के क्षेत्र में जितना अधिक उद्घाटन सूर ने अपनी बंद आँखों से किया, इतना किसी ओर कवि ने नहीं। इन क्षेत्रों का तो वे कोना-कोना झाँक आये।
3. इस धारा के कवियों ने भगवान कृष्ण की उपासना माधुर्य एवं सख्य भाव से की है। इसीलिए इसमें मर्यादा का चित्रण नहीं मिलता।
4. श्रीकृष्ण काव्य में मुक्त रचनाएँ ही अधिक पाई जाती हैं। काव्य-रचना के अधिकांशतः उन्होंने पद ही चुने हैं।
5. इस काव्य में गीति-काव्य की मनोहारिणी छटा है। इसका कारण है- कृष्ण-काृय की संगीतात्मक्ता। कृष्ण-काव्य में राग-रागिनियों का सुंदर उपयोग हुआ है
6. श्रीकृष्ण काव्य में विषय की एकता होने के कारण भावों में अधिकतर एकरूपता पाई जाती है।
7. श्रीकृष्ण को भगवान मानकर पदों की विनयावली द्वारा पूजा जाने के कारण इसमें भावुकता की तीव्रता अधिक पाई जाती है।
8. इस काव्य-धारा में उपमा, रूपक तथा उत्प्रेक्षा अलंकारों का प्रयोग किया गया है।
9. कृष्ण-काव्य-धारा की भाषा ब्रज है। ब्रजभाषा की कोमलकांत पदावली का प्रयोग इसमें हुआ है। यह मधुर और सरस है।
10. इस काव्य में रसमयी उक्तियों के लिए तथा साकार ईश्वर के प्रतिपादन के लिए भ्रमरगीत लिखने की परंपरा प्राप्त होती है।
11. श्रीकृष्ण-काव्य स्वतंत्र प्रेम-प्रधान काव्य है। इन्होंने प्रेमलक्षणा भक्ति को अपनाया है। इसलिए इसमें मर्यादा की अवहेलना की गई है।

12. कृष्ण-काव्य व्यंग्यात्मक है। इसमें उपालंभ की प्रधानता है। सूर का भ्रमरगीत इसका सुंदर उदाहरण है।
13. श्रीकृष्ण काव्य में लोक-जीवन के प्रति उपेक्षा की भावना पाई जाती है। इसका मुख्य कारण है- कृष्ण के लोकरंजक रूप की प्रधानता।
14. श्री कृष्ण-काव्य-धारा में ज्ञान और कर्म के स्थान पर भक्ति को प्रधानता दी गई है। इसमें आत्म-चिंतन की अपेक्षा आत्म-समर्पण का महत्व है।
15. प्रकृति-वर्णन भी इस धारा में मिलता है। ग्राम्य-प्रकृति के सुंदर चित्र इसमें हैं।

रामाश्रयी शाखा

कृष्णभक्ति शाखा के अंतर्गत लीला-पुरुषोत्तम का गान रहा तो रामभक्ति शाखा के प्रमुख कवि तुलसीदास ने मर्यादा-पुरुषोत्तम का ध्यान करना चाहा। इसलिए आपने रामचंद्र को आराध्य माना और श्रामचरित मानस द्वारा राम-कथा को घर-घर में पहुंचा दिया। तुलसीदास हिंदी साहित्य के श्रेष्ठ कवि माने जाते हैं। समन्वयवादी तुलसीदास में लोकनायक के सब गुण मौजूद थे। आपकी पावन और मधुर वाणी ने जनता के तमाम स्तरों को राममय कर दिया। उस समय प्रचलित तमाम भाषाओं और छंदों में आपने रामकथा लिख दी। जन-समाज के उत्थान में आपने सर्वाधिक महत्वपूर्ण कार्य किया है। इस शाखा में अन्य कोई कवि तुलसीदास के सम। न उल्लेखनीय नहीं है तथापि अग्रदास, नाभादास तथा प्राण चन्द चौहान भी इस श्रेणी में आते हैं।

रामभक्ति शाखा की प्रवृत्तियाँ रामकाव्य धारा का प्रवर्तन वैष्णव संप्रदाय के स्वामी रामानंद से स्वीकार किया जा सकता है। यद्यपि रामकाव्य का आधार संस्कृत साहित्य में उपलब्ध राम-काव्य और नाटक रहें हैं। इस काव्य धारा के अवलोकन से इसकी निम्न विशेषताएँ दिखाई पड़ती हैं–

राम का स्वरूप–रामानुजाचार्य की शिष्य परम्परा में श्री रामानंद के अनुयायी सभी रामभक्त कवि विष्णु के अवतार दशरथ-पुत्र राम के उपासक हैं। अवतारवाद में विश्वास है। उनके राम परब्रह्म स्वरूप हैं। उनमें शील, शक्ति और सौंदर्य का समन्वय है। सौंदर्य में वे त्रिभुवन को लजावन हारे हैं। शक्ति से वे दुष्टों का दमन और भक्तों की रक्षा करते हैं तथा गुणों से संसार को आचार की शिक्षा देते हैं। वे मर्यादापुरुषोत्तम और लोकरक्षक हैं। भक्ति का स्वरूप–इनकी भक्ति में सेवक-सेव्य भाव है। वे दास्य भाव से राम की आराधना करते हैं। वे स्वयं को क्षुद्रातिक्षुद्र तथा भगवान को महान बतलाते हैं। तुलसीदास ने लिखा है–सेवक-सेव्य भाव बिन भव न तरिय उरगारि। राम-काव्य में ज्ञान, कर्म और भक्ति की पृथक-पृथक महत्ता स्पष्ट

करते हुए भक्ति को उत्कृष्ट बताया गया है। तुलसी दास ने भक्ति और ज्ञान में अभेद माना है—**भगतहिं ज्ञानहिं नहिं कुछ भेदा।** यद्यपि वे ज्ञान को कठिन मार्ग तथा भक्ति को सरल और सहज मार्ग स्वीकार करते हैं। इसके अतिरिक्त तुलसी की भक्ति का रूप वैधी रहा है ,वह वेदशास्त्र की मर्यादा के अनुकूल है। लोक-मंगल की भावना-रामभक्ति साहित्य में राम के लोक-रक्षक रूप की स्थापना हुई है। तुलसी के राम मर्यादापुरुषोत्तम तथा आदर्शों के संस्थापक हैं। इस काव्य धारा में आदर्श पात्रों की सर्जना हुई है। राम आदर्श पुत्र और आदर्श राजा हैं, सीता आदर्श पत्नी हैं तो भरत और लक्ष्मण आदर्श भाई हैं। कौशल्या आदर्श माता है, हनुमान आदर्श सेवक हैं। इस प्रकार रामचरितमानस में तुलसी ने आदर्श गृहस्थ, आदर्श समाज और आदर्श राज्य की कल्पना की है। आदर्श की प्रतिष्ठा से ही तुलसी लोकनायक कवि बन गए हैं और उनका काव्य लोकमंगल की भावना से ओतप्रोत है। समन्वय भावना—तुलसी का मानस समन्वय की विराट चेष्टा है। आचार्य हजारी प्रसाद द्विवेदी के शब्दों में—उनका सारा काव्य समन्वय की विराट चेष्टा है। लोक और शास्त्र का समन्वय, गार्हस्थ्य और वैराग्य का समन्वय, भक्ति और ज्ञान का समन्वय, भाषा और संस्कृत का समन्वय, निर्गुण और सगुण का समन्वय, पांडित्य और अपांडित्य का समन्वय रामचरितमानस में शुरु से आखिर तक समन्वय का काव्य है। हम कह सकते हैं कि तुलसी आदि रामभक्त कवियों ने समाज, भक्ति और साहित्य सभी क्षेत्रों में समन्वयवाद का प्रचार किया है। राम भक्त कवियों की भारतीय संस्कृति में पूर्ण आस्था रही। पौराणिकता इनका आधार है और वर्णाश्रम व्यवस्था के पोषक हैं। लोकहित के साथ-साथ इनकी भक्ति स्वांतः सुखाय थी। सामाजिक तत्व की प्रधानता रही। काव्य शैलियाँ—रामकाव्य में काव्य की प्रायः सभी शैलियाँ दृष्टिगोचर होती हैं। तुलसीदास ने अपने युग की प्रायः सभी काव्य-शैलियों को अपनाया है। वीरगाथाकाल की छप्पय पद्धति, विद्यापति और सूर की गीतिपद्धति, गंग आदि भाट कवियों की कवित्त-सवैया पद्धति, जायसी की दोहा पद्धति, सभी का सफलतापूर्वक प्रयोग इनकी रचनाओं में मिलता है। रामायण महानाटक (प्राणचंद चौहान) और हनुमननाटक (हृदयराम) में संवाद पद्धति और केशव की रामचंद्रिका में रीति-पद्धति का अनुसरण है। रस-रामकाव्य में नव रसों का प्रयोग है। राम का जीवन इतना विस्तृत व विविध है कि उसमें प्रायः सभी रसों की अभिव्यक्ति सहज ही हो जाती है। तुलसी के मानस एवं केशव की रामचंद्रिका में सभी रस देखे जा सकते हैं। रामभक्ति के रसिक संप्रदाय के काव्य में श्रृंगार रस को प्रमुखता मिली है। मुख्य रस यद्यपि शांत रस ही रहा। भाषा—रामकाव्य में मुख्यतः अवधी भाषा प्रयुक्त हुई है। किंतु ब्रजभाषा भी इस काव्य

का श्रृंगार बनी है। इन दोनों भाषाओं के प्रवाह में अन्य भाषाओं के भी शब्द आ गए हैं। बुंदेली, भोजपुरी, फारसी तथा अरबी शब्दों के प्रयोग यत्र-तत्र मिलते हैं। रामचरितमानस की अवधी प्रेमकाव्य की अवधी भाषा की अपेक्षा अधिक साहित्यिक है। छंद–रामकाव्य की रचना अधिकतर दोहा-चौपाई में हुई है। दोहा चौपाई प्रबंधात्मक काव्यों के लिए उत्कृष्ट छंद हैं। इसके अतिरिक्त कुण्डलिया, छप्पय, कवित्त , सोरठा , तोमर ,त्रिभंगी आदि छंदों का प्रयोग हुआ है। अलंकार–रामभक्त कवि विद्वान पंडित हैं। इन्होंने अलंकारों की उपेक्षा नहीं की। तुलसी के काव्य में अलंकारों का सहज और स्वाभाविक प्रयोग मिलता है। उत्प्रेक्षा, रूपक और उपमा का प्रयोग मानस में अधिक है।

ज्ञानाश्रयी शाखा

इस शाखा के भक्त-कवि निर्गुणवादी थे और नाम की उपासना करते थे। गुरु को वे बहुत सम्मान देते थे और जाति-पाँति के भेदों को अस्वीकार करते थे। वैयक्तिक साधना पर वे बल देते थे। मिथ्या आडंबरों और रूढियों का वे विरोध करते थे। लगभग सब संत अपढ़ थे परंतु अनुभव की दृष्टि से समृध्द थे। प्रायः सब सत्संगी थे और उनकी भाषा में कई बोलियों का मिश्रण पाया जाता है इसलिए इस भाषा को श्सधुक्कड़ी कहा गया है। साधारण जनता पर इन संतों की वाणी का जबरदस्त प्रभाव पड़ा है। इन संतों में प्रमुख कबीरदास थे। अन्य मुख्य संत-कवियों के नाम हैं–नानक, रैदास, दादूदयाल, सुंदरदास तथा मलूकदास।

प्रोफेसर महावीर सरन जैन ने निर्गुण भक्ति के स्वरूप के बारे में प्रश्न उठाए हैं तथा प्रतिपादित किया है कि संतों की निर्गुण भक्ति का अपना स्वरूप है जिसको वेदांत दर्शन के सन्दर्भ में व्याख्यायित नहीं किया जा सकता। उनके शब्द हैं–

भक्ति या उपासना के लिए गुणों की सत्ता आवश्यक है। ब्रह्म के सगुण स्वरूप को आधार बनाकर तो भक्ति/उपासना की जा सकती है किन्तु जो निर्गुण एवं निराकार है उसकी भक्ति किस प्रकार सम्भव है? निर्गुण के गुणों का आख्यान किस प्रकार किया जा सकता है? गुणातीत में गुणों का प्रवाह किस प्रकार माना जा सकता है? जो निरालम्ब है, उसको आलम्बन किस प्रकार बनाया जा सकता है। जो अरूप है, उसके रूप की कल्पना किस प्रकार सम्भव है। जो रागातीत है, उसके प्रति रागों का अर्पण किस प्रकार किया जा सकता है? रूपातीत से मिलने की उत्कंठा का क्या औचित्य हो सकता है। जो नाम से भी अतीत है, उसके नाम का जप किस प्रकार किया जा सकता है।

शास्त्रीय दृष्टि से उपर्युक्त सभी प्रश्न 'निर्गुण-भक्ति' के स्वरूप को ताल ठोंककर चुनौती देते हुए प्रतीत होते हैं। कबीर आदि संतों की दार्शनिक विवेचना करते समय आचार्य रामचन्द्र शुक्ल ने यह मान्यता स्थापित की है कि उन्होंने निराकार ईश्वर के लिए भारतीय वेदान्त का पल्ला पकड़ा है। इस सम्बन्ध में जब हम शांकर अद्वैतवाद एवं संतों की निर्गुण भक्ति के तुलनात्मक पक्षों पर विचार करते हैं तो उपर्युक्त मान्यता की सीमायें स्पष्ट हो जाती हैं–

1. शांकर अद्वैतवाद में भक्ति को साधन के रूप में स्वीकार किया गया है, किन्तु उसे साध्य नही माना गया है। संतों ने (सूफियों ने भी) भक्ति को साध्य माना है।
2. शांकर अद्वैतवाद में भक्ति के प्रत्यक्ष साधन के रूप में 'ज्ञान को ग्रहण किया गया है। वहाँ मुक्ति के लिए भक्ति का ग्रहण अपरिहार्य नहीं है। वहाँ भक्ति के महत्व की सीमा प्रतिपादित है। वहाँ भक्ति का महत्व केवल इस दृष्टि से है कि वह अन्तःकरण के मालिन्य का प्रक्षालन करने में समर्थ सिद्ध होती है। भक्ति आत्म-साक्षात्कार नहीं करा सकती, वह केवल आत्म साक्षात्कार के लिए उचित भूमिका का निर्माण कर सकती है। संतों ने अपना चरम लक्ष्य आत्म साक्षात्कार या भगवद्-दर्शन माना है तथा भक्ति के ग्रहण को अपरिहार्य रूप में स्वीकार किया है क्योंकि संतों की दृष्टि में भक्ति ही आत्म-साक्षात्कार या भगवद् दर्शन कराती है।

प्रेमाश्रयी शाखा

मुसलमान्द सूफी कवियों की इस समय की काव्य-धारा को प्रेममार्गी माना गया है क्योंकि प्रेम से ईश्वर प्राप्त होते हैं ऐसी उनकी मान्यता थी। ईश्वर की तरह प्रेम भी सर्वव्यापी तत्व है और ईश्वर का जीव के साथ प्रेम का ही संबंध हो सकता है, यह उनकी रचनाओं का मूल तत्व है। उन्होंने प्रेमगाथाएं लिखी हैं। ये प्रेमगाथाएं फारसी की मसनवियों की शैली पर रची गई हैं। इन गाथाओं की भाषा अवधी है और इनमें दोहा-चौपाई छंदों का प्रयोग हुआ है। मुसलमान होते हुए भी उन्होंने हिंदू-जीवन से संबंधित कथाएं लिखी हैं। खंडन-मंडन में न पड़कर इन फकीर कवियों ने भौतिक प्रेम के माध्यम से ईश्वरीय प्रेम का वर्णन किया है। ईश्वर को माशूक माना गया है और प्रायः प्रत्येक गाथा में कोई राजकुमार किसी राजकुमारी को प्राप्त करने के लिए नानाविध कष्टों का सामना करता है, विविध कसौटियों से पार होता है और तब जाकर माशूक को प्राप्त कर सकता है। इन कवियों में मलिक मुहम्मद जायसी प्रमुख हैं। आपका पद्मावत महाकाव्य इस शैली की सर्वश्रेष्ठ रचना है। अन्य कवियों में प्रमुख हैं–मंझन, कुतुबन और उसमान।

2

सूरदास के काव्य में लोक जीवन

हिन्दी साहित्य के श्रेष्ठ कृष्णभक्त कवि सूरदास का जन्म 1483 ई. के आस-पास हुआ था। इनकी मृत्यु अनुमानतः 1563 ई. के आस-पास हुई. इनके बारे में 'भक्तमाल' और 'चौरासी वैष्णवन की वार्ता' में थोड़ी-बहुत जानकारी मिल जाती है। 'आईने अकबरी' और 'मुंशियात अब्बुलफजल' में भी किसी संत सूरदास का उल्लेख है, किन्तु वे बनारक के कोई और सूरदास प्रतीत होते हैं। अनुश्रुति यह अवश्य है कि अकबर बादशाह सूरदास का यश सुनकर उनसे मिलने आए थे। 'भक्तमाल' में इनकी भक्ति, कविता एवं गुणों की प्रशंसा है तथा इनकी अंधता का उल्लेख है। 'चौरासी वैष्णवन की वार्ता' के अनुसार वे आगरा और मथुरा के बीच साधु या स्वामी के रूप में रहते थे। वे वल्लभाचार्य के दर्शन को गए और उनसे लीलागान का उपदेश पाकर कृष्ण-चरित विषयक पदों की रचना करने लगे. कालांतर में श्रीनाथ जी के मंदिर का निर्माण होने पर महाप्रभु वल्लभाचार्य ने इन्हें यहाँ कीर्तन का कार्य सौंपा. सूरदास के विषय में कहा जाता है कि वे जन्मांध थे। उन्होंने अपने को 'जन्म को आँधर' कहा भी है। किन्तु इसके शब्दार्थ पर अधिक नहीं जाना चाहिए. सूर के काव्य में प्रकृतियाँ और जीवन का जो सूक्ष्म सौन्दर्य चित्रित है उससे यह नहीं लगता कि वे जन्मांध थे। उनके विषय में ऐसी कहानी भी मिलती है कि तीव्र अंतर्द्वन्द्व के किसी क्षण में उन्होंने अपनी आँखें फोड़ ली थीं। उचित यही मालूम पड़ता है कि वे जन्मांध नहीं थे। कालांतर में अपनी आँखों की ज्योति खो बैठे थे। सूरदास अब अंधों को कहते हैं। यह परम्परा सूर के अंधे होने से चली है। सूर का आशय 'शूर' से है। शूर और सती मध्यकालीन भक्त साधकों के आदर्श थे।

जीवन परिचय

सूरदास की जन्मतिथि एवं जन्मस्थान के विषय में अभी तक विद्वानों को कोई ठोस जानकारी नहीं है। साहित्य लहरी सूर की लिखी रचना मानी जाती है। इसमें साहित्य लहरी के रचना-काल के सम्बन्ध में निम्न पद मिलता है–

मुनि पुनि के रस लेख।

दसन गौरीनन्द को लिखि सुवल संवत् पेख।।

इसका अर्थ विद्वानों ने संवत् 1607 वि0 माना है, अतएव साहित्य लहरी का रचना काल संवत् 1607 वि0 है। इस ग्रन्थ से इस बात का पता चलता है कि सूर श्री बल्लभाचार्य के शिष्य थे।

ऐसा माना जाता है कि सूरदास का जन्म सं. 1535 वि. के लगभग हुआ होगा, क्योंकि बल्लभ सम्प्रदाय में ऐसी मान्यता है कि बल्लभाचार्य सूरदास से दस दिन बड़े थे और बल्लभाचार्य का जन्म उक्त संवत् की वैशाख् कृष्ण एकादशी को हुआ था। इसलिए सूरदास की जन्म-तिथि वैशाख शुक्ला पंचमी, संवत् 1535 वि0 समीचीन जान पड़ती है। अनेक प्रमाणों के आधार पर उनकी मृत्यु संवत् 1620 से 1648 वि. के मध्य स्वीकार की जाती है।

रामचन्द्र शुक्ल जी का मत है कि, सूरदास का जन्म संवत् 1540 वि0 के सन्निकट और मृत्यु संवत् 1620 वि0 के आसपास हुई होगी।

श्री गुरु बल्लभ तत्त्व सुनायो लीला भेद बतायो।

सूरदास की आयु सूरसारावली के अनुसार उस समय 67 वर्ष थी। चौरासी वैष्णव की वार्ता के आधार पर उनका जन्म रुनकता अथवा रेणुका क्षेत्र में हुआ था। इनका निवास स्थान मथुरा और आगरा के बीच गऊघाट पर था। बल्लभाचार्य से इनकी भेंट वहीं पर हुई थी। भावप्रकाश में सूर का जन्म स्थान सीही नामक ग्राम बताया गया है। वे सारस्वत ब्राह्मण थे और जन्म से अंधे थे। आइने अकबरी में (संवत् 1653 वि.) तथा मुतखबुत-तवारीख के अनुसार सूरदास को अकबर के दरबारी संगीतज्ञों में माना है।

जन्म स्थान

अधिकतर विद्वानों का मानना है कि सूरदास सीही नामक ग्राम में एक निर्धन सारस्वत ब्राह्मण परिवार में जन्में थे और बाद में ये आगरा और मथुरा के बीच गऊघाट पर आकर रहने लगे थे।

खंजन नैन रुप मदमाते।
अतिशय चारु चपल अनियारे,
पल पिंजरा न समाते।।
चलि - चलि जात निकट स्रवनन के,
उलट-पुलट ताटंक फँदाते।
सूरदास अंजन गुन अटके,
नतरु अबहिं उड़ जाते।।

क्या सूरदास अंधे थे?

सूरदास श्रीनाथ की संस्कृतवार्ता मणिपाला, श्री हरिराय कृत भाव-प्रकाश, श्री गोकुलनाथ की निजवार्ता आदि ग्रन्थों के आधार पर, जन्म से ही अन्धे माने गए हैं। लेकिन राधा-कृष्ण के रुप सौन्दर्य का सजीव चित्रण, नाना रंगों का वर्णन, सूक्ष्म पर्यवेक्षणशीलता आदि गुणों के कारण अधिकतर वर्तमान विद्वान सूर को जन्म से ही अन्धा नहीं मानते हैं। श्यामसुन्दरदास इस सम्बन्ध में लिखते हैं कि सूर वास्तव में जन्मान्ध नहीं थे, क्योंकि श्रृंगार तथा रंग-रुपादि का जो वर्णन उन्होंने किया है वैसा कोई जन्मान्ध नहीं कर सकता। डॉक्टर हजारीप्रसाद द्विवेदी ने लिखा है - सूरसागर के कुछ पद यह बताते हैं कि, सूरदास अपने को जन्म का अन्धा और कर्म का अभागा कहते हैं, पर सब समय इसके अक्षरार्थ को ही प्रधान नहीं मानना चाहिए।

रचनाएं

सूरदास जी द्वारा लिखित पाँच ग्रन्थ निम्नलिखित हैं–

1. सूरसागर
2. सूरसारावली
3. साहित्य-लहरी
4. नल-दमयन्ती
5. ब्याहलो

उपरोक्त में अन्तिम दो अप्राप्य हैं।

नागरी प्रचारिणी सभा द्वारा प्रकाशित हस्तलिखित पुस्तकों की विवरण तालिका में सूरदास के 16 ग्रन्थों का उल्लेख है। इनमें सूरसागर, सूरसारावली, साहित्य लहरी, नल-दमयन्ती, ब्याहलो के अतिरिक्त दशमस्कंध टीका, नागलीला,

भागवत, गोवर्धन लीला, सूरपचीसी, सूरसागर सार, प्राणप्यारी, आदि ग्रन्थ सम्मिलित हैं। उपरोक्त लिखित प्रथम तीन ग्रंथ ही महत्त्वपूर्ण समझे जाते हैं, साहित्य लहरी की प्राप्त प्रति में बहुत प्रक्षिप्तांश जुड़े हुए हैं।

साहित्यिक विशेषताएं

श्री कृष्ण की लीलाओं का गान सूरसागर का मुख्य वर्णूय विषय रहा है। सूरसारावली में कवि ने कृष्ण विषयक जिन कथात्मक और सेवा परक पदो का गान किया, उन्हीं के सार रूप मैं उन्होंने सारावली की रचना की। सहित्यलहरी मैं सूर के दृष्टिकूट पद संकलित हैं।

भ्रमरगीत की काव्य-परम्परा

सामंत-युग के कवियों ने देखा होगा कि अंतः पुर में अनेक नारियां परतंत्रता का जीवन व्यतीत कर रहीं हैं, अनेक नायिकाओं को एक नायक स्वेच्छापूर्वक भोग रहा है। नारी की इस विवशता और उसके इस बंधन के प्रति कवि का अनुभूतिशील हृदय मार्मिक पीड़ा से कराह उठा, वह उसकी सूक्ष्म व्यथा को अभिव्यक्त करना अपना कर्त्तव्य समझने लगा, परन्तु राजदरबार के आतंक के कारण उसे अपनी बात स्पष्ट कहने का साहस नहीं हुआ। इसी मानसिक दुविधा में कवि ने किसी दिन देखा होगा—कोमल-कोमल पुष्णों पर भौंरा गुन-गुन करता आता है, उनका रसपान करता है और फिर उन्हें त्यागकर अन्यत्र चला जाता है। कवि को लगा कि यह तो अंतःपुर के नायक के समान ही निष्ठुर और निर्मम है। उसकी कल्पना को आधार मिला और कवि ने रिनवास की मूक व्यथा को मुखरित करने के लिए भ्रमर को अपने उपालम्भ का विषय चुन लिया।

भक्ति-काव्य में भ्रमर का प्रयोग प्रतीक के रूप में हुआ है। कृष्ण और उद्धव दोनों ही श्याम वर्ण के हैं। इस प्रकार भ्रमर से उनका वर्ण-साम्य है। भ्रमर अपने प्रेम-व्यापार में निष्ठुर है-कृष्ण ने भी गोपियों के साथ इसी प्रकार का निष्ठुर व्यवहार किया था। साथ ही भ्रमर की अस्पष्ट गुनगुन कृष्ण द्वारा भेजे निर्गुन के संदेश और उद्धव के निर्गुन उपदेश से मिलती-जुलती है। इन सब समानताओं के कारण भ्रमर गोपी-विरह प्रसंग में उपालम्भ का विषय बना और यह प्रसंग 'भ्रमरगीत' के नाम से प्रसिद्ध हुआ। कुछ कवियों ने तो उद्धव और गोपी संवाद के बीच भ्रमर का प्रवेश कराया है और उसका लक्ष्य पर गोपियाँ कृष्ण को उपालम्भ देती हैं। परन्तु बाद के कवियों की रचनाओं में गोपियां केवल मधुकर, मधुप, मधुप आदि नामों का उल्लेख

मात्र कर अपने विरह की मूक व्यथा व्यक्त करती हैं और कृष्ण की निष्ठुरता के प्रति अपनी झुझंलाहट, खीझ आदि व्यक्त करती हैं।

भ्रमरगीत-परम्परा के विकास के संबंध में डॉ॰ हरवंशलाल शर्मा का मत है, "सबसे पहले शायद कालिदास ने दुष्यंत की पहली रानी हंसपादिका द्वारा शकुंतला के प्रेम में डूबे हुए दुष्यंत को लक्ष्य कर भ्रमर विषयक उक्ति द्वारा उपालम्भ दिलाकर सहित्य में एक नयी रूढ़ि का बीज-वपन किया और उसके बाद संस्कृत कवियों की रचनाओं औश्र अपभ्रंश के दूहों से गुजरती हुई यह परम्परा हिन्दी साहित्य में पहुंची।"

इस परम्परा के बीज भगवत पुराण के दशम स्कंध में भी मिलते हैं और वस्तुतः हिन्दी कृष्ण-काव्य में भ्रमरगीत की परम्परा 'भागवत' से ही आई है। भागवतकार का उद्देश्य भक्ति पर ज्ञान की विजय दिखाना था। अतः भागवत में कृष्ण का संदेश गोपियों के प्रति ही न होकर, भगवान का भक्तों के ऊपर अनुग्रह समझना चाहिए।

'श्रीमद् भागवत' में गोपियां मधुकर के माध्यम से कृष्ण के स्वच्छंद विहार का उल्लेख करती हैं औश्र उनकी स्वार्थ-मैत्री की तुलना भ्रमर के पुष्पों पर अनुराग से करती हैं। यहां भक्ति-साधना से अधिक प्रत्यक्ष है नारी का आदर्श-पतन जिसमें वह केवल भोग की बात सोचती है। प्रेम के सरल उपालम्भ के स्थान पर ईर्ष्या और निराश-भाव के दर्शन होते हैं। पर वह दार्शनिक दृष्टि की छाया से आच्छन्न है। 'भागवत' में वर्णित कृष्ण का संदेश गोपियों के प्रति न था, वहां भगवान भक्त के ऊपर अनुग्रह कर रहे थे। अतः भागवतकार ने इस घटना को अलौकिक रूप दिया है। नंद कृष्ण को पुत्ररूप में न देखकर देवता के रूप में देखते हैं। भागवतकार इस प्रसंग में कृष्ण को सर्वशक्तिमान परमब्रह्म मानते हुए भी ऐसे पात्रों की परिकल्पना करते हैं जिससे प्रसंग का केवल धार्मिक रूप ही न बना रहे, वरन् उसमें कवित्व का भी समावेश हो सके। पर भागवतकार अपने लक्ष्य में पूर्णतः सफल नहीं हो सका है। मां के हृदयगत भावों का सजीव मनोवैज्ञानिक वर्णन करने का प्रयत्न तो लेखक ने किया है पर वह अत्यंत स्वल्प है। उद्धव के उपदेश पर जब यशोदा प्रतिवाद करने के स्थान पर शांत हो जाती हैं, तो ऐसा प्रतीत होता है मानों लेखक अपने विचारों को पाठक पर लादना चाहता है। परन्तु गोपियों के लिए कृष्ण निर्गुण ब्रह्म नहीं, प्रियतम थे। अतः ईर्ष्या, निराशा, मदनपीड़ा आदि समस्त दुर्बलताओं के साथ वहां नारी आंखों में बरसात लिए प्रियतम के संयोग-सुख की प्रतीक्षा कर रही है। उद्धव के ज्ञानोपदेश को सुनने के उपरांत उन्हें प्रिय के संदेश पर विश्वास हो जाता है औश्र वे शुद्ध ज्ञान प्राप्त कर लेती हैं। गोपिकाओं के दृष्टिकोण में यह आकस्मिक परिवर्तन अस्वाभाविक प्रतीत होता है। यदि लेखक को यही अभीष्ट था, तो गोपिकाओं की

ईर्ष्या का वर्णन ठीक न था। भक्ति के ऊपर ज्ञान ने विजय तो पाई, पर काव्य की दृष्टि से 'भागवत' का भ्रमरगीत-प्रसंग संतोषजनक नहीं बन सका।

'भगवत' में वर्णित इसी प्रसंग से "भ्रमरगीत काव्य' की धारा प्रवाहित हुई। कथा का आधार तो 'भागवत' ही रहा, पर उसका विकास कवियों ने स्वतंत्र रूप से किया।

धार्मिक युग में सिद्धांत से अधिक साधना को महत्त्व मिला। गोपियां भक्त और साधक के रूप में चित्रित की गयीं। उनकी विरह-व्यंजना भी भक्ति-साधना की अभिव्यक्ति मात्रा है और इस प्रेम में वासना-जन्य विकलता का आभास तक नहीं। भक्ति के व्यापक विस्तार में सामंतयुगीन भाबना लुप्त हो गई। भक्त कवियों की गोपियां किसी सामंत की नायिकाएं नहीं, वे भगवान के सगुण रूप की आराधिकाएं है। उनकी वेदना में प्रेम-भक्ति का चरम उत्कर्ष है, काम-पीड़ा का उत्पीड़न नहीं।

भ्रमरगीत का मूल स्रोत तो 'श्रीमद्भागवत' ही है, पर सूरदास ने अपनी उद्भावनाओं से उसे एकदम नवीन स्वरूप प्रदान कर दिय है। सूर ने तीन भ्रमरगीत लिखे – एक 'भागवत' का अनुवाद मात्र औश्र दो मौलिक। परन्तु पहले में भी 'भागवत' के विपरीत भक्ति की ही ज्ञान पर विजय दिखाई गई है। वह चौपाई छंद में लिखा गया है और सामान्य कोटि की रचना है। अन्य दो भ्रमरगीत पदों में हैं। दोनों में ही उद्धव को सहृदय चित्रित किया गया है–अंत में उनका ज्ञान-गर्व छूट जाता है। दोनों में ही भ्रमर के आने और गुंजन करने का उल्लेख नहीं है, केवल 'मधुकर' शब्द का प्रयोग किया गया है।

सूरदास का तीसरा भ्रमरंगीत सर्वश्रेष्ठ है। इसमें काव्य-सौन्दर्य है ही, साथ ही सगुण भक्ति का महत्त्व दिखाया गया है। श्रीमद्भागवत के कृष्ण संदेश भेजने के लिए उद्धव को बुलाते हैं, पर सूर के कृष्ण उद्धव को ठीक मार्ग पर लाने तथा उनका ज्ञान-गर्व तोड़ने के लिए। उद्धव को अपने ज्ञान का बड़ा गर्व था। कृष्ण ने उन्हें ब्रज भेजकर तथा गोपियों से भिड़ाकर उनका झंझट काटना चाहा–

प्रेम भजन न नेकु याके, जाय क्यों समुझाय।
सूर प्रभु मन यहै आनी, ब्रजहिं देहु पठाय।।

'भागवत' के कृष्ण की तुलना में यह अधिक काव्योचित और मानवोचित है। जहां 'भागवत' के कृष्ण गोपियों से स्वयं किनारा करने का प्रयत्न करते हैं, पहले प्रेम करके फिर निर्गुण-निराकार की उपासना का संदेश देकर कायरता का परिचय देते हैं, वहां सूर के कृष्ण गोपियों से नहीं उद्धव से पिंड छुड़ाना चाहते हैं। 'भागवत' में उद्धव पहले नंद-यशोदा के यहां जाते हैं और उन्हें ज्ञानोद्दीप्त करके बाद में गोपियों

पर विजय पाते हैं। पर यह क्रम अस्वाभाविक प्रतीत होता है जबकि गोपियां हर समय अपने पलक-पांवड़े मथुरा से आने वाले पथ पर बिछाये रहती थीं और कृष्ण की पाती के लिए दिन-रात तरसती रहती थीं। सूर ने अस्वाभविकता को बचा लिया है, साथ ही कृष्ण के परिवार की मर्यादा का अतिक्रमण भी नहीं किया है क्योंकि उद्धव का रथ गोपी के द्वार पर खड़ा न होकर नंद-द्वार पर ही खड़ा होता है। हां, उनकी प्रारंभिक बातचीत नंद-यशोदा से न होकर गोपियों से ही होती है क्योंकि गोपियों की भीड़ को टालना न उचित था और न सम्भव। इस प्रकार सूर के भ्रमरगीत के कथा-शिल्प में नन्द-यशोदा के गौरव की रक्षा भी की गई है और गोपियों के प्रेम की भी।

'भागवत' धार्मिक पद्धति पर मानवीय पुरुषार्थ का अमृतफल है जबकि सूर का भ्रमरगीत काव्य-पद्धति पर मानवीय सत्त्व की उदात्त उपलब्धि है। गोपियों ने अपनी बुद्धि के द्वारा उद्धव को परास्त कर दिया। वे निर्गुण को स्वीकार करने को तो तैयार हैं, पर तभी जब उसे अपनी आंखों से देख लें–

निर्गुण कौन देश को बासी।

मुट्ठीभर बुद्धिवादियों के प्रतिनिधि उद्धव पर सामान्य जनता की ओर से बोलने वाली गोपियों की विजय से सूर ने यह भी स्पष्ट कर दिया कि लोक की धारणा सगुण-साकार की भक्ति के पक्ष में है, निर्गुण-निराकार की योग-साधना के पक्ष में नहीं।

सूर की गोपियां 'भागवत' की तरह गंवार नहीं, अतः वे सगुण-साकार की ओर से तर्क करती हैं। उनकी प्रत्येक उक्ति किसी न किसी सिद्धांत को लेकर ही है जिसका उत्तर उद्धव के पास नहीं था। सूर के समय में ज्ञान और भक्ति में भीषण संघर्ष चल रहा था। संतों ने सगुण-मार्ग की खिल्ली उड़ाई थी। इसकी प्रतिक्रिया के फलस्वरूप भक्तों ने ज्ञान को व्यर्थ बताया तथा भक्ति को ऊंचा घोषित किया।

सूर के भ्रमरगीत का क्षेत्र विस्तृत हैं। उसमें उद्धव-गोपी संवाद के अतिरिक्त अन्य विषय भी हैं। एक विशेषता यह भी है कि सूर की गोपियां भगवत की गोपियों के समान कृष्ण को परस्त्रीगामी एवं स्वार्थी नहीं समझतीं। उनमें ईर्ष्या-भाव भी इतना न था। वे समझती थीं कि कृष्ण अब अपनी भूल पर पछता रहे हैं और लज्जा के मारे नहीं आ रहे हैं :

आवत नांहि लाज के मारे, मानहु कान्ह खिसान्यौ।

सूर के पदों में हम प्रेमी-प्रेमिका के सब प्रकार के संबंध और उनके कार्यों का आभास पाते हैं। साथ ही उनकी दाम्पत्य भावना में भी गौरव है। डॉ रामकुमार वर्मा

ने ठीक ही कहा है कि सूर ने अपने इस भ्रमरगीत में मनोवैज्ञानिकता के साथ रस का पूर्ण सामंजस्य स्थापित किया है। राधा की कल्पना और उसके चरित्र का विकास भी सूर की मौलिकता है, क्योंकि 'भागवत' में राधा का उल्लेख ही नहीं है। इसमें गीति-काव्य के गुणों का भी चरम उत्कर्ष पाया जाता है। तीव्र संवेदना के भाव-चित्र उपालम्भपूर्ण उक्तियों में पाये जाते हैं। प्रत्येक पद अपनी प्रारंभिक पंक्तियों में पिछले पदों की ओर घूमकर सांप की तरह लहर लेता है और ज्यों ही वह अपनी अंतिम पंक्तियों पर पहुंचता है, झटके के साथ सांप के फन की तरह गिरकर वस्तु या भाव की चोट करता है। इस प्रकार सूर के 'भ्रमरगीत' में भाव तथा कला का अपूर्व समन्वय मिलता है। तुलसीदास विरचित 'भ्रमरगीत' में भ्रमर के आने का वर्णन नहीं हैं, केवल मधुकर शब्द का प्रयोग किया गया है। गोपियों का स्वभावगत सारल्य उनके भ्रमरगीत की विशेषता है। तुलसी ने सर्वत्र मर्यादा का पालन किया है। यहां भी उन्होंने मर्यादा का पालन किया है जो किसी भी कृष्ण-कवि में नहीं मिलता। तुलसी की गोपियां उद्धव के तर्कों का उत्तर तर्क से नहीं देती; वे तो पूर्ण आस्थावान, अंधविश्वासी एवं सरल नारी हैं। पर उनका अंधविश्वास 'भागवत' की गोपियों जैसा भी नहीं है कि उद्धव की बातें मान लें। वे उद्धव से बातें तो करती हैं, पर उन्हें व्यर्थ समझकर। वे न किसी को फटकारती हैं औश्र न उनमे ईर्ष्या की भावना है। उनमें कृष्ण-वियोग की पीड़ा कम नहीं है, पर लज्जा इतनी है कि पीड़ा को व्यक्त नहीं करना चाहतीं। तुलसी के 'भ्रमरगीत' प्रसंग में न तो विरह की सम्पूर्ण अवस्थाएं ही हमें मिलती हैं, न दाम्पत्य-जीवन का रूप और न प्रकृति का ही सहयोग। अतः वह इतना विस्तृत और व्यापक नहीं जितना सूर का।

सूरदास के भ्रमरगीत से प्रभावित हो भक्तिकाल के कुछ अन्य कवियों ने भी इस प्रसंग पर स्फुट पद लिखे। इन कवियों ने इस प्रसंग को इतना विस्तार तो नहीं दिया जितना सूरदास तथा नंददास ने दिया था, पर कुछ फुटकल छंद अवश्य लिखे। इन कवियों में अष्टछाप के प्रसिद्ध कवि परमानन्ददास तथा अष्टछाप के कवियों के अतिरिक्त चाचा हितवृंदावनदास, रसखान, मलूकदास, सेनापति और मुकुंददास के नाम उल्लेखनीय हैं। मलूकदास की रचना 'ऊधौ पचीसी' तथा मुकुन्ददास का 75 छंदों का 'भंवरगीत' इस प्रसंग पर ही लिखी गयी सुन्दर रचनाएं हैं।

तुलसी के समान नंददास ने भी उद्धव के भेजने का कारण स्पष्ट नहीं किया है। इसमें भी कृष्ण का संदेश न गोपियों के प्रति है और न यशोदा के प्रति। राधा का भी उल्लेख नहीं है। 'भागवत' और सूर में उद्धव संदेशावाहक के रूप में आते हैं, उनका अपना हठ वहां नहीं है, पर नंददास के उद्धव स्वयं शास्त्रार्थ करते हैं। उनमें

गर्व की मात्रा अधिक है, नीतिकुशल भी हैं। उपदेश के बाद गोपियों की प्रशंसा करते हैं ताकि वे बातों में फंस जाएं। सूर में गोपियां अपनी ही बात कहती हैं, उद्धव को बोलने का अवसर ही नहीं देतीं। तुलसी के उद्धव भी मौन हैं। पर नंददास की गोपियां ध्यानपूर्वक उद्धव की बात सुनती हैं और एक-एक तर्क का उत्तव देती हैं। शैली कथोपकथन की है, यही उसकी मौलिकता है। सूर का लक्ष्य हृदय था, जबकि नंददास का लक्ष्य बुद्धि। भ्रमर का प्रवेश भी बड़ी कुशलता से कराया गया है। 'भागवत' की गोपियों की भांति व भ्रमर को चरण छूने से इसलिए वर्जित नहीं करती कि उसके शत्रुओं से सौत के कुचमंडल में विहार करने वाला माला में लिप्त कुंकुम लगा है, वरन् वे दोनों को कपटी मानती हैं। उनका मतलब कृष्ण से है न कि सौतों से।

सूर की तरह नंददास का भ्रमरगीत विस्तृत नहीं है, पर संक्षेप में तर्क एवं प्रेम-भाव का अच्छा चित्र है, वह गंभीर अवश्य है। गोपियां हमारी बुद्धि एवं हृदय दोनों का एक-एक करके स्पर्श करती हैं। उनकी बातें कोरी ज्ञान की नहीं वरन् रसमय भी हैं। उनका विलाप हृदय को द्रवित करता है। वे न 'भागवत' की गोपियों के समान मूर्ख हैं, न सूर की गोपियों की भांति चंचल।

धार्मिक युग की समाप्ति पर निर्गुण-सगुण की चर्चा बंद हो गई। राजाओं को प्रसन्न करने के लिए अलंकार-शास्त्र या नायिका-भेद के ग्रंथ लिखे गए। स्वतंत्र रूप से पुस्तककार के रूप में भ्रमरगीत नहीं लिखे गए, यत्र-तत्र इस प्रसंग पर कवित्त लिखे गए। इसमें भक्ति का अंश कम, उक्तिवैचित्र्य अधिक है। उनमें कोई क्रम नहीं है। रीतिकाल में तीन प्रकार के कवि हुए—हृदय जिनका लक्ष्य है; हृदय तथा अलंकार दोनों जिनका लक्ष्य है, केवल अलंकारवादी। रहीम की गोपियां व्यथापूर्ण-मुग्धा नारी हैं, वे केवल इतना समझती हैं कि उद्धव उनके अहित की बात कह रहे हैं, इससे अधिक नहीं जानतीं; वे न कृष्ण को दोष देती है न अपने भाग्य को; इसे संसार का नियम समझ संतोष कर लेती है। मतिराम के 'भ्रमरगीत' संबंधी पद अलंकार के उदाहरण रूप हैं, पर उनमें सौन्दर्य भी है। प्रसंग स्वतंत्र नहीं है, भ्रमरगीत का क्रमिक विकास भी नहीं है, मधुप के आने का वर्णन भी नहीं है। देव के पदों में क्रम भी है, सरसता भी; गोपियों की मानसिक अवस्था का सुन्दर वर्णन उसमें मिलता है।

घनानंद और पद्माकर ने भी भ्रमरगीत पर कुछ कवित्त लिखे हैं। घनानन्द की गोपिकाएं सगुण की महिमा का गुणगान करती हैं, पद्माकर की गोपियां विरह के दुःख से पीड़ित हैं और प्रकृति का उद्दीपन रूप उनकी व्यथा को और भी बढ़ा देता है। राधा के चरित्र का निर्वाह भी कवि के बड़े सुंदर ढंग से किया है। उनकी व्यथा

इतनी उत्कट है कि क्रोध और ईर्ष्या के लिए स्थान ही नहीं है। सेनापति उन कवियों की श्रेणी में आते हैं जिन्होंने भ्रमरगीत-प्रसंग का उपयोग केवल अलंकार का चमत्कार दिखाने के लिए किया, गोपियों के हृदयगत भावों को स्पष्ट करने की जिन्हें चिंता न थी। उनकी कविता का लक्ष्य बुद्धि है, हृदय नहीं। सेनापति के एक कवित्त में श्लेष की सहायता से एक ओर सागर का वर्णन है, दूसरी ओर गोपियों की व्यथा का। इसी प्रकार की रचनाएं दास कवि की हैं जिनमें रस का अभाव है, कविता केवल बुद्धि का विषय बनकर रह गई है।

आधुनिक युग के प्रथम कवि जिन्होंने इस विषय पर लिखा भारतेन्दु थे। इनके तथा अन्य कवियों के काव्य में युग की विचारधारा निहित है, रूढ़ियों से बचा गया है, राधा-कृष्ण की ओट में कुरुचिपूर्ण भावनाओं को व्यक्त नहीं किया गया है, राधा-कृष्ण की ओट में कुरुचिपूर्ण भावानाओं को व्यक्त नहीं किया गया है, अलंकार-ग्रंथों की सृष्टि नहीं की गई है। उनके काव्य में हृदय प्रधान है, दृष्टिकोण की व्यापकता है। भारतेन्दु ने भ्रमरगीत संबंधी पद स्फुट काव्य के रूप में लिखे हैं, अतः उसमें क्रमिक विकास नहीं हैं। उद्धव को भेजने का कारण स्पष्ट नहीं किया गया है। उनके काव्य की विशेषता यह है कि नारी-स्वभाव का यथार्थ चित्रण उसमें मिलता है। गोपियों के हृदय का मानसिक संघर्ष भी सफलतापूर्वक चित्रित किया गया है-एक ओर स्वामी की आज्ञा है, दूसरी ओर हृदय का विद्रोह है। इस भीषण द्वंद्व को लेखक ने बड़ी अच्छी तरह उकेरा है।

भारतेन्दु-युग के कवियों में राष्ट्रप्रेम था, पर वे खुले शब्दों में कुछ न कह सकते थे। फलस्वरूप भ्रमरगीत प्रसंग के माध्यम से सत्यनारायण कविरत्न जैसे कवियों ने राष्ट्र के प्रति अपने उद्‌गार प्रकट किए। उन्होंने स्वदेश-प्रेम की भावना के साथ-साथ माता के हृदय का वात्सल्य भी चित्रित किया है।

पुरानी परम्परा का त्यागकर साहस एवं मौलिकता का दर्शन हम यहां पाते हैं। यहां न गोपियां हैं, न उद्धव, न राधा, केवल है मां और उसका पीडद्या से भरा संदेश। कवि कृष्ण को ब्रह्म-स्वरूप तथा लोककल्याणकर्त्ता के रूप में रखता है। यशोदा का मानसिक चित्रण भी सफल है। यहां गोपियों की पीडद्या नहीं, अपितु मां का वात्सल्य है। निरक्षरता के विरुद्ध कवि ने इसी प्रसंग में अपने उद्‌गार प्रकट किए हैं। मां के संदेश में तो स्वदेश-भक्ति छलकी पड़ती है, पर उनकी जननी-जन्मभूमि विस्तृत नहीं सीमित है। कवि का प्रयास वर्तमान का वर्णन भी है :

बने खेत चौरस नये, काटि घने बन पुंज।
देखन को बस रहि गए, निधुवन सेवा कुंज।

ये उक्तियां अस्वाभाविक हैं, प्रसंग के अनुकूल नहीं :

अब की गोपी मदभरी, अधर चलै इतराय।
चार दिना की छोहरी, गई ऐसी गरवायं।

स्वदेश-प्रेम के संकेत के साथ-साथ मूल प्रसंग की सरलता तथा सरसता हरिऔध ने ग्रहण की है। इस प्रसंग का प्रारंभ कृष्ण की चिन्तित अवस्था में उद्धव के प्रवेश के साथ होता है। उद्धव को उनका गर्व तोड़ने के लिए नहीं अपितु ब्रज के जलते हुए हृदय को रससिक्त करने के लिए भेजा जाता है। राधा कामिनी नहीं, अपितु गौरव-युक्त नारी के रूप में चित्रित हैं। वे साक्षात् देवी हैं :

"शोभा है ब्रजप्रांत की अवनि की स्त्री जाति की वंश की।"

मार्ग का इतना सुन्दर एवं मार्मिक वर्णन भी अन्य कवियों द्वारा नहीं हुआ। उद्धव के मानसिक द्वंद्व का चित्रण भी हम यहां पाते हैं।

यशोदा के चरित्र-चित्रण की विशेषता उनके मानवी होने में है। सूर की यशोदा की भांति वह देवकी से दया की भिक्षा नहीं मांगती। 'कविरत्न' की यशोदा की तरह देश-प्रेम क भावनाएं भी उनके हृदय में हिलोरें नहीं लेतीं। वह मानवी होने के कारण देवकी से ईर्ष्या करती हैं। कवि ने वृद्ध गोप और नवयुवक गोपों को भी अपनी व्यथा सुनाने का अवसर दिया है जो उनकी अपनी सूझ का परिणाम है। हरिऔध की गोपियां कुलवधू की तरह धीरे-धीरे उद्धव के पास आती हैं। उनमें संयम है, उतावलापन नहीं है। उद्धव को निर्मोही समझकर गोपियों का पिकी के द्वारा संदेश भेजना ही हरिऔध की मौलिक उद्भावना है। उद्धव का राधा के पास जाना कवि की भूल होते हुए भी कवि की सहृदयता का परिचायक है। यह ठीक है कि राधा का गौरव एवं मर्यादा मूक निवेदन और आंसुओं में ही था, पर अपनी वेदना व्यक्त करते समय राधा देवी नहीं मानवी रूप में चित्रित की गई है। प्रेम जीवन का प्रमुख अंग है, पर उसे लोकहित के लिए सीमित रखना उचित ही है और यही हरिऔध की राधा करती है। सामंजस्य की भावना भी उसमें है। हरिऔध की एक विशेषता यह है कि वह मर्यादा का अंत तक ध्यान रखते हैं।

मैथिलीशरण गुप्त ने 'द्वापर' में भ्रमरगीत-संबंधी पद लिखे हैं। गुप्त जी के इस काव्य की विशेषताएं हैं–यशोदा का मर्यादापूर्ण चरित्र, हृदयपक्ष की प्रधानता, उद्धव का सहृदयता-पूर्ण चित्र, गोपियों द्वारा कृष्ण का सव्यंग्य उपहास आदि।

जगन्नाथदास रत्नाकर ने इस प्रसंग की है। पिछले कवियों ने पुरुष को दृढ़ और स्त्री को कोमल समझ प्रेम का एकांगी चित्र खींचा था। उन्होंने गोपियों की ही विरह-विदग्ध अवस्था का वर्णन किया था। सूर, नंददास आदि ने कृष्ण की व्याकुलता

का वर्णन नाममात्र को ही किया है। परन्तु रत्नाकर ने कृष्ण के अनुराग में भी उतनी ही गंभीरता दिखलाई है जितनी गोपियों के प्रेम में। दोनों को समान भूमि पर प्रतिष्ठित करते हुए उन्होंने कृष्ण का ब्रज-प्रेम, उनके हृदय में मचलने वाली वहां की विभूतियों की स्मृति तथा गोपियों से वियुक्त होने के कारण उनकी विरहजन्य अवस्था का मार्मिक शब्दों में चित्रण किया है जो अन्य कवियों में बहुत कम मिलता है। वैसे तो नंददास के 'भ्रमरगीत' में भी गोपी-उद्धव वार्तालाप कराया गया है, परनतु वहां पर उद्धव के प्रत्येक पद में 'सुनौ ब्रजनागरी' तथा गोपियों के पदों में 'सखा तुम श्याम के' पदों का प्रयोग कर कथापेकथन की स्वाभाविकता को नष्ट कर दिया गया है। रत्नाकार के उद्धवशातक में यह संवाद सम्यकतया ग्रथित है। बाहर से 'उसने कहा' आदि की अवतारणा किए किना ही छंदबद्ध कथोपकथन निर्बाध चलता है। बड़े छंदों में वार्तालाप का सुचारु रूप से निर्वाह करना तथा युक्ति-प्रत्युक्ति का क्रम विशृंखल न होने देना उनकी विशेष काव्य-क्षमता का द्योतक है। साथ ही वार्तालाप की सरलता तथा स्वाभाविकता भी अक्षुण्ण बनी रही है। मध्ययुग का विषय, मध्ययुग की भाषा तथा छंदों को लेकर उन्हें एक नई रागिनी में व्यक्त करना रत्नाकर की विशेषता है।

हिन्दी काव्य में भ्रमरगीत प्रसंग पर लिखी गयी रचनाओं का अनुशीलन करने के उपरांत स्पष्ट हो जाता है कि सूरदास के बाद जितनी भी रचनाएं लिखी गयीं उनमें अपने-अपने युग तथा रचनाकारों के व्यक्तित्व के कारण अपनी विशेषताएं तो हैं, पर वे सभी सूरदास के भ्रमरगीत की तुलना में फीकी लगती हैं। विस्तार, गुणवत्ता तथा मार्मिकता सभी दृष्टियों से सूरदास की रचना सर्वश्रेष्ठ है। उसने अनेक कवियों को इस प्रसंग पर लिखने की प्रेरणा दी। कुछ कवियों ने तो सूरदास के भाव को आधार मानकर ही अपने पद लिखे। श्रीमद्‌भागवत में वर्णित संक्षिप्त प्रसंग के आधार पर इस प्रसंग को इतना विस्तार देने का कारण है कवि की मौलिक उद्‌भावना-शक्ति। एक ही भाव को अभिव्यक्त करने के लिए उन्होंने विभिन्न प्रसंगों तथा कथन-पद्धतियों, वाक्-चातुरी, वाग्विदग्धता का आश्रय लिया है। अतः उनके काव्य में जितना भाव-विस्तार है, नारी-मन की विविध मनोदशाएं हैं; उन भावों तथा मनोदशाओं को अभिव्यक्त करने के जितने ढंग हैं, युक्तियां हैं, उतनी किसी अन्य रचना में नहीं। एक-एक भाव को लेकर सूरदास ने अनेक पद लिखे हैं। वह नारी-हृदय की व्यथा को, उनके मनोभावों-ईर्ष्या, आसक्ति, अनन्य प्रेम-भाव, मधुर स्मृतियों आदि को सीधे ढंग से न कहकर कहीं व्यंग्य तो कहीं उपालंभ तथा कहीं डांट-फटकार भरे शब्दों में लपेट कर व्यक्त करते हैं।

सूरदास के काव्य में प्रकृति-वर्णन

मानव तथा प्रकृति का संबंध आदिम युग से ही रहा है। वह सदा से मानव की सहचरी रही है। मनुष्य प्रकृति की क्रोड़ में जन्म लेता है, प्रकृति के पालने पर झूलते हुए अपना शौशव बिताता है, प्राकृतिक पदार्थों-फल-मूल, जल, पवन आदि का संबल पाकर बड़ा होता है, प्रकृति के प्रागण में क्रीड़ा करते हुए ही उसने शनैः-शनैः अपने भावों, विचारों, जीवन-पद्धति का विकास करते हुए वर्तमान आधुनिक सभ्य, शिष्ट तथा सुसंस्कृत समाज का निर्माण किया है। वह कभी प्रकृति के विकराल, विनाशकारी रूप को देखकर भयभीत हुआ है, तो कभी उसने प्रकृति से अनेक वरदान पाकर उसके प्रति कृतज्ञता प्रकट की है। ऋग्वेद का उषा सूक्त, भगवान सूर्य के प्रति मंत्र 'ओं विश्वानि देवसविता....'। गायत्री मंत्र 'ओ भूर्भुवः स्वः तत्सवितुः वरेण्यम्' आदि इसके प्रमाण हैं। प्राकृतिक शक्तियों से अभिभूत होकर ही उसने प्रकृति के उपकरणों–सूर्यं, चंद्रमा, पवन, जल आदि को देवता मानकर उनकी स्तुति की है। एक ओर प्रकृति का रम्य, सुखद, शांतिदायक रूप उसके मन को मुग्ध करता रहा है तथा दूसरी ओर प्रकृति द्वारा उसकी आधारभूत आवश्यकताएं पूरी होती रही हैं। प्रकृति ने उसकी सौंदर्य-भावना को भी परितृप्त किया है तथा उसकी दैनिक आवश्यकताओं की भी पूर्ति की हैं। इसलिए सभी देशों के कवियों ने आरंभिक युगों से ही अपने काव्य में प्रकृति के प्रति अपनी कृतज्ञता, प्रेम और सौहार्द प्रकट करने के लिए कविताएं लिखी हैं।

सूरदास के काव्य के प्रमुख विषय हैं : कृष्ण की लीलाओं का वर्णन तथा गोपियों का विरह। कृष्ण की लीला-भूमि रही है गोकुल, वृंदावन आदि ब्रज की ग्रामीण वनस्थली। सूर-काव्य का प्रधान घटना-स्थल है वृंदावन। अतः सूरदास के काव्य में ब्रज के प्राकृतिक सौंदर्य का वर्णन स्वाभविक ही है। फिर कवि का सम्पूर्ण जीवन भी ब्रजप्रदेश में बीता। यदि वे जन्मांध नहीं थे तो उन्होंने इस प्रदेश की रमणीक प्रकृति को स्वयं देखा होगा, और यदि वे जन्मांध थे तो उन्होंने अपनी अन्य इंद्रियों – श्रवण, त्वचा, नासिका से प्राकृतिक सौंदर्य की अनुभूति की होगी - पक्षियों के कलरव, यमुना के कलकल निनाद, शीतल, मंद, सुगंधित पवन के स्पर्श तथा पुष्पों की मदमाती गंध ने उन्हें प्रकृति के प्रति आभारी भी बनाया होगा और उनहें उसका वर्णन करने की प्रेरणा भी दी होगी। तीसरे, सूरदास पुष्टिमार्ग में दीक्षित भक्त-कवि थे और पुष्टिमार्ग में वृंदावन को गो-लोक का छाया रूप बताया गया है। अतः सूर के लिए ब्रजभूमि के प्रति आकर्षण होना स्वाभाविक ही था। उन्होंने लिखा भी है–

धनि यह वृंदावन की रेनु।

'भ्रमरगीत' के प्रधान पात्र हैं—कृष्ण, उद्धव तथा गोपियां। इनमें भी गोपियों की भूमिका सर्वाधिक महत्त्वपूर्ण है। इन गोपियों का जीवन उन्मुक्त प्रकृति की क्रोड़ में बीता, विकसित हुआ, वे प्रकृति से पूरी तरह घुल-मिल गयी थीं। अतः सूरदास के भ्रमरगीत में प्रकृति के चित्र आना स्वााभविक है।

प्रकृति-चित्रण के निम्नलिखित भेद हैं—

1. आलंबन रूप में।
2. उद्दीपन रूप में।
3. मानवीकरण।
4. उपदेशक के रूप में।
5. अलंकार-विधान के रूप में।
6. पृष्ठभूमि के रूप में।
7. दूती के रूप में।
8. ानव के प्रति संवेदनशील रूप में।
9. रहस्यात्मक रूप में।
10. प्रतीकात्मक रूप में।

किसी कवि के काव्य में ये सभी रूप नहीं होते। सूीदास के काव्य में भी प्रकृति-वर्णन के ये सभी रूप नहीं मिलते। काव्य के विषय तथा प्रतिपाद्य के कारण सूरदास की दृष्टि प्रकृति के कुछ रूपों तक ही सीमित रही है। 'भ्रमरगीत' विरह-काव्य है, गोपियों की विरह-व्यथा उसका मूल तथा प्रधान विषय है, अतः हमें उसमें प्रकृति का उद्दीपन रूप ही सर्वाधिक मिलता है; पर प्रकृति-वर्णन के कुछ अन्य रूप भी प्राप्त होते हैं

आलंबन रूप में प्रकृति-चित्रण—सूरदास यदि जन्मांध थे तो उन्हें स्वयं प्रकृति के सौंदर्य को देखने का अवसर ही नहीं मिला होगा जो प्रकृति के आलम्बन रूप में वर्णन की पहली शर्त है। दूसरे, उनके काव्य का विषय ऐसा था जिसमें अधिक से अधिक कृष्ण-लीलाओं की पृष्ठभूमि, पृष्ठाधार के रूप में प्रकृति का वर्णन किया जा सकता था और वही सूरदास ने किया भी है। रास-लीला, गोपियों के साथ प्रणय-लीला, गो-चारण आदि से सम्बद्ध पदों में प्रकृति का-यमुना और यमुना-तट का, उस पर स्थित सघन कुंजों का चित्रण पृष्ठभूमि के रूप में ही किया गया है। इसी प्रकार वर्षा ऋतु या चांदनी रात के चित्र या तो पृष्ठभूमि के रूप में हैं या फिर उनका पर्यवसान विरहानुभूति को सघन बनाने में होता है। वर्षा ऋतु का यह चित्र देखिए—

बरन-बरन अनेक जलधर अति मनोहर वेष
यहि समय यह गगन-सोभा सबन ते सविशेष
उड़त बक, शुकवृंद राजत, रटत चातक मोर
बहुत भांति चित हि-रुचि बाढ़त दामिनी घनघोर।

इन पंक्तियों को पढ़कर लगता हैं कि यह प्रकृति का आलम्बन रूप में वर्णन है। एक तो प्रकृति का संश्लिष्ट चित्र नहीं हैं, वस्तु-परिगणन प्रणाली का आश्रय लेकर केवल पक्षियों, बादलों तथा बिजली का वर्णन किया गया है। दूसरे इन पंक्तियों का पर्यवसान जिन पंक्तियों में होता है–

निरखि नयनन होत मन माधव मिलन की आस
या
धरनि तनु तृन रोम हर्षित प्रिय समागम जानि।

उनसे स्पष्ट हो जाता है कि कवि का मंतव्य प्रकृतिं का अलांबन रूप में वर्णन करना नहीं था। यहां तो विरहिणी की मनोदशा पर प्रकृति के प्रभाव का संकेत है।

कुछ कवियों की तरह सूरदास ने प्रकृति का वर्णन आलंकारिक रूप में भी किया है। इस प्रकार के पदों में, जो संख्या में अधिक नहीं है, सांगरूपक बांधा गया है। जैसे–

देखो माई, नयनन्ह सौं घन हारे
बिन ही ऋतु बरसत निसि बादर सदा सजल दोउ तारे
या
तुम्हरे बिरह ब्रजनाथ अहो प्रिय, नयनन-नदी बढ़ी
लीने जात निमेष कूल दोउ एते मान चढ़ी
गो लोक नवनौका न सकत चलि त्यौं सरकनि बढ़ि बोरती
ऊरध स्वास समीर तरंगन तेज तिलक-तरु तोरती।

परन्तु यहां भी प्रधान विषय विरह-वर्णन है, प्रकृति वर्णन नहीं। ये पद अलंकारप्रधान काव्य की तरह चमत्कार उत्पन्न नहीं करते, अपितु रागोत्प्रेरक हैं, पाठक के हृदय को भावान्दोलित करते हैं, मन गोपियों की करुणार्द्र व्यथा से सिक्त हो उठता है।

प्रकृति का मानवीकरण रूप में सर्वाधिक प्रयोग आधुनिक काल के छायावादी कवियों ने किया है, कदाचित् अंग्रजी के रोमांटिक कवियों से प्रभावित होकर। इन्होंने प्रकृति को जड़ न मानकर चेतन तथा संवेदनशील माना है।

सूरदास के काव्य में निम्नलिखित पद प्रकृति के मानवीकरण रूप में चित्रण का सुन्दर उदाहरण है। इसमें यमुना नदी को जड़ न मानकर विरह-विदग्ध नारी के रूप में चित्रित किया गया है–

देखियत कालिन्दी अति कारी
कहियो, पथिक, जाय हरिं सौं ज्यों भई विरह-जुर-जारी
मनौ पलिंका से परी धरति घंसि तरंग तलफ नतु भारी
तटबारु उपचार चूर मनौ स्वेद-प्रवाह पनारी
विगलित कच कुस कास पुलिन मनो पंकज कज्जल सारी।

उत्प्रेक्षा तथा रूपक अलंकारों की सहायता से यहां यमुना को विरहिणी नारी का रूप दिया गया है। यह प्रकृति का आलंकारिक वर्णन है, चमत्कृत करता है, पर भावोत्पादक नहीं है।

कवि ने प्राकृतिक उपादानों – चन्द्रमा, चातक, पपीहा, कौआ।

"कराव रे सारंग, स्यामहि सुरति कराव" कोयल, मेघ आदि को संदेशावाहक के रूप में भी प्रस्तुत किया है। कृष्ण के विरह में व्यथित गोपियां कभी चंद्रमा से अपना संदेश भेजने का विचार करती हैं क्योंकि वह सम्पूर्ण जगत् में घूमता है, द्वारिका भी जा सकता है :

दधिसुत जात हौं वहि देस
द्वारिका हैं स्याम सुंदर सकल भुवन नरेस

....

नाथ कैसे अनाथ छॉड्यौ कहियौ सरू संदेस।

मेघ को देखकर गोपियां कालिदास के यक्ष की तरह पहले कृष्ण की पहचान बताती हैं और फिर उसको अपना संदेश देती हैं–

पा लागौं तुम वीर बटाऊ कौन देस तैं धाए।
इतनी पतिया मेरी दीजौ जहां स्याम घन-छाए।

कोयल को अपनी व्यथा सुनाते हुए वह उससे भी कृष्ण के पास जाने का निवेदन करती हैं :

कोयल, हरि को बोल सुनाव
अथवा
जाहि री सखी! सीख सुन मेरी
जहां बसत जदुनाथ जगतमनि बारक तहां आउ दै फेरी

....

बच लै आउ सूर के प्रभु को गावहि कोकिल करिति तेरी।

सूरदास की प्रकृति संवेदनशील भी है। अतः वह कृष्ण के विरह में स्वयं भी दुःखी हो रही है। जिस दिन से कृष्ण गोकुल से मथुरा गये हैं उस दिन से गोकुल के भौंरो-पपीहों ने बोलना छोड़ दिया है, विरह-व्यथा के कारण वे मौन हो गये हैं, मृगों ने वंशी की ध्वनि सुनना छोड़ दिया है, वृंदावन के वृक्ष सूखने लगे हैं, यमुना विरह-ज्वर में दग्ध होकर काली पड़ गयी है तथा गौएं दिन-प्रति-दिन दुर्बल होती जा रही हैं–

ऊधौ इतनी कहियौ जाय
अति कृसगात भई हैं तुम बिनु परम दुखारी गाय
जल समूह बरसत अखियन तैं हूंकत लीने नांव
परति पछार खाय तेहि तेहि थल अति व्याकुल हैं दीन।

अन्य कवियों के समान सूर ने भी प्रकृति के पदार्थों का प्रयोग उपमानों के रूप में किया। इसमें उनकी कोई विशेषता नहीं है। गोपियों के अंग-प्रत्यंग, उनके वस्त्राभूषणों का वर्णन करते समय उन्होंने प्रकृति के उपादानों का उपमान के रूप में प्रयोग किया है -मुख की उपमा चंद्रमा से, नासिका की तोते से, गर्दन की कबूतर से, केशों की भ्रमर या सर्प से, गति की हाथी से, कटि की शेर से की गयी है। रूपक और रूपकातितशयोक्ति अलंकारों का प्रयोग करते हुए भी कवि ने प्रकृति से सहायता ली है। रूप-सौंदर्य के अतिरिक्त हृदय के भावों तथा क्रियाओं की समानता भी प्रकृति के पदार्थों से दिखायी गयी है। गोपियां कृष्ण को अपना एकमात्र आश्रय मानते हुए कहती हैं–

हमारे हरि हारिल की लकड़ी
मन वच क्रम नंदनंदन सौं उर यह दृढ़ करि पकरी

यह साधारण अनुभाव है कि संयोगावस्था में प्रकृति के जो पदार्थ, दृश्व, वातावरण सुखद होते हैं, वे वियोगावस्था में विरही की वेदना को तीव्र कर देते हैं। इसी को प्रकृति का उद्दीपनकारी रूप कहा जाता है। भ्रमरगीत विरह-काव्य है जिसमें कृष्ण के गोकुल चले जाने पर गोपियों की विरह-वेदना का वर्णन करना ही कवि का मुख्य उद्देश्य रहा है। अतः इस रचना में प्रकृति का उद्दीपनकारी रूप प्रधान भी है, काव्यगुणों से सम्पन्न भी है तथा मर्मस्पर्शी भी। वृंदावन की सुरम्य प्रकृति विरहावस्था में उनके लिए अत्यंत त्रासदायक बन गयी है।

यमुना-तट, उस पर स्थित सघन कुंज, कुंजों की वनस्पति, शीतल छाया, पक्षियों का कलरव, यमुना का कलकल संगीत-स्वर सब विरहिणी के हृदय को संतप्त करते हैं–

बिनु गोपाल बैरिन भई कुंजैं
तब ये लता लगति अति शीतल, अब भईं विषम ज्वाल की पुंजैं
वृथा बहति यमुना, खग बोलत, वृथा कमल फूलैं अलि गुंजै
पवन, पानि, घनसार, संजीवनि दधिसुत किरन भानु भई भुंजै।

ऋतुओं में विरहिणी के लिए सबसे अधिक कष्टदायक होती है वर्षा। बादलों का गर्जन-तर्जन, बिजली का चमकना, दादुर-मोर-पपीहों का रव, सब उसे संतप्त करते हैं। गोपियों के लिए वर्षा ऋतु इसलिए और भी अधिक कष्टमय बन गयी है क्यों कि उसे वर्षा ऋतु के बादलों में कृष्ण की छवि दिखाई देती है और उन्हें देखकर कृष्ण की स्मृति सताने लगती है–

आजु घन स्याम की अनुहारि
इन्द्रधनुष मनो नवल बसन छवि दामिनी दसन विचारि
जनु बग पांति माल मोतिन की, चितवत हितहि निहारि
गरजत गगन गिरा गोविंद की सुनत नयन भरि वारि
सूरदास गुन सुमरि स्याम के बिकल भईं ब्रज नारि।

वर्षा ऋतु समय पर आ गई है, आकाश में मेघ उमड़ रहे हैं, परन्तु कृष्ण अपने दिये गये वचन के अनुसार नहीं आये, अतः गोपियों को संदेह होने लगता है और यह संशय, अविश्वास उनकी पीड़ा को और अधिक बढ़ा देता है–

बरु ये बदाराऊ बरसन आए
अपनी अवधि जानि नंदनंदन गरजि गगन घन छाए।

बसंत ऋतु में फूल खिलते हैं, परन्तु गोपियां उन्हें चुनने के लिए वाटिका में नहीं जाती क्योंकि इससे पूर्व वे सदा कृष्ण के साथ फूल चुना करती थीं। अब वाटिका उनहें काटने दौड़ती है–

फूल बिनन नहिं जाऊं सखि री! हरि बिनु कैसे बीनौं फूल
वे जो देखियत राते राते फूलन फूली उार
हरि बिनु फूल झार से लागत झरि झरि परत अंगार।

सूरदास के प्रकृति-वर्णन में व्यापकता है। उन्होंने प्रकृति के दोनों रूपों– शांत और कोमल तथा भयंकर, विकराल रूप का चित्रण किया है। उनके प्रकृति-वर्णन की दूसरी विशेषता यह है कि वह लोक-जीवन से, ग्रामीण प्रकृति से जुड़ा है। उसमें ग्राम-जीवन की नाना छवियां अंकित हैं, जन-जीवन उसमें मुखरित हो उठा है। इन प्रकृति-चित्रों में कवि का स्वानुभव है, प्रकृति के प्रति सच्चा प्रेम है। लगता है कि ब्रज की प्रकृति का कोना-कोना उनका जाना-पहचाना

है। अतः भले ही 'भ्रमरगीत' के प्रकृति-वर्णन में प्रकृति का उद्दीपनकारी रूप ही प्रधान रहा हो, पर अपनी तन्मयता, हृदय की तल्लीनता, संवेदनशीलता, सूक्ष्म निरीक्षण-शक्ति तथा अनुभूति-प्रवणता के कारण वह अत्यंत मोहक और सजीव है। सूरदास के प्रकृति-चित्रण की दो विशेषताएं उल्लेखनीय हैं जिनकी और आलोचकों का ध्यान कम गया है। प्रथम तो उनके प्रकृति-वर्णन में लोकपक्ष, ब्रज की संस्कृति, रीति-रिवाज, विश्वासों को पर्याप्त महत्त्व दिया गया है तथा दूसरे प्रकृति-चित्रण के माध्यम से उन्होंने नगरीय एवं ग्रामीण जीवन का विरोधाभास उभार कर रख दिया है। गोपियां वृन्दावन में, गोकुल, बरसाना गाँव में रहने वाली हैं जबकि मथुरा और काशी नगर हैं। गोपियों की सरलता, भोलापन, निष्कपटता, उत्सर्ग-भावना के विरोध में नगर-निवासी छली-कपटी, विश्वासघाती, धूर्त और स्वार्थी हैं। मथुरा शासन का केन्द्र है, उसका शासक कंस अत्याचाी है ; उसको गद्दी से हटाने के बाद राजसिंहासन पर बैठने वाले कृष्ण भी कुछ दिन बाद उसी के रंग में रंग में रंग जाते हैं – "अव हरि सजनीति पढ़ि आये।" उनके महल में अनेक रानियां है, वह भोग-विलास में लिप्त रहने लगे है, वहां के विलासमय वातावरण में वह सीधी, सच्ची, आत्मोत्सर्ग की प्रतिमा गोपियों और राधा तक को भूल जाते हैं, उनके संदेशों का उत्तर तक नहीं देते ; कुब्जा दासी के मोह में फंस जाते हैं। अक्रूर और उद्धव भी नगरवासी हैं। अक्रूर अपने नाम के विपरीत क्रूर होकर कृष्ण को गोपियों से अलग करने के लिए उत्तरदायी है, उद्धव अपने ज्ञान के गर्व में चूर हैं। राज-दरबार के लोग गोपियों के संदेश कृष्ण तक पहुंचने नहीं देते। इस विरोधाभास द्वारा सूर नागर संस्कृति और नगरों के आचार-व्यवहार को ग्रामीण लोक संस्कृति की तुलना में हेय बताते हैं।

सूर के समय में ज्ञान, योग, निर्गुण-निराकार की चर्चा नगरों में ही होती थी, गांवों तक उनकी पहुंच नहीं थी। सूरदास ने गोपियों के माध्यम से नगरों के इस वितंडावाद की भर्त्सना की है। गोपियां मथुरा को 'काजर की कोठरी' कहती हैं –

वह मथुरा काजरि को कोठरि जे आवहिं ते कारे
तुम कारे, सुफलक सुत कारे, कारे मधुप भंवारे।

और स्वयं को गोपाल का सच्चा प्रेमी एवं भक्त–

गोकुल सबै गोपाल उपासी।

वे उद्धव से कहती है कि वह अपना ज्ञान-योग का उपेदश नगर की नारियों को जाकर सुनायें, वहीं उनकी बात सुनी जा सकती है–

यह प्रिय कथा नगर नारिन सौं, कहहिं जहां कछु पावहिं

इसी प्रकाश काशी में रहने वाले मुड़िया, संन्यासियों पर प्रहार करती हुई कहती हैं–

यह निरगुन लै तिनहिं सुनावहु, जे मुड़िया तै कासी

अथवा

जे गाहक निरगुन के ऊधौ

ते सब बसत ईसपुर कासी।

इस प्रकार सूर बताना चाहते हैं कि गांव के जीवन में सहजता, सरलता, ईमानदारी, सच्चाई है जबकि शहर अनाचार, अत्याचार, राजनीतिक छद्म, धूर्तता के केन्द्र बन गये हैं।

इस प्रकार सूर ने अपने काव्य में गांव और शहर का द्वन्द्व कई स्तरों पर उभारा है।

सूरदास के काव्य में प्रेम

सूरदास हृदय के पारखी कवि थे। मानव-मन की विभिन्न दशाओं का जितना गहन और सूक्ष्म ज्ञान अंधे होते हुए भी उन्हें था, उतना कदाचित् ही मध्यकालीन कवियों में से किसी को हो। उनके काव्य के भाव-पक्ष के अंतर्गत उनका वात्सल्य, संयोग और विप्रलम्भ श्रृंगार का वर्णन आता है। बालक की विभिन्न मनोदशाओं का जितना विस्तारपूर्ण और गहन अध्ययन तथा विशद चित्रण सूर के काव्य में मिलता है, उतना हिन्दी में अन्यत्र नहीं। बाल-स्वभाव की तीन मूल वृत्तियां आज के मनोवैज्ञानिक कस्वीकार करते हैं – प्रेम, अहम् और भय। सूर ने इनमें से प्रथम दो को वित्रित किया है। अहंभाव के अंतर्गत उन्होंने बाल-स्पर्धा और ईर्ष्या-भावना का बहुत ही मनोवैज्ञानिक चित्रण किया है। कभी कृष्ण अपने भाई बलराम की लम्बी चोटी देखकर स्पर्धा-भाव से मां से प्रश्न करते हैं–

मैया कबहुं बढ़ैगी चोटी

किती बेर मोहि दूध पिवत भई

यह अजहूं है छोटी।

तो कभी स्वयं जोरी करते पकड़े जाने पर उसका आरोप दूसरो पर लगाते हैं–

मैया मैं नहिं माखन खायौ,

ग्वाल बाल सब पीछे परिकै

बरबस मुख लपटायो।

बालकों के चिढ़ाने पर माता से शिकायत करना बच्चों का नैसर्गिक स्वभाव है। उसका मर्मस्पर्शी वर्णन सूर ने निम्न शब्दों में किया है–

मैया हौं न चरइयों गाय,
सिगरे ग्वाल घिरावत मोसों
मेरे पाय पिराय।

सूर के 'भ्रमरगीत' में बाल-स्वभाव का चित्रण उस संदेश में भी मिलता है, जो कृष्ण अपनी मां को खिलौनों की देख-भाल के संबंध में भेजते हैं –

मत लै जाय चुराय राधिका
कछुक खिलौनो मेरो।

कृष्ण को अपने बड़े भाई बलराम से जिन्हें वह दाऊ कहते हैं अनेक शिकायतें हैं। अतः वह जब-तब यशोदा से उनकी शिकायत करते हैं –

मैया मोहि दाऊ बहुत खिझायौ
मोसों कहत मोल को लीन्हौं,
तू जसुमति कब जायौ
....
चुटकी दै दै ग्वाल नचावत हंसत सबै मुसकात।

कभी-कभी ईर्ष्या का भाव इतना अधिक हो जाता है कि उसकी लपेट में मां यशोदा को भी नहीं बख्शते –

तू मोही को मारन सीथी,
दाऊहि कबहुँ न खीझै

सूरदास ने कृष्ण की बाल-लीलाओं के अनेक मनोहारी एवं मनोविज्ञान सम्मत चित्र अंकित किये हैं। सूरसागर में कृष्ण-जन्म की आनन्द बधाई के दृश्य चित्रण से ही बाल-लीला का अंकन आरंभ हो जाता है। वह अभी घुटनों के बल चलना नहीं सीख पाये हैं, केवल पालने में लेटे रहते हैं,

कबहुं पलक हरि मूंद लेत है, कबहुं अधर फरकावै

हाथ और पांव का अँगूठा मुँह में लेकर चूसते रहते हैं।

कर पग गहि अंगूठा मुख मेलत।

यशोदा उनका पालना झुलाती हैं –

जसोदा हरि पालने झुलावै
हलरावै दुलराइ मल्हावै जोइ सोइ कछु गावै

अनको किलकते देख, दूध के दांतों की शोभा पर मुग्ध हो मां यशोदा आत्मविभोर हो उठती हैं –

हरि किलकत जसुदा की कनिया

अथवा

हरखित देख दूध की दंतियाँ,
प्रेम मगन तनु की सुधि भूली

कुछ बड़े होने पर घुटनों के बल चलते हैं–

सोभित कर नवनीत लिये
घुटरून चलत रेनु तन मंडित मुख दधि लेप किये
मनिमय कनक नन्द के आंगन निज प्रतिबिम्ब पकरिवै धारवत

फिर मां यशोदा उन्हें चलना सिखाती हैं –

सिखवत चलन जसोदा मैया
अरबराइ करि पानि गहावत, डगमगाइ धरती धरै पैया

उनके तुतला कर बोलने की कल्पना भी सूर को भावमग्न कर देती है।

कँबहुं तोतर बोल बोलत, कबहुं बोलत तात
सूर हरि की निरखि सोभा, निमिष लगत न मात।

बच्चों में मां-बाप पर प्रेम की एकाधिकार भावना प्रबल होती हैं। सी मनोदशा में ईर्ष्या होती है। कृष्ण अकेले माखन खा रहे हैं। सहसा घड़े की तरफ नजर जाती है और उसके निर्मल जल में उन्हें अपना प्रतिबिम्ब दिखाई देता है। वे मान बैठते हैं कि दूसरा कोई बालक उनका माखन खा रहा है। बाल कृष्ण गुस्से से तुनकते हुए नंद से शिकायत करते हैं। नंद बच्चे को हृदय से लगा लेते हैं और घड़े के पास जाकर कृष्ण को गोद में लेकर खड़े हो जाते हैं। घड़े के जल में इस प्रतिबिम्ब को देखकर बालकृष्ण और भी दुःखी हो उठते हैं – उनका प्रतिद्वन्द्वी अब तो नन्द की गोद में पहुँच गया है। उन्हें नन्द के प्रेम पर ही आशंका हो उठती है और माँ यशोदा के पास शिकायत करने पहुँच जाते हैं – अब मैं तुम्हारा पुत्र हूँ, नंद बाबा का नहीं, क्योंकि वे किसी दूसरे लड़के को गोद में लिये हुए हैं औश्र मेरा अनादर कर रहे हैं। यशोदा कृष्ण के साथ घड़े तक गईं-घड़े को हिलाया ताकि पानी की हिलकोर में प्रतिबिम्ब टूट-फूट जाए, फिर तो कृष्ण माँ यशोदा से खुश हो गये।

माखन खात हंसत किलकत हरि, पकरि स्वच्छ घट देख्यौ
निज प्रतिबिम्ब निरखि रिस मानत, जानत आन परेख्यौ
मन मैं माष करत, कछु बोलत, नंद बाबा पै आयौ।
वा घ्झट मैं काहू कैं लरिका, मेरौ माखन खायौ।
महर कंठ लावत, मुख पोंछत चूमत तिहिं ठां आयौ।
हिरदै दिए लख्यौ । सुत कौं, तातैं अधिक रिसायौ।

कह्यौं जाइ जसुमति सौं ततछन, मैं जननी सुत तेरौ।
आजु नंद सुत और कियौ, कछु कियो न आदर मेरौ।

यह चित्र बाल-मनोविज्ञान तथा वात्सल्य का अनुपम उदाहरण है। बालरूप और बालक्रीड़ा के सौंदर्य का वर्णन करते-करते सूरदास की काव्य-प्रतिभा कभी मंद नहीं पड़ती। सौंदर्य की अनिर्वचनीयता के वर्णन में यशोदा के मुँह से कहलवाते हैं–

कहाँ लौं बरनौं सुन्दरताई।
खेलत कुँवर कनक आँगन में नैन निरखि छबि पाई।

जिस तरह श्रृंगार रस के अंतर्गत संयोग और वियोग-दो पक्षों के चित्र, सूर ने खींचे हैं, उसी तरह वात्सल्य में भी संयोग वात्सल्य और वियोग वात्सल्य का वर्णन किया गया है। जब अक्रूर श्रीष्ण को लेने गोकुल आते हैं, उस समय वियोग की आशंका से माँ यशोदा का हृदय धड़कने लगता है–

कहा काज मेरे छगन मगन कौ नृप मधुपुरी बुलायौ।
सुफलक सुत मेरे प्रान हरन कौ काल-रूप ह्वै आयौ।

आचार्य हजारी प्रसाद द्विवेक्षी की यह मान्यता है कि बाललीला वर्णन सेकहीं अधिक यशोदा में मातृ हृदय के चित्रण में सूरदास को अद्वितीय सफलता मिली है। कृष्ण की बाल-लीला, उनके हठ, उनकी मनोरम क्रीड़ा, उनकी खीझ, उनकी खीझ, उनकी शिकायत आदि से माता यशोदा के हृदय का छलकता हुआ आह्लाद बड़ी कलात्मक बारीकी से अंकित किया गया है। श्रीकृष्ण के मथुरा-प्रवास के समय वियोगिनी यशोदा की व्याकुलता, करुणा और उद्वेलित भावनामयता के चित्रण में भी वैसी ही कलात्मकता के दर्शन होते हैं आचार्य द्विवेद्वी के शब्दों में – यशोदा के बहाने सूरदास ने मातृहृदय का ऐसा स्वाभाविक, सरल और हृदयग्राही चित्र खींचा है कि आश्चर्य होता है। सूरदास जहाँ पत्रवती-जननी के प्रेमपल्लवित हृदय को छूने में समर्थ हुए हैं वहाँ वियोगिनी माता के करुणा-विगलित हृदय को भी उसकी सतर्कता से छू सके हैं।

आचार्य रामचंद्र शुक्ल यह मानते हैं कि जिस परिमित पुण्यभूमि में उनकी वाणी ने संचरण किया उसका कोई कोना अछूता न छूटा। श्रृंगार और वात्सल्य के क्षेत्र में जहाँ तक इनकी दृष्टि पहुँची वहाँ तक और वात्सल्य के क्षेत्र में जहाँ तक इनकी दृष्टि पहुँची वहाँ तक और किसी कवि की नहीं। इन दोनों क्षेत्रों में तो इस महाकवि ने मानों औरों के लिए कुछ छोड़ा ही नहीं। गोस्वामी तुलसीदास जी ने गीतावली में बाललीला को इनकी देखादेखी बहुत अधिक विस्तार दिया सही, पर उसमें बालसुलभ भावों और चेष्टाओं की वह प्रचुरता नहीं आयी, उसमें स्पवर्णन की

ही प्रचुरता रही। बालचेष्टा के स्वाभाविक मनोहर चित्रों का इतना बड़ा भंडार औश्र कहीं नहीं।

सूरदास के वात्सल्य वर्णन की अभूतपूर्व कलात्मक प्रौढ़ता का कारण कहाँ है? मैनेजर पांडेय का मत है—सूरदास वर्ण्य विषय के साथा तादात्म्य स्थापित करके उसकी अभिव्यक्ति करते हैं। वे जब बालकृष्ण की लीलाओं, चेष्टाओं और मनोभावों की व्यंजना करते हैं तो स्वयं बालक बने प्रतीत होते हैं और जब माँ यशोदा की अनुभूतियों की अभिव्यक्ति करते हैं तो मातृहृदय से युक्त जान पड़ते हैं। सूर की गहरी अनुभूति और तन्मयता के कारण उनकी कविता में 'तदाकार परिणति' की अद्‌भुत क्षमता है।

सूरदास की सौंदर्य-चेतना

सौंदर्य के प्रमुख तत्त्व दो हैं—आकर्षण तथा आनन्द। रूप-रंग, आकार-गठन आदि के कारण जो वस्तु या व्यक्ति हमें आकृष्ट करता है, हमारे मन को मुग्ध करता है उसे हम सुंदर कहते हैं। आकृष्ट करने के साथ सुन्दर वस्तु या व्यक्ति का आनन्दायक होना भी आवश्क है। विधाता को इसलिए दोष दिया गया है कि उसने गुलाब के मोहक रूप-रंग-सुगंधि के साथ कांटे भी पैदा किये जिनके कारण कष्ट होता है। मनुष्य स्वभाव से सौंदर्यप्रेमी है। सब देशों और सब कालों में सभी आयु के व्यक्तियों में सौन्दर्य के प्रति ललक रही है। भर्तृहरि ने तो उस व्यक्ति को सींग तथा पूंछ विहीन पशु कहा है जो साहित्य, संगीत, कला में रुचि नहीं लेता।

साहित्य संगीत कला विहीन :
साक्षात् पशु पुच्छ-विषाण हीनः।

साहित्य, संगीत तथा कला का प्राण सौंदर्य ही तो है। आचार्यों ने साहित्य या कला लिए जो तीन अनिवार्य तत्त्व माने हैं – सत्य, शिवं, सुन्दर, उनमें सुन्दर एक है। काव्य-प्रयोजनों में भी प्रमुख प्रयोजन आनन्द माना गया है तभी तो काव्य की आत्मा रस मानी गयी है जो आनन्द का ही पर्याय है।

सौंदर्य काव्य-रचना का प्रेरक भी है, विषय भी है तथा उद्देश्य भी। अतः सभी महान् कवियों ने अपनी रचनाओं में सौंदर्य का वर्णन-निरूपण किया है। सूर के काव्य में सौंदर्य के विविध रूप और उनका मनोज्ञ, चित्रण मिलता है।

'भ्रमरगीत' विरह-काव्य है। उसके प्रधान पात्र हैं—कृष्ण, गोपियां तथा राधा। ये तीनों ही यौवनसम्पन्न, सौंदर्य के भंडार तथा आकर्षक व्यक्तित्व वाले हैं। इस काव्य का घटना-स्थल है। कृष्ण की लाला-भूमि वृंदावन जो अपने प्राकृतिक सौंदर्य

के लिए विख्यात है। काव्य का विषय है गोपियों की विरह-व्यथा जिसके माध्यम से कवि ने उनके स्वभाव तथा चारित्रिक सौंदर्य-औदात्य का वर्णन किया है। फिर कवि पुष्टिमार्ग में दीक्षित भक्त थ। पुष्टिमार्ग मधुरा भक्ति में आस्था रखता है, काव्य का मूल मधुर रस मानता हैं। पुष्टि-भक्ति की अवस्थाएं हैं— रूपासक्ति, ललतासक्ति तथा भावासक्ति। कवि अन्य व्यक्तियों की तुलना में अधिक भावुक, संवेदनशील तथा सौंदर्योपासक होता है, अतः सूरदास के काव्य में सौंदर्य-निरूपण होना स्वाभविक था।

सौंदर्य के अनेक प्रकार हैं परन्तु उनमें प्रमुख हैं - मानव सौंदर्य (पुरुष और स्त्री का सौन्दर्य) प्रकृति-सौंदर्य, भाव-सौंदर्य, तथा कला-सौंदर्य। सूरदास के 'भ्रमरगीत' में चारों प्रकार के सौंदर्य का निरूपण मिलता है।

मानव-सौंदर्य—मानव-सौंदर्य को पहले दो भेदों में बांटा जा सकता है—पुरुष-सौंदर्य तथा नारी-सौंदर्य, फिर इन दोनों के दो उपभेद किये गये हैं—बाह्य सौंदर्य या शरीरिक सौंदर्य जिसके अंतर्गत शरीर सौष्ठव, वेशभूषा, श्रृंगार-प्रसाधन, आभूषण, चेष्टाएं, भाव-भंगिमा, मुद्राएं आती हैं तथा आंतरिक या सूक्ष्म सौंदर्य जिसके अंतर्गत व्यक्ति के मानसिक, चारित्रिक गुण आते हैं।

पुरुष-सौंदर्य—भ्रमरगीत के पुरुष पात्र दो हैं—कृष्ण तथा उद्धव।

उद्धव कृष्ण के ही प्रतिरूप हैं। अधिकांश कवि पुरुष रहे हैं और जो बात तुलसी ने नारी के संबंध में कही है—

नारि न मोह नारि के रूपा
पन्नगारि यह रीति अनूपा।

वह पुरुष के संबंध में भी सत्य है कि पुरुष-पुरुष के रूप पर मुग्ध नहीं होता। अतः सभी भाषाओं के काव्य में परिमाण तथा गुणवत्ता की दृष्टि से नारी-रूप का जितना चित्रण पाया जाता है उतना पुरुष-सौंदर्य का नहीं। सूरदास के काव्य में भी कृष्ण के अंग-सौष्ठव के चित्र कम हैं और जो हैं उनमें भी मौलिकता नहीं, परम्परा-पालन है। कृष्ण के विभिन्न अंगों तथा आभूषणों के सौंदर्य-चित्रण के लिए कवि ने जो उपमान चुने हैं—चन्द्रमा, भंवर, तोता, बिम्बाफल, कमल, दामिनी, मुक्तामाल आदि वे परम्परागत ही हैं।

आजु घनस्याम की अनुहारि
इन्द्रधनुष मनो नवल वसन छवि, दामिनी दसन विचारि
जनु बगपंति माल मोतिन की चितवत हितहि बिसारि
गरजत गगन गिरा गोविंद की सुनत नयन भरे बारि।

सूर द्वारा अंकित कृष्ण की छवि के चित्रों में उनके अंग-सौष्ठव का वर्णन कम है, उनकी वेशभूषा का अधिक है–

मुख मुरली सिर मोरपंखौआ उर धुंधचिन को हारु
आगे धेनु रेनु तन मंडित तिरछी चितवन चारु
बिसरति नाहिं सुभग तन सोभा पीतांबर की फेरनि
कहत न बनै कांध लकुटि धरि छवि न गायन घेरनि।

बाल-कृष्ण तथा किशोर कृष्ण की चेष्टाओं तथा भाव-भंगिमा के चित्र अत्यंत मोहक हैं। माखन-चोरी के आरोप के विरोध में जो कुछ वह कहते हैं–

मैया मैं नहिं माखन खायौ
ग्वाल-बाल सब मिलिके मेरे मुख लपटायौ

अथवा बलराम द्वारा चिढ़ाये जाने पर जो कुछ वह यशोदा से कहते हैं–

मैया मोहि दाऊ बहुत खिझायौं
मोसों कहत मोल कौ लीनौ तू जसुमति कब जायौ।

सार्थकता या प्रासंगिकता आधुनिक समीक्षा का नवीन शब्द-प्रयेग है, किंतु इसका अर्थ यह नहीं है कि इसकी धारणा भी सर्वथा नवीन है। आधुनिक समीक्षा के जन्म से पहले भी उदारचेता आलोचक किसी कृति-विशेष की तुलना पूर्ववर्ती कृति के नैतिक तथा रूप में करते रहे हैं। यों तो समसामयिक साहित्य की सार्थकता का विचार करने पर भी किसी प्रकार का प्रतिबंध नहीं है, फिर भी, वास्तव में, ही अधिक संगत या प्रासंगिक है। इस प्रकार, सार्थकता का प्रश्न मूलतः दो सामान्य नियमों से अनुबद्ध हो जाता है। 1. अतीत और वर्तमान का सह-संबंध और 2. देशकाल का अनिवार्य प्रभाव। कहने का अभिप्राय यह है कि वर्तमान के संदर्भ में सामान्यतः पूर्ववर्ती कृति या कृतिकार की ही प्रासंगिकता का विचार किया जा सकता है और उसके लिए इस सिद्धांत की स्वीकृति भी अनिवार्य है कि हमारे निर्णयक प्रतिमान बहुत हद तक देशकाल से अनुशासित रहते हैं।

सहित्य के प्रति मुख्य रूप से तीन दृष्टिकोण हैंः सौन्दर्यमूलक अथवा कलात्मक, नैतिक और सामाजिक। अतः किसी साहित्यकार अथवा रचना की सार्थकता का निर्णय सामान्यतः तीन दृष्टिकोणों से किया जा सकता है : सौन्दर्य-भावना की दृष्टि से, नैतिक मूल्यों की दृष्टि से और सामाजिक चेतना की दृष्टि से।

सौंदर्यवादी के लिए तो सुन्दर कृति चिरन्तन आनन्द का विषय है–अतः उसके लिए किसी एक या दूसरे देश-काल के संदर्भ में कला-कृति की सार्थकता का प्रश्न सर्वथा निरर्थक और अप्रासंगिक है। अतीत-वर्तमान के सहसंबंध के नियम या

परिवर्तन के सिद्धांत का उसकी दृष्टि से कोई महत्त्व नहीं है। उसकी आस्था के अनुसार सुन्दर ही सत्य है और सत्य ही सुन्दर है : कला के संदर्भ में वह केवल इतना ही जानता है और इतना ही जानना चाहता है। लेकिन यह मान्यता पारम्परिक सौंदर्यशास्त्र तक ही सीमित है। आज का सौंदर्यवादी समीक्षक इस प्रकार के जड़ सिद्धांत को स्वीकार नहीं करता। समाजशास्त्रीय आलोचक की तरह वह भी सामाजिक परिवर्तन में विश्वास करता है और यह मानकर चलता है कि परिवेश के परिवर्तन के साथ हमारी सौंदर्य-चेतना में भी परिवर्तन होता रहता है। उदाहरण के लिए – सूरदास के प्रसंग में, परम्परावादी सौन्दर्यविद् यह मानता है कि सूरदास की कविता का रसात्मक प्रभाव सार्वदेशिक एवं सार्वकालिक है और इस दृष्टि से उसका कलात्मक मूल्य भी देशकाल की सीमा से मुक्त है। किंतु आधुनिक सौन्दर्यवेत्ता की तर्कपद्धति इससे भिन्न है। उसका विचार है कि सूरदास के काव्य की रचना सर्वथा भिन्न देशकाल-पूर्व-मध्यकाल के धार्मिक वातावरण में हुई थी, अतः आधुनिक कपाठक की काव्य-चेतना यदि इस काव्य के कलात्मक प्रभाव को उसी रूप में ग्रहण नही करती तो इसमें क्या आश्चर्य है? उसका तर्क है कि सहृदय पाठक की सौन्दर्य-चेतना, उसके समग्र जीवन-दर्शन की तरह, समय के साथ बदलती रहती है, अतएव इस बात की पूरी संभावना है कि उसे सूरदास की कविता में वैसी ही रसानुभूति न हो जैसी कि मध्ययुग के पाठक को होती थी या आज भी धार्मिक संस्कारों से युक्त पाठक को होती है, जिसकी सौंदर्य-भावना में अब भी कोई मौलिक परिवर्तन नहीं हुआ है। यह तर्क निस्सार नहीं है और इसमें संदेह नहीं कि 20वीं शती के आरंभ तक हिन्दी का सहृदय पाठक भक्तिपरक रचनाओं की गणना काव्यके अंतर्गत नहीं करता था। सूरसागर अथवा रामचरितमानस का अध्ययन जहाँ वह आध्यात्मिक परितोष के लिए करता था, वहाँ काव्यगत रसानुभूति के लिए केशव, बिहारी, मतिराम और पद्माकर आदि की कलाकृतियों का ही अनुशीलन करता था। ऐसी स्थिति में, वर्तमान युग में सूर की सौन्दर्यचेतना की प्रासंगिकता पर हमें धैर्यपूर्वक विचार करना होगा।

मूल प्रश्न का विवेचन करने से पूर्व यह जरूरी है कि रसात्मक प्रभाव के अर्थ और स्वरूप पर विचार कर लिया जाए, क्योंकि उसी के आधार पर तो किसी काव्यकृति की कलात्मक प्रासंगिकता का निर्णय किया जा सकता है। संक्षेप में, कलाकृति से प्राप्त परितोष, या शास्त्रीय शब्दावली में, अंतश्चमत्कार ही उसका रसात्मक प्रभाव है। इस भावना में एक प्रकार की मिश्र अनुभूति अथवा अनुभूतियों का विधान निहित रहता है। जिसमें ऐन्द्रिय, कल्पनात्मक, रागात्मक तथा बौद्धिक

संवदेनाएँ परस्पर एकाकार हो जाती है। शब्द या नाद की विविध संयोजनाओं से गुम्फित कविता का भाषिक एवं लयात्मक संगीत अपने श्रव्य गुण के द्वारा सहृदय के चित का प्रसादन करता है। बिंब-विधान उसकी कल्पना का अनुरंजन करता है, भाव-संपदा नाना प्रकार की रागात्मक संवेदनाएँ उद्‌बुद्ध करती है और बौद्धिक तत्त्व उसकी चिन्तन-शक्ति को प्रेरणा देता है। अंत में, ये सभी संवेदनाएँ परस्पर समन्वित होकर एक विशेष प्रकार की अनुभूति या अनुभूति-विधान के रूप में परिणत हो जाती हैं। यही काव्य अथवा कला का रसात्मक प्रभाव है।

सूरदास प्रगीत-कवि हैं। उन्होंने कृष्ण के जीवन पर किसी क्रम-बद्ध प्रबंध की रचना न कर केवल गेय पदों में उनका लीला-गान किया है। अतः कवि की सौंदर्य-चेतना का आकलन प्रगीत काव्य की परिधि के भीतर ही करना होगा। सूरदास केवल स्वभाव से ही नहीं वृत्ति और व्यवसाय से भी प्रगीतकार थे। महाप्रभु वल्लभाचार्य ने श्रीनाथ जी के मंदिर में भगवान की लीला का कीर्तन करने के लिए उन्हें सेवा-नियुक्त किया था और वे अंत तक उसी में मग्न रहे। 'प्रगीत' शब्द अंग्रेजी के 'लिरिक' का पर्याय है जिसकी व्युत्पत्ति 'लायर' अर्थात् वीणा से मानी जाती है। यूरोपीय साहित्य के आदिकाल में जिन स्फुट रचनाओं का गायन वीण के संगीत के साथ किया जाता था, उसका नाम साहचर्य नियम के अनुसार 'लिरिक' या 'वैणिक गीत' पड़ गया। इस प्रकार सूरदास को, जो अपने एकतारे की ध्वनि पर भगवान का लीलागान करते थे, शाब्दिक् अर्थ में, वैणिक गीतकार या आज की मानक शब्दावली में, प्रगीतकार कहा जा सकता है।

काव्यशास्त्र के अनुसार सूरदास के पदों में प्रगीत-काव्य के समस्त लक्षणों का निर्वाह नहीं हुआ है-क्योंकि उनकी पृष्ठभूमि में कथा-वस्तु का मूर्त आधार निश्चित रूप से विद्यमान है और इन प्रगीत लीलाओं के बीच एक सूक्ष्म-तरल अंतःसूत्र भी व्याप्त है। फिर भी, सूरसागर प्रबंध-काव्य नहीं है। इससे शास्त्रकार के सामने एक समस्या उठ खड़ी होती है जिसके समाधान के लिए, भारत की सभी भाषाओं में रचित भक्ति-साहित्या के संदर्भ में, प्रगीत-काव्य की परिभाषा में संशोधन करना अनिवार्य हो जाता है।

सामान्य रूप से कहा जा सकता है कि प्रगीत-काव्य में प्रबल आवेग का उच्छलन रहता है। अतः सहज प्रवाह तथा मूल भावना की अन्विति के साथ-साथ आत्म-तत्व का प्राधान्य भी उसके स्वरूप का लक्षण है। संवेद्‌य-तत्व की अभिव्यक्ति यहाँ अधिकतर ऋजु-सरल ही होती है, लेकिन कलात्मक प्रगीतों में शेली स्वभावतः अलंकृत रूप धारण कर लेती है। सूरसागर में कथावस्तु की अंतर्धारा निश्चित रूप

से प्रवाहमान है और इसलिए उसके पदों के पीछे वस्तुगत आधार भी अनिर्वायत: विद्यमान है। किंतु इसके बावजूद, अधिकांश पदों में प्रगीत-तत्त्व यथावत् अक्षुण्ण है, क्योंकि कथावस्तु के प्रति कवि का दृष्टिकोण एकांत रूप से आत्मपरक रहा है। सूरदास अन्यपुरुष में, कृष्ण की जीवन-गाथा का वर्णन नहीं करते और न वे निर्वैयक्तिक नाटकीय शैली का ही प्रयोग करते हैं : वे तो आत्मविभोर होकर कृष्ण की लीलाओं का गान करते हैं। वे घटनाओं अथवा प्रसंगों का दर्शक या तटस्थ वाचक के रूप में वर्णन नहीं करते, वरन् वर्ण्य प्रसंग में अंतर्लिप्त सहभागी के रूप में अपनी रागात्मक प्रतिक्रियाओं की अभिव्यक्ति करते हैं। अतः उनके वर्ण्य प्रसंगों में भावना का गहरा रंग स्पष्ट रहता है जिसमें उनका भौतिक आधार घुल कर प्रायः विलीन हो जाता है।

उपर्युक्त धारणा का सत्यापन करने के लिए इस प्रकार के एक पद का विश्लेषण उपयोगी होगा—

देखे स्याम अचानक जात।
ब्रज की खोरि अकेले निकसे,
पीताम्बर कटि पर फहरात।।
लटकत मुकुट, मटक भौंहनि की,
चटकत चलत मंद मुसकात।
पग द्वै जात बहुरि फिरि हेरत,
नैन-सैन देके नंद-तात।।
निरखत नारि-निकर बिथकित भई,
दुख-सुख व्याकुल झुरत सिहात।
'सूर' स्याम अंग-अंग माधुरी,
चमकि-चमकि चकचौंधति गात।।

उपर्युक्त पद में स्थायी के बाद की पहली छह पंक्तियों में कृष्ण के रूप का-उनकी वेशभूषा और शारीरिक चेष्टाओं का अत्यंत सजीव वर्णन किया गया है, जिसमें विषय के सूक्ष्म विवरण के साथ-साथ प्रमाता की भावना का रंग भी मिल गया है। बाद में चार पंक्तियों में विशेषकर अन्तिम दो पंक्तियों में दृश्य वस्तु का आधार तिरोहित हो जाता है और केवल द्रष्टा की भावना ही मुखर हो जाती है- या यह कहिए कि विषय का आकर्षण अथवा गुण पूर्णतः विषयी की चेतना में निमग्न हो जाता है।

सूरसागर में आत्म-तत्त्व की प्रधानता का एक और भी स्पष्ट प्रमाण मिलता है। प्रबंध-काव्य में कथा अविच्छिन्न गति से आगे बढ़ती है। इसमें पुनारावृत्ति के

लिए स्थान नहीं होता और न कथांशों के प्रतिवर्तन के लिए ही कोई अवकाश रहता है। किंतु सूरसागर में कथा की अंतर्धारा के रहते हुए भी उसकी गति अत्यंत मन्थर है और भावप्रवण स्थल आ जाने पर वह एकदम रुक जाती है। इस प्रकार के प्रसंगों का वर्णन नाना रूपों में और नई-नई रीतियों से करता हुआ भाव-विभोर कवि कथा को एकदम भूल जाता है। यहाँ कृष्ण की भावना की अभिव्यक्ति ही कवि का मूल प्रयोजन हो जाता है जिनमें उसकी अपनी रागात्मक संवेदनाएँ भी ओतप्रोत रहती हैं। इस प्रकार प्रसंगों की आवृत्ति, जो प्रबंध-काव्य का अक्षम्य दोष है, सूरसागर का अनिवार्य अंग बन कर उसके प्रगीत तत्त्व की समृद्धि में योगदान करती है।

वास्तव में, भक्तिकाव्य की मूल प्रकृति ही प्रगीतात्मक है। इष्टदेव की लीला-गाथा की सत्ता यहाँ भक्त की मनोदशाओं और भावनाओं की उद्दीपन बनकर रह जाती है। सूरसागर के गेय पद इस तथ्य के ज्वलन्त प्रमाण हैं। सूरदास कृष्णचरित के किसी पक्ष या घटना विशेष को लेकर उसका अनेक प्रकार से वर्णन करने में प्रवृत्त हो जाते हैं और हर बार उसमें अपनी भाव-प्रेरित कल्पना के द्वारा एक नया चमत्कार उत्पन्न कर देते हैं। इस प्रकार घटना का भौतिक अस्तित्व विगलित होकर रमणीय अनुभूति में परिणत हो जाता है। प्रबंध-काव्य में जहाँ विवध प्रसंगों के स्पष्ट भौतिक आयाम रहते हैं, वहाँ भक्ति-काव्य में वे रागात्मक प्रतीक मात्र बन जाते हैं। यहाँ वस्तुगत उपादानों के स्थान पर आत्मगत उपादान शेष रह जाते हैं। भक्त-कवि की भाव-प्रेरित कल्पना को उद्दीप्त करना ही इन घटनाओं का मुख्य प्रयोजन बन जाता है। उदाहरण के लिए, सूरसागर की मुरली-संबंधी पदावली को ही लीजिए। बात सिर्फ इतनी सी है कि कृष्ण मुरली-वादन में अत्यंत प्रवीण थे और ब्रज की जनता-विशेषतः ब्रज के युवती-समाज पर उनकी इस कला का व्यापक प्रभाव था। सूरदास इस सामान्य तथ्य को लेकर इसके चारों और चित्र-चित्रित रमणीय प्रसंगों का वातावरण उत्पन्न कर देते हैं। ज्यों ही कृष्ण की वंशी-ध्वनि उनके कानों में पड़ती है, ब्रज की युवतियाँ अपना काम छोड़कर पतियों और बाल-गोपल की उपेक्षा कर घरों से बाहर निकल पड़ती हैं। इसके अतिरिक्त वंशी के प्रति गोपियों के मन में एक विचित्र ईर्ष्याभाव भी उत्पन्न होता है और उन्हें लगता है मानो वह वंशी कृष्ण के प्रेम के संदर्भ में उनकी प्रतियोगिनी या लगभग सपत्नी बनकर खड़ी हो गई है। इस शुद्ध काल्पनिक घटना के चारों ओर सूरदास ने अनेक पदों का ताना-बाना बुन दिया है। जाहिर है कि यह कवि की ललित कल्पना की क्रीड़ा मात्र है जिसके लिए कोई वास्तविक आधार

नहीं है। अतः आचार्य रामचन्द्र शुक्ल, जो काव्य में वस्तुगत आधार के सबल पक्षधार थे, इस प्रसंग कर कटाक्ष करने का लोभ-संवरण नहीं कर सके: "हवा से लड़ने वाली स्त्रियाँ देखी नहीं, तो कम से कम सुनी बहुतों ने होंगी, चाहे उनकी जिन्दादिली की कद्र न की हो। मुरली के संबंध में कहे हुए गोपियों के वचन से दो मानसिक तथ्य उपलब्ध होते हैं—आलंबन के साथ किसी वस्तु की संबंध-भावना का प्रभाव तथा अत्यंत अधिक या फालूत उमंग के स्वरूप। मुरली-संबंधिनी उक्तियों में प्रधानता पहली बात की है, यद्यपि दूसरे तत्त्व का भी मिश्रण है।"

इसी प्रकार, उद्धव की गोकुल-यात्रा अपने आप में अत्यंत सामान्य घटना थी, किंतु सूरदास ने उसके आधार पर एक अत्यंत मार्मिक प्रसंग का विधान कर दिया है जो कृष्ण काव्य में 'भ्रमरगीत' के नाम से प्रसिद्ध है। शतशत पदों में गुंफित इस प्रसंग का प्रगीत-वैभव अपूर्व है। इस संदर्भ में नंददास आदि कवियों का दृष्टिकोण जहाँ मूलतः दार्शनिक एवं तार्किक रहा है, वहाँ सूर के पात्र शुद्ध भावना के धरातल पर उद्धव से वाद-विवाद करते हैं। निर्गुण ब्रह्म की अमूर्त कल्पना के विरुद्ध प्रबल आवेग से प्रेरित उनके तर्क एकांत रूप से आत्मपरक हैं जो उद्धव के हृदय पर सीध आघात करते हैं।

सूरदास की काव्य-दृष्टि अपने समकालीन रामभक्ति शाखा के मूर्धन्य कवि, तुलसीदास के दृष्टिकोण से इस अर्थ में भिन्न है कि उन्होंने कृष्णचरित के केवल प्रगीतात्मक प्रसंगों को ही मुख्यतः ग्रहण किया है। बाल्यकाल के क्रीड़ा-कौतुक और उनके बाद कृष्ण की श्रृंगारिक लीलाओं के वर्णन में ही कवि ने अपनी सर्जनात्मक प्रतिभ का उपयोग किया है। कृष्ण-जीवन के उदात्त पक्ष की उन्होंने उपेक्षा नहीं की, किंतु उनकी चित्तवृत्ति वहाँ नहीं रम सकी। परिणाम यह हुआ है कि इस प्रकार के वर्णन प्रायः इतिवृत्तात्मक होकर रह गए हैं। कहने का अभिप्राय यह है कि सूरदास ने जिन प्रसंगों का चयन किया है, वे स्वभावतः ही प्रगीत-गुण से सम्पन्न हैं जिसका कवि की कल्पना ने अधिकाधिक लाभ उठाया है। लीलापुरुषोत्तम के उपासक कवि की ललित कल्पना अपने इष्टदेव की प्रत्येक लीला के साथ अत्यंत तन्मय भाव से रमण करती हुई चित्र-चित्रित प्रसंगों की सुन्दर शृंखला बनाती चलती है। बाल अथवा किशोर कृष्णकी सहज-सरल क्रीड़ाएँ, जो 'ब्रजविलास' आदि प्रबंध-काव्यों में सर्वथा उपेक्षित हो गयी हैं या अत्यंत नीरस इतिवृत्त शैली में वर्णित हैं, सूरदास की कौतुकमयी प्रतिभा के स्पर्श से एकदम चमत्कृत हो उठी हैं।

सूर-सागर के पदों को सामान्यतः चार वर्गों में विभक्त किया जा सकता है : भाव-गीत, कला-गीत, लोक-गीत और कथा-गीत। पहले वर्ग के अंतर्गत उन

विनय-पदों की गणना की जा सकती है, जिनमें इष्टदेव के प्रति कवि का सीधा आत्मनिवेदन है। ये पद शुद्ध प्रगीतों के उदाहरण इस अर्थ में हैं कि इनमें भौतिक आधार से सर्वथा मुक्त, भक्त-हृदय के प्रबल आवेग का सहज उच्छलन है। कलात्मक प्रगीत वे हैं जो किसी रमणीय प्रसंग के झीने आवरण में राधा-कृष्ण के सौन्दर्य अथवा उनकी शृंगार-लीलाओं का अलंकृत भाषा में रंगीन बिम्बों के माध्यम से निरूपण करते हैं। ये प्रगीत स्वभावतः कवि की व्यक्तिगत भावनाओं के उद्‌गीथ न होकर कलात्मक साँचों में ढले हुए हैं, किंतु फिर भी, इनमें आत्म-तत्व और भावना का गहरा रंग स्पष्ट रूप से विद्यमान है। सूरसागर में ऐसे पद भी काफी संख्या में मिलते हैं जिनमें लोक-तत्त्व प्रधान है। उपर्युक्त तीनों प्रकार की पदावली स्पष्ट रूप से प्रगीत गुण से सम्पन्न है। प्रगीत-काव्य के सभी मूल तत्त्व यहाँ प्रचुर मात्रा में विद्यमान हैं, और सर्वत्र व्याप्त भक्ति की अन्तर्धारा इन पदों को भावात्मक अन्विति प्रदान करती है।

सूर-सागर के पदों का सांगीतिक विधान भी उनके प्रगीत गुणों की श्रीवृद्धि करता है। ये सभी पद शास्त्रीय राग-रगिनियों या लोक धुनों में बँधे हुए हैं। प्रत्येक पद के पहले चरण में मूल भाव सहसा स्फुरित हो जाता है और प्रवर्ती चरण उसका लयात्मक अनुगमन करते हुए सम्पूर्ण पद की संरचना को अन्विति-सूत्र में बाँध देते हैं। अतः सूरसागर के पदों में संवेद्य तत्त्व और रूप-रचना दोनों के संगीत का अभिन्न संयोग मिलता है जो प्रगीत-काव्य का प्राणत7व है।

इन पदों की भाषिक गुम्फना का भी प्रगीत गुणों की समृद्धि में कम योगदान नहीं है। एक ओर जहाँ बालक कृष्ण की तोतली भाषा और ग्रामीण गोपियों के संवादों का अनगढ़ किंतु जीवंत रूप मिलता है, वहाँ दूसरी ओर भक्ति-विभोर कवि के हार्दिक उद्‌गारों तथा राधा-कृष्ण की शृंगार लीलाओं में अलंकृत भाषा की अपनी अलग ही छटा है। ये सभी भाषिक प्रयोग सूरसागर में अंतर्व्याप्त प्रगीत-तत्त्व का संवर्धन करते हैं। काव्य के प्रचलित उपमानों और प्रतीकों को भावना से चमत्कृत करने में सूरदास अन्य कवियों की अपेक्षा अधिक सिद्धहस्त है। उदाहरण के रूप में, उनका यह पद प्रस्तुत किया जा सकता है–

उपमा एक न नैन गही।
कविजन कहत कहत चलि आए, सुधि करि करि काहू न कही।।
कहे चकौर, मुख-बिधु बिन जीवत, भँवर न तंह उड़ि जात।
हरिमुख-कमलकोस बिछुरे तैं ठाले क्यों ठहरात?
खंजन मनरंजन कहु जौ पै, कबहुँ नाहिं सतरात।

पंख पसारि न उड़त, मंद द्वै समर-समीप बिकात।।
आए बधन व्याध द्वै ऊधौ, जो मृग क्यों न पलाँय।
देखत भगि बसैं घन बन में जहँ कोउ संग न धाय।।
ब्रजलोचन बिन लाचन कैसे? प्रति छिन अति दुख बाढ़त।
सूरदास मीनता कछू इक, जल भरि संग न छाँड़त।।

कवि ने विरह-व्यथित आँखों के चारों ओर उपमानों की एक माला गूंथ दी है। आचार्य शुक्ल ने इसे शब्द-क्रीड़ा या अलंकार का चमत्कार नहीं है। यहाँ कवि ने प्रत्येक उपमान में हृदय का रंग भर दिया है जिससे यह सम्पूर्ण गीत निराशा तथा करुणा की भावना से स्पन्दित हो उठा है। उपमानों के भावमय प्रयोग का यह अपूर्व उदाहरण है। मध्य युग के भारतीय कवियों ने एक सर्वथा नवीन प्रगीत विधान की उद्भावना की है जिसका समकक्ष उदाहरण न पाश्चात्य काव्य में मिलता है और न संस्कृत के अभिजात काव्य में। मुख्य रूप में जयदेव के गीतगोविन्द से और अंशतः अपभ्रंश के धार्मिक पदों से प्रेरणा ग्रहण कर सगुण भक्त कवियों ने अपनी-अपनी भावना के अनुसार विभिन्न भगवद्रूपों का लीला-गान किया है, जिनमें कृष्ण का माहात्म्य प्रायः सबसे अधिक रहा है। इनके पद पारिभाषिक प्रगीत काव्य के स्वरूप में इस अर्थ में भिन्न हैं कि राग-रागिनियों में बँधे होने पर भी, इनके पीछे कथा की रूपरेखा का एक मूर्त आधार विद्यमान रहा है। लेकिन यहाँ, कवियों ने प्रायः कथा की घटनाओं का वर्णन नहीं वरन् गायन किया है। इस प्रकार, अपने भावदीप्त हृदय की ऊष्मा से कथा के मूर्त आधार को विगलित कर, इन कवियों ने एक नए प्रगीत-विधान-'लीला-गीत' की उद्भावना की है। मध्य युग में शताब्दियों तक ये कवि भारत की प्रत्येक भाषा के साहित्य को समृद्ध करते रहे हैं, जिनमें सूरदास का स्थान अन्यतम है।

वास्तव में, कालजयी कृति का लक्षण ही यह है कि उसका कलात्मक अथवा रसात्मक प्रभाव देश-काल की सीमाओं से मुक्त रहता है। सूरदास कवियों के कवि हैं; उनका काव्य सच्चे अर्थ में कालजयी हैं। आज के युग में या किसी भी परवर्ती युग में जब तक काव्य के पाठक की संवेदना श्रुति-सुखद वर्ण-लय की संयोजनाओं एवं भाषा के वक्र प्रयोगों से चमत्कृत होती रहेगी, जब तक वह सूक्ष्म-तरल, तीव्र-कोमल मानव-भावनाओं की सरल-विदग्ध अभिव्यक्ति के प्रति संवेदन का अनुभव करती रहेगी, तब तक सूर के काव्य की आस्वाद्यता में अंतर नहीं आएगा। और, जब तक आस्वाद्यता मं अंतर नहीं आता, तब तक उसकी प्रेरक सौन्दर्य-चेतना की प्रासंगिकता भी अक्षुण्ण बनी रहेगी।

सूरदास की भक्ति का स्वरूप

हिन्दी की सगुण भक्ति-काव्यधारा के दो प्रमुख कवि हैं–सूरदास तथा तुलसीदास। सूरदास कृष्ण भक्ति शाखा के कवि हैं तथा तुलसीदास रामभक्ति शाखा के। तुलसीदास को दास्य भक्ति का कवि माना जाता है और सूर को वल्लभाचार्य द्वारा प्रवर्तित पुष्टिमार्ग का अनुयायी कवि। दास्य भक्ति के लक्षण बताने के लिए प्रायः तुलसीदास की निम्नोक्त पंक्तियां उद्‌धृत की जाती है–

तू दयालु दीन हौं, तू दानि हौं भिखारी
हौं प्रसिद्ध पातकी, तू पापपुंज हारी
अथवा
तो सौ बड़ौ है कौन, मो सौं कौन छोटौ
तो सौ खरौ है कौन, मो सौं कौन खोटो।
सुनि सहज मृतक मदू।।

अर्थात् दास्य भक्ति के मार्ग का अनुसरण करने वाले स्वयं को दास तथा प्रभु को स्वामी समझकर, स्वयं को तुच्छ, निर्बल, पापी मानकर प्रभु की दया, करुणा, अनुकम्पा की भीख मांगता है, अशरण को अपनी शरण में लेने की विनय करता है। वल्लभाचार्य से भेंट होने से पूर्व सूरदास भी स्वयं को दीनहीन, तुच्छ, कुटिल, खल कामी मानकर भगवद् भक्ति के दैन्य एवं विनय के पद गाते थे। उन्हें घिघियाते देख वल्लभाचार्य ने उनसे कहा–घिघियाते क्यों हो, भगवान की लीला का गान करो। इसके बाद से सूरदास के भक्ति-गीतों में दास्य भाव और आत्महीनता की प्रवृत्ति समाप्त हो गयी और वह संख्य भाव से प्रेमभक्ति के गीत गाने लगे।

वल्लभाचार्य के सम्प्रदाय का नाम पुष्टि मार्ग था। पुष्टि का अर्थ है भगवत् कृपा या भगवान का अनुग्रह और पुष्टिमार्ग का अनुगामी भगवान के चरणों में पूर्ण आत्मसमर्पण करता हुआ रसात्मक प्रेम भाव से युक्त हो भगवान की आनन्द लीला में लीन रहकर लीला के पद गाता है। उसके लिए भगवान लीला पुरुषोत्तम हैं, अपरूप सौंदर्य, आनन्द और रस के आगार हैं और उसकी भक्ति प्रेमाभक्ति।

प्रेमाभक्ति के अन्य नाम हैं–पुष्टि भक्ति, रागानुगा भक्ति या रागत्मिका भक्ति। भक्ति की इस पद्धति में नवधा भक्ति नहीं होती, भजन-पूजन नहीं होता, कर्म-काण्ड नहीं होता, केवल भगवान की लीलाओं के प्रति रागात्मक गान होता है और भक्त स्वयं को प्रेमिका और भगवान को प्रियतम मानकर स्वयं को पूरी तरह समर्पित कर प्रेम-भक्ति के गीत गाता है। सूरदास की भक्ति प्रेमाभक्ति, मधुरा भक्ति

या रागानुगा भक्ति ही है। सूरदास के पदों में कृष्ण के प्रति गोपियों और राधा का प्रेम इसी कोटि का है। इस भक्मि का स्थायी भाव है –कांता रति, प्रेमी-प्रेमिका के बीच का रति भाव। यहां उल्लेखनीय है कि प्रेमाभक्ति केवल संयोगावस्था में ही नहीं होती, उसकी तन्मयता का उत्कर्ष तो विरह दशा में ही देखने को मिलता है और सूर का वियोग-वर्णन इसका ज्वलंत प्रमाण है। वियोग प्रेम का तप्त स्वर्ण है, प्रेम की सिद्धावस्था है, उसी में चित्त समाधि की अ वस्था को प्राप्त होता है, उसी में डूबा प्रेमी केवल देता है, पाने की इच्छा नहीं करता, प्रिय भले ही कोसों दूर हो वह उसकी मंगल कामना करता है। सूर की गोपियाँ कृष्ण के द्वारिका चले जाने पर, उनसे मिलने की सारी संभावनाओं के चुक जाने पर भी केवल उनकी कल्याण-कामना करती है, उनका बाल-बांका भी न हो।

सूरदास के काव्य का आकलन

रोना और हंसना मानव की सहज वृत्ति है। सुख के क्षणों में वह हंसता है, मुस्कराता है और दुःख की घड़िया काटे नहीं कटतीं तो वह रोने लगता है। रोने और हंसने के समान गाना भी मनुष्य का सहज स्वभाव है। विशेषता यह है कि वह सुख के क्षणों में भी गाता है और दुःख के क्षणों में भी। मानव हृदय में हर्ष-उल्लास का उद्रेक ही गीत बन कर फूट पड़ता है और गीत ही शोकाकुल प्राणों की परीर को अभिव्यक्त करता है। इसीलिए कहा गया है कि मानव के उच्चारण-प्रयत्न का सर्वप्रथम स्फुरण गीत रहा होगा। विश्व का काव्य भी इसका साक्षी है। वेदों की ऋचाओं से लेकर आधुनिक युग की कविता तक गीतों की ही प्रधानता रही है। वस्तुतः मानव के सुख-दुःख जितने सनातन हैं, गीत भी उतने ही पुरातन हैं। परन्तु समय-समय पर उनका स्वरूप, विषय, उनकी प्रकृति तथा संरचना बदलते रहे हैं। अतः गीति-काव्य की जो परिभाषा आधुनिक काल में दी गयी है–जैसे वर्डस्वर्थ की उक्ति 'Spontaneous overflow of strong emotions या महादेवी का कथन, “साधारणतः गीत व्यक्तिगत सीमा में तीव्र सुख-दुःखात्मक अनुभूति का वह शब्द रूप है जो अपनी ध्वन्यात्मकता में गेय हो सके।” उसके आधार पर विद्यापति, सूरदास, तुलसी आदि प्राचीन कवियों के काव्य का आकलन करना इन कवियों के साथ अन्याय होगा। इसके प्रमुख कारण दो हैंः–

सूरदास से पूर्व गीत-काव्य की परम्परा संस्कृत, प्राकृत, अपभ्रंश तथा हिन्दी में मिलती है। जयदेव की ‘गीति-गोविन्द’ तथा विद्यापति की ‘पदावली’ का प्रभाव विषय तथा शिल्प दोनों ही दृष्टियों से सूर के काव्य में परिलक्षित होता है। पर यहां

ध्यान रखना होगा कि सूरदास इन कवियों से प्रभावित अवश्य हैं पर उन्होंने इन कवियों का अंधनुकारण नहीं किया है। हरि-लीला का गान तीनों ने किया है, परन्तु सूर का काव्य अन्य दो कवियों से अपनी मौलिकता के कारण भिन्न है। उनकी मौलिकता के उपादान हैं—विषय-वस्तु में परिवर्तन, चित्रोपमता, मानव-मन विशेषतः नारी-मन की भावनाओं की पहचान तथा उनका सूक्ष्म तथा मार्मिक चित्रण, वाग्विदग्धता, व्यंग्य, उपालंभ। वात्सल्य, शृंगार तथा भक्ति की जैसी त्रिवेणी सूर-काव्य में प्रवाहित होती है वैसी न जयदेव के काव्य में और न विद्यापति की रचनाओं में।

गीति-काव्य की प्रमुख विशेषताएं हैं : स्वतःपूर्णता, अनुभूति की तीव्रता या भावावेग, भावन्विति, संक्षिप्तता, गेयता, भाषा की कोमलता, वैयक्तिता। सूर के काव्य में ये सभी गुण वर्तमान हैं—

स्वतःपूर्णता—यद्यपि सूरसागर और उसके एक अंग 'भ्रमरगीत' में कथा का सूत्र है और लगता है सूर के पदों में एक क्रम है, वे परस्पर जुड़े हैं, पर वास्तव में इस प्रबंध-तत्त्व का कारण है संपादन। संपादकों ने समय-समय पर विभिन्न विषयों, प्रसंगों, मनोदशाओं पर लिखे गये पदों को एक क्रम दे दिया है। कवि ने तो अपने पद स्वतंत्र पदों के रूप में लिखे थे – कभी कोई पद, कभी कोई पद। ये पद उसके मन की तरग के परिणाम हैं, और प्रत्येक पद अपने में पूर्ण है। चाहे वह विनय का पद हो, चाहे कृष्ण की किसी लीला से सम्बद्ध हो और चाहे विरह-विदग्ध गोपी की किसी अंतर्दश को अभिव्यक्त करने वाला हो। अतः प्रत्येक पद स्वतःपूर्ण है, अन्योन्याश्रित नहीं। पाठक पद-विशेष को पढ़कर पूरा भाव समझ लेता है, मनोदशा विशेष से अवगत हो जाता है या फिर पूरी लीला उसके सम्मुख साकार हो उठती है।

संक्षिप्तता—सूरदास के पदों का आकार छोटा है और प्रत्येक पद में एक ही भाव, एक ही दृश्य, एक ही कार्य-व्यापार चित्रित किया गया है। अतः संक्षिप्तता की कसौटी पर भी उनके पद खरे उतरते हैं।

भावान्विति—सूरदास के पद में एक ही विषय, एक ही भाव को अपना कर उसकी रचना की गयी हैं। उदाहरण के लिए 'भ्रमरगीत' के पदों में गोपियां जब उद्धव से तर्क-वितर्क करती हैं, वे अपनी पीड़ा व्यक्त करती हैं, अपनी पीड़ा के लिए उत्तरदायी व्यक्तियों या पदार्थों को उपालंभ देती हैं या उन पर व्यंग्य कसती हैं तो केवल एक चीज पर ही उनका ध्यान केन्द्रित रहता है। यदि कृष्ण की निष्ठुरता बताती हैं तो केवल उसी निष्ठुरता को ध्यान में रखकर अपनी बात कहती हैं, उदाहरण दे-देकर उसी केन्द्रीय भाव को पुष्ट करती है। जैसे—

प्रीति कर दीन्हीं गरे छुरी

जैसे बधिक चुगाय कपट कन पाठे करत बुरी।

यदि किसी पद में राधा की विरह-व्यथा का चित्रण है तो कवि केवल राधा की वेदना तथा उसके शरीर तथा मन पर पड़े प्रभाव का वर्णन करता है :

अति मलीन वृषभानु कुमारी

हरि स्रम जल अंतर तनु भीजे ता लालच न धुवावति सारी

....

छूटे चिहुर बदल कुम्हिलाने ज्यों नलिनी हिमकर की मारी।

उद्धव को खरी-खोटी सुनाते समय वे उद्धव के चरित्र की एक विशेषता पर ही प्रकाश डालती हैं। निम्नलिखित पद में उनकी धूर्तता का संकेत देने के लिए वे उन्हें धूर्त व्यापारी बताती है और सम्पूर्ण पर में व्यापारी का ही रूपक है :

आयौ घोष बड़ौ व्यौपारी

लाद खेपि गुन ज्ञान जोग की ब्रज में आय उतारी

फाटक देकर हाटत मांगत भेरै निपट सुधारी

धुर ही तैं खोटो खायौ है लये फिरत सिर भारी।

गीतिं-काव्य का सर्वाधिक महत्त्वपूर्ण तत्त्व है सच्ची तथा तीव्र आत्मानुभूति। जब कवि के हृदय में भावों का बवंडर उठता है तो गीत स्वतः उसके कंठ से फूट पड़ता है। सच्ची और तीव्र अनुभूति के क्षणों में लिखी हुई कविता ही पाठक के हृदय को भावान्दोलित करती है, उसे रससिक्त कर देती है और वह रस में डुबकियां लेने लगता है। इस कसौटी पर सूर का काव्य बहुत सफल है। विनय के पदों में तो उसके हृदय की दीनता, अनुताप, भक्तिभावना अपने पूरे वेग से अभिव्यक्त हुए ही हैं :

अबकै नाथ, मोहि उधारि।

मगन हौं भव-अंबुनिधि 'मैं, कृपासिंधु मुरारि।

....

थक्यौ बीच बिहाल, विह्वल सुनौ करुनामूल।

स्याम, भुज गाहि काढ़ि लीजै, सूर ब्रज के कूल।।

अथवा

मो सम कौन कुटिल खल कामी।

तुम सौं कहा छिपी करुनाभय, सबके अंतरजामी।

....

पापी परम, अधम, अपराधी, सब पतितन मैं नामी।
सूरदास प्रभु अधम अधारन सुनियौ श्रीपति स्वामी।।
प्रभु हौं सब पतितन कौ टीकौ।

सूरदास के लीला-पदों तथा विरह-पदों में कवि पात्रों –राधा, कृष्ण, गोपियों, यशोदा के अंतर्मन में प्रवेश कर, उनसे तादात्म्य स्थापित कर उनके भाव व्यक्त करता है। अतः पाठकों को लगता है जैसे वे स्वयं अवसर-विशेष पर उपस्थित होकर इन पात्रों की बातें सुन रहे हैं अथवा यदि वे उस स्थिति में होते तो इसी प्रकार के भाव व्यक्त करते। काव्यशास्त्र में कवि की अनुभूति से तादात्म्य को ही साधरणीकरण कहा गया है। साधारणीकरण की दृष्टि से सूर का काव्य पूर्णतः सफल है। वात्सल्य, शृंगार, भक्ति, बाल-मनोविज्ञान सभी से संबंधित पदों में यह गुण वर्तमान है। एक-एक उदाहरण देखिए :

बाल मनोविज्ञान– *भैया मोहि दाऊ बहुत खिझायौ*
मोसौं कहत मोल कौ लीनौं तू जसुमति कब जायो
किशोर मनोविज्ञान– *तो पै कौन दुहावै गैया*
इत चितवत उधर धार चलावत, यह सिखयौ है मैया।
प्रेम का अंकुरित होना– *औचकि ही देखी तहं राधा*
नैन विशाल भाल दिए रोरी
सूर स्याम देखत ही रीझै, नैन नैन मिलि परी ठगोरी
मां की ममता-जसोदा हरि पालने झुलावै
हलरावै दुलरावै जोइ सोइ कछु गावै
मेरे लाल कौ आइ निदरिया
काहे न आन सुलावै।
मां का विरह में शोक तथा दीन भाव–संदेश देवकी सौं कहियौ
हौं तो धाय तिहारे सुत की माया करत ही रहियौ
मेरौ अलक लड़ैतो मोहन, ह्वैहै करत सकोच।
गोपियों की विकलता-निसि दिन बरसत नैन हमारे
सदा रहति वरषा रितु हम पर जबतैं स्याम सिधारे
आंसू सलिल सबै भई काया, पल न जात रिस टारे।
गोपियों का प्रेम-विह्वल होना-उर में माखन चोर गड़े।
कैसेहूं निकसल नहिं ऊधौ तिरछे हुइ जो अड़े।
अथवा

लरिकाई कौ प्रेम, कहौ अलि, कैसे करिकै छूटत

सूरदास मोहि निमिष न बिसरत मोहन मूरति सोदत जागत

अनन्य प्रेम—*हमारे हरि हारिल की लकरी*

मन वच क्रम नंदनंदन सौं उर यह दृढ्ढ्य करि पकरी।

उपालंभ—*प्रीति कर दीन्हीं गरे छुरी*

जैसे बधिक चुगाय कपटकन पाछे करते बुरी।

गीति-काव्य, जैसा कि नाम से ही स्पष्ट है गेय होता है, उसमें संगीतात्मकता होती है। सूरदास संगीत के मर्मज्ञ थे। श्रीनाथ जी के मंदिर में एकतारा लेकर कीर्तन के पद गाते थें। उनके लगभग सभी पदों को राग-रगिनियों में निबद्ध किया जा सकता है। आचार्य शुक्ल ने लिखा है, "सूरसागर में कोई राग या रगिनी छूटी न होगी, इससे वह संगीत-प्रेमियों के लिए बड़ा भारी खजाना है।" डॉ रामकुमार वर्मा भी सूर के काव्य के इस गुण की प्रशंसा करते हुए लिखते हैं, "सूर की कविता में संगीत की धारा इतनी सुकुमार चाल से चलती है कि हमें ज्ञात होने लगता है कि हम किसी पवित्र भाग में मंदाकिनी की हिलती लहरों का स्पर्शानुभव कर रहे हैं।...वे पद-संगीत के जीते-जागते अवतार से हो गए हैं।"

काव्य में संगीत-माधुरी लाने में भाषा का योगदान भी रहता है। सूर की काव्य-भाषा ब्रजभाषा है जो स्वभावतः कोमल और सरल है। सूरसागर की भाषा तुलसी की ब्रजभाषा की तरह साहित्यिक तो नहीं है, पर उसमें संगीत की माधुरी पर्याप्त मात्रा में हैं। सूर की भाषा में शब्द इतने सरल और सहज हैं कि गीत के भाव को सहज ही व्यक्त कर पाठक के हृदय को रसविभोर कर डालते हैं। उसमें सहज प्रवाह है; अनुप्रास तथा ध्वन्यात्मक शब्दों, नाद-सौंदर्य तथा सूर-ताल-लय का ध्यान रखने पद गेय हो गये हैं। अनुप्रास का उदाहराण देखिए—

ऊधो! कोकिल कूजत कानन।

क्रिया-पदों की आवृत्ति से भी संगीत-तत्व अभिवृद्ध हुआ है—

हलरावै, दुलरावै, जोइ सोई कछु गावै

अथवा

गहरात, घहरात दावानल आयो।

पंक्तियों में सहज प्रवाह है।

अंखिया हरिदर्सन को भूखी

कैसे रहित रूप रस रांची यह बतियां सुनि रूखी।

....

निसि दिन बरसत नैन हमारे
सदा रहत बरषा रितु हम पै जब तैं स्याम सिधारे।

कुछ पदों में लोक-गीतों की शैली तथा धुन अपनायी गयी है और ये पद लोकगीतों की तरह मन को मोहते हैं, कानों में रस घोलते हैं। इस प्रकार सूर के काव्य में गेय तत्त्व पर्याप्त मात्रा में मिलता है। आकाशवाणी से वंदना तथा सुगम संगीत के कार्यक्रमों में तो सूर के पद गाये ही जाते हैं, शास्त्रीय संगीत के कार्यक्रमों में भी मंजे संगीतकार उन्हें गाते हैं।

सारांश यह है कि सूर का गीति-काव्य जयदेव और विद्यापति की परम्परा का काव्य है और उसने परवर्ती गीति-काव्य को भी पर्याप्त प्रभावित किया। राजस्थान की मंदाकिनी मीरा का काव्य इसका प्रमाण है। इस अंधे कवि के गीतिकाव्य में आत्मानुभूति का जैसा सरल, सरस और कर्ण-मधुर प्रकाशन हुआ है वैसा अन्यत्र मिलना कठिन है।

3

तुलसीदास के काव्य में लोक जीवन

चित्रकूट जिले में (प्रयाग के समीप) राजापुर एक गांव है, इस गांव में आत्माराम दूबे नाम के एक प्रतिष्ठित व सम्मानित ब्राह्मण निवास करते थे। हुलसी इनकी धर्मपत्नी का नाम था। इन्हीं के गर्भ से संवत 1554 की श्रावण शुकला सप्तमी के दिन अभुक्त मूल नक्षत्र में गोस्वामी तुलसीदास जी का जन्म हुआ।

भगवान शंकरजी की प्रेरणा से रामशैल पर निवास करने वाले श्री अनन्तानन्द जी के प्रिय शिष्य श्रीनरहर्यानन्द जी ने इस बालक को ढूँढ़ निकाला और उसका नाम रामबोला रखा। उसे वे उत्तर प्रदेश के अयोध्या नामक स्थान पर ले गये और वहाँ संवत 1561 माघ शुक्ला पूचमी शुक्रवार को उसका यज्ञोपवीत-संस्कार कराया। बिना सिखाये ही बालक रामबोला ने गायत्री-मन्त्र का उच्चारण किया, जिसे देखकर सब लोग आश्चर्य चकित हो गये। कालान्तर में नरहरि स्वामी ने वैष्णवों के पाँच संस्कार करके रामबोला को राममन्त्र की दीक्षा दी और अयोध्या में ही रहकर उन्हें विद्याध्ययन कराने लगे। बालक रामबोला की बुद्धि बड़ी तेज थी। एक बार गुरुमुख से जो सुन लेते थे, उन्हें वह कंठस्थ हो जाता था। वहाँ से कुछ समय उपरान्त गुरु-शिष्य दोनों सूकरक्षेत्र (सोरों) पहुंचे। वहाँ श्रीनरहरी जी ने तुलसीदास को रामचरित सुनाया। यहां कुछ समय गुजरने के उपरान्त वे काशी चले आये। काशी में शेषसनातन जी के पास रहकर तुलसीदास ने पन्द्रह वर्ष तक वेद-वेदाङ्ग का अध्ययन किया। इधर उनकी लोकवासना कुछ जाग्रत हो उठी और अपने विद्यागुरु से इजाजत लेकर वे अपनी जन्मभूमि को लौट आये। वहाँ आकर उन्होंने देखा कि उनका मूल परिवार नष्ट हो चुका है। उन्होंने विधिपूर्वक अपने पिता आदि का श्राद्ध किया और वहीं रहकर लोगों को भगवान राम की कथा सुनाने लगे।

संन्यास

तुलसीदास का विवाह संवत 1583 ज्येष्ठ शुक्ला 13 गुरुवार को भारद्वाज गोत्र की एक सुन्दर कन्या के साथ सम्पन्न हो गया और वे सुखपूर्वक अपनी नवविवाहिता वधू के साथ रहने लगे। एक बार उनकी स्त्री भाई के साथ अपने मायके चली गयी। पीछे-पीछे तुलसीदासजी भी वहाँ जा पहुँचे। उनकी पत्नी ने इसपर उन्हें बहुत डांटा और कहा कि मेरे इस हाड़-मांस के शरीर में जितनी तुम्हारी आसक्ति है, उससे आधी भी यदि भगवान में होती तो तुम्हारा बेड़ा पार हो गया होता। पत्नी द्वारा डांट पड़ने पर तुलसीदास वहां पर एक क्षण भी वहां पहुंचे नहीं रुके, तुरंत वहाँ से चल दिये। वहाँ से चलकर तुलसीदासजी प्रयाग पहुंचे। वहाँ उन्होंने गृहस्थवेश का परित्याग कर साधुवेश ग्रहण किया। फिर तीर्थाटन करते हुये काशी पहुँचे। मानसरोवर के पास उन्हें काकभुशुण्डिजी के दर्शन हुए।

श्रीराम से भेंट

तुलसीदास जी ने काशी में रामकथा का प्रवचन करने लगे। वहाँ उन्हें एक दिन एक प्रेत मिला, जिसने उन्हें हनुमान जी का पता बतलाया। हनुमान जी से मुलाकात कर तुलसीदास जी ने उनसे श्रीरघुनाथ जी का दर्शन कराने की याचना की। हनुमान जी ने कहा, तुम्हे चित्रकूट में रघुनाथ जी दर्शन होंगे। इस पर तुलसीदास जी चित्रकूट के लिए रवाना हो गये।

चित्रकूट पहुँच कर तुलसीदास जी ने राम घाट पर अपना आसन जमाया। एक दिन वे प्रदक्षिणा करने निकले थे। मार्ग में उन्हें श्रीराम के दर्शन हुए। उन्होंने देखा कि दो बड़े ही सुन्दर राजकुमार घोड़ा पर सवार होकर धनुष-बाण लिये जा रहे हैं। तुलसीदास जी उन्हें देख कर मन ही मन में बहुत खुश हुए किन्तु वे उन्हें पहचान न सके। पीछे से हनुमान जी ने आकर उन्हें सारा भेद बताया तो वे बड़ा पश्चाताप करने लगे। हनुमान जी ने उन्हें सात्वना दी और कहा प्रातःकाल पुनः दर्शन होंगे। तुलसीदास जी के सामने भगवान श्रीराम ने संवत 1607 की मौनी अमावस्या बुधवार के दिन बालक के रूप में पुः प्रकट हुए और उनसे कहा कि बाबा! हमें चन्दन दो। हनुमान जी ने सोचा, वे इस बार भी धोखा न खा जायें, इसलिये उन्होंने तोते का रूप धारण करके यह दोहा कहा–

चित्रकूट के घाट पर भयि संतन की भीर।
तुलसीदास चंदन घिसें तिलक देत रघुबीर ॥

तुलसीदास जी उस अद्भुत छवि को निहार कर शरीर की सुधि भूल गये। भगवान ने अपने हाथ से चन्दन लेकर अपने और तुलसीदास जी के मस्तक पर लगाया और अन्तर्धान हो गये।

संस्कृत में पद्य-रचना

हनुमान जी के आज्ञानुसार तुलसीदास जी संवत 1628 में अयोध्या की ओर प्रस्थान किये। उन दिनों प्रयाग में माघ मेला था। वहाँ कुछ दिन वे रुक गये। पर्व के छः के पश्चात् बाद एक वट-वृक्ष के नीचे उन्हें भारद्वाज और याज्ञवल्क्य मुनि के दर्शन हुए। वहाँ उस समय वही कथा हो रही थी, जो उन्होंने सूकर-क्षेत्र में अपने गुरु से सुनी थी। वहाँ से ये काशी चले आये और वहाँ प्रह्लाद-घाट पर एक ब्राह्मण के घर रहने लगे। वहाँ उनके हृदय में कवित्व शक्ति का स्फुरण हुआ और वे संस्कृत में पद्य-रचना करने लगे। किन्तु दिन में वे जितने पद्य लिखते थे, रात्रि में वे सब लुप्त हो जाते थे। यह घटना रोज घटती। आठवें दिन तुलसीदास जी ने स्वप्न देखा। स्वप्न में भगवान शंकर ने उन्हें आदेश दिया कि तुम अपनी भाषा में काव्य रचना करो। तुलसीदास जी की नींद अचानक टूट गयी और वे उठ कर बैठ गये। तत्पश्चात भगवान शिव और पार्वती उन्हें दर्शन दिये। तुलसीदास जी ने उन्हें साष्टाङ्ग प्रणाम किया। शिव जी ने कहा—तुम अयोध्या में जाकर निवास करो और हिंदी में काव्य-रचना करो। मेरे आशीर्वाद से तुम्हारी कविता सामवेद के समान फलवती होगी। इतना कह कर गौरीशंकर अन्तर्धान हो गये। तुलसीदास जी उनकी आज्ञा शिरोधार्य कर काशी से अयोध्या चले आये।

रामचरितमानस की रचना

संवत 1631 की शुरूआत हुई। उस दिन राम-नवमी के दिन प्रायः वैसा ही योग था जैसा त्रेता-युग में राम जन्म के दिन था। उस दिन प्रातःकाल श्रीतुलसीदास जी ने श्रीरामचरितमानस लिखना शुरू कर दी दो वर्ष, सात महीने, छूब्बीस दिन में ग्रन्थ की समाप्ति हुई। सातो काण्ड संवत 1633 के मार्गशीर्ष शुक्लपक्ष में राम-विवाह के दिन पूरा हो गया।

कालान्तर में तुलसीदास जी भगवान की आज्ञा से काशी चले आये। वहाँ उन्होंने भगवान विश्वनाथ और माता अन्नपूर्णा को श्रीरामचरितमानस सुनाया। रात को पुस्तक श्री विश्वनाथ जी के मन्दिर में रख दी गयी। सवेरे पट खोला गया तो

उस पर लिखा हुआ पाया गया–सत्यं शिवं सुन्दरम् उस समय उपस्थित लोगों ने सत्यं शिवं सुन्दरम् की आवाज भी सुनी।

जब पण्डितों ने यह बात सुनी तो उनके मन में ईर्ष्या पैदा हो गयी। वे दल बाँध कर तुलसीदास जी की आलोचना करने लगे और उस पुस्तक को नष्ट कर देने का प्रयास करने लगे। उन्होंने पुस्तक चुराने के लिये दो चोर भेजे। चोरों ने जाकर देखा कि तुलसीदास जी की कुटी के आसपास दो वीर धनुष-बाण लिये पहरा दे रहे हैं। वे बड़े ही सुन्दर श्याम और गौर वर्ण के थे। उनके दर्शन से चोरों की बुद्धि शुद्ध हो गयी। उन्होंने उसी वक्त से चोरी करना छोड़ दिया और भजन में लग गये। तुलसीदास जी ने अपने लिये भगवान को कष्ट हुआ जान कुटी का सारा सामान लुटा दिया, पुस्तक अपने मित्र टोडरमल के यहाँ रख दी। कालान्तर में उन्होंने एक दूसरी प्रति लिखी। उसी के आधार पर दूसरी प्रतिलिपियाँ तैयार की जाने लगीं। पुस्तक का प्रचार दिनों दिन बढ़ने लगा।

जब पण्डितों को कोई ओर उपाय नहीं दिखा तब श्रीमधुसूदन सरस्वती जी को उस पुस्तक को देखने की प्रेरणा की। श्रीमधुसूदन सरस्वती जी ने उसे देखकर बड़ी प्रसन्नता प्रकट की और उस पर यह सम्मति लिख दी-

आनन्दकानने ह्यास्मिंजङ्गमस्तुलसीतरुः।
कवितामृंजरी भाति रामभ्रमरभूषिता।।

तुलसीदास इस काशीरूपी आनन्दवन में चलता-फिरता तुलसी का पौधा है। उसकी कविता-रूपी मृंजरी बड़ी ही सुन्दर है, जिस पर श्रीराम-रूपी भँवरा सदा मँडराया करता है।

इस पर भी पण्डितों को संतोष नहीं हुआ। तब पुस्तक की परीक्षा का एक उपाय और सोचा गया। भगवान विश्वनाथ के सामने सबसे ऊपर वेद, उनके नीचे शास्त्र, शास्त्रों के नीचे पुराण और उसके नीचे रामचरितमानस रख दिया गया। सुबह-सुबह जब मन्दिर खोला गया तो लोगों ने देखा कि श्रीरामचरितमानस वेदों के ऊपर रखा हुआ है। अब तो पण्डित लोग बड़े शर्मिंदा हुए। उन्होंने तुलसीदास जी से अपनी गलती की माफी माँगी और भक्ति से उनका चरणोदक लिया।

मृत्यु

अब असी-घाट पर तुलसीदास जी निवास करने लगे। एक दिन रात में कलियुग मूर्तरूप धारण कर उनके पास आया और उन्हें त्रास देने लगा। गोस्वामी जी ने हनुमान जी का ध्यान किया। हनुमान जी ने उन्हें विनय के पद रचने को कहा

इस पर गोस्वामी जी ने विनय-पत्रिका लिखी और भगवान के चरणों में उसे अर्पित कर दी। श्रीराम ने उस पर अपने हस्ताक्षर कर दिये और तुलसीदास जी को निर्भय कर दिया।

तुलसीदास जी ने राम-राम कहते हुए संवत 1680 श्रावण कृष्ण तृतीया शनिवार को अपना शरीर इस मानवरूपी संसार से त्याग दिया।

तुलसीदास कृत मुख्य ग्रंथ

तुलसीदास जी ने निम्नलिखित ग्रन्थों की रचना की–

1. रामचरितमानस
2. कवितावली
3. विनयावली
4. विनय पत्रिका
5. गीतावली
6. दोहावली
7. कवित्तरामायण
8. रामलला नहछू
9. बरवै रामायण
10. वैराग्य संदीपनी
11. रामाज्ञा
12. पार्वती-मंगल
13. श्रीकृष्ण गीतावली
14. जानकी-मंगल।

उक्त ग्रन्थों के अलावा रामसतसई, संकटमोचन, हनुमान बाहुक, रामनाम मणि, कोष मूंजूषा, रामशलाका, हनुमान चालीसा आदि ग्रन्थ तुलसीदास जी के लोकप्रिय ग्रन्थ हैं।

प्रबंधकार कवि के रूप में तुलसीदास

पाश्चात्य काव्यशास्त्र और संस्कृत की दृष्टि से ध्वन्यालंकार कथा का विस्तार, कथानायक का क्रमबद्ध चरित्रांकन, घटनाओं तथा प्रसंगों का सानुबंध चित्रण, कथा–क्रम तथा उसी के अनुरूप पद्यों का पूर्वापर संबंध, कथानक–शिल्प का संतुलित सुनियोजन तथा कसावट, रस की सतत् धारा का प्रवाहमान होना आदि

प्रबंध काव्य के प्रमुख लक्षण हैं। शिल्प क्षेत्र में उसमें मंगलाचरण होता है, वह सर्गबद्ध होता है। आचार्य शुक्ल ने प्रबंध काव्य से मुक्तक काव्य की तुलना करते हुए लिखा है, "मुक्तक में प्रबंध के समान रसधारा नहीं रहती इसमें तो रस छींटे पड़ते हैं जिससे हृदय-कलिका थोड़ी देर के लिए खिल उठती है। मुक्तक काव्य के सन्दर्भ में लिखा है–

पूर्वापर निरपेक्षापि हि येन रसचर्वणा क्रियते तदेव मुक्तकम्

अतः मुक्तक काव्य के छंदों में पूर्वापर संबंध अपेक्षित नहीं होता है; प्रत्येक छंद अपनी स्वतः सत्ता रखता है और वह रसास्वादन में पूर्ण रूप से स्वतंत्र होता है। कवि किसी रमणीय दृश्य प्रसंग, मनोदशा को इस प्रकार वर्णित कर देता है कि पाठक या श्रोता कुछ पलों (क्षणों) के लिए मंत्रमुग्ध होकर रस में आप्लावित हो उठता है। इसमें कवि संक्षेप में, पर कसी हुई शब्दावली में ऐसी भावधारा प्रवाहित करता है कि पाठक कुछ क्षणों के लिए मुग्ध और मग्न हो उठता है। कवितावली का नामकरण तथा रचना का लम्बा समय इस बात को स्पष्ट संकेत है कि कवि ने समय-समय पर इन छंदों की रचना की थी और बाद में उन्हें विषय संकलित कर इन्हें सात खंडों में बांट कर और संगृहीत कर दिया। कवितावली का आशय है कवित्तों की अवली, पद का संग्रह। प्रबंध-रचना एक निश्चित कालावधि में लिखी जाती है, परन्तु वह कालावधि सीमित होती है, जबकि कवितावली की रचना-कला लगभग 50 वर्ष तक विस्तृत है। इन छंदों की रचना कवि ने प्रबंध और मुक्तक को ध्यान में रखकर नहीं की थी। जब जिस प्रसंग को आकृष्ट किया उन्होंने उस पर छंद की रचना कर दी।

कथा के आग्रह से कवि को उन स्थलों, घटनाओं, प्रसंगों का भी प्रबंध काव्य में वर्णन करना पड़ता है जो उसे विशेष प्रभावित नहीं करते, जिनमें उनका मन नहीं रमता। अतः प्रबंध काव्यों में कुछ स्थलों का निरूपण चलताऊ ढंग से कर दिया जाता है और वे नीरस तथा इतिवृत्तात्म होते हैं। मुक्तक काव्य में कवि को इस बात की स्वतंत्रता होती है कि वह उन प्रसंगों को छोड़ दे जिनमें उसका मन नहीं रमता। रामकथा के अनेक कोमल प्रसंगों को कवितावली में छोड़ दिया गया है। जैसे–राम का राजतिलक, कैकयी द्वारा वर मांगना, दशरथ मरण, राम और भरत का चित्रकूट-मिलन। प्रबंध काव्य में नायक, नायिका, प्रतिनायक तथा अन्य प्रमुख पात्रों को चरित्रांकन विस्तार से गया है जबकि कवितावली में ऐसा नहीं किया गया। भरत जैसे प्रधान पात्र का तो नाम तक नहीं है। कथा-प्रसंगों को बीच-बीच में छोड़कर कवि लंबी छलांग लगाता है जिससे कथानक की कड़ियाँ टूट गयी हैं। बालकांड के पश्चात् धनुषयज्ञ प्रसंग है। प्रबंध काव्य में सर्गों या कांडों का विभाजन तथा उनका आकार

संतुलित होता है। कवितावली में ऐसा नहीं है। बालकांड के पदों की संख्या 22 है तो किष्कंधा कांड और अरण्य कांड में मात्र एक-एक छंद है। इसी प्रकार कवितावली के सुंदर कांड में, जो रामचरित मानस में छोटा-सा कांड है, 32 छंद हैं और उत्तरकांड में 83। प्रबंध काव्य में कथा नायक-नायिका पर केन्द्रित होती है, किन्तु कवितावली में रामकथा से विच्छन्न कई प्रसंगों का समावेश है, जैसे–उत्तर कांड में कलियुग की अवस्था, काशी की दुर्दशा, कवि की बाहु–पीड़ा, गोपिका-उद्धव संवाद तथा स्तुति के पद हैं जिसे स्वतंत्र रचनाएं ही कहा जायेगा। कवि ने विभिन्न अवसरों पर उन्हें लिखा होगा और कालान्तर में कवितावली में संग्रहीत करने का मोह संवरण न कर पाने के कारण यह कर बैठा होगा जिससे उत्तरकांड का अनावश्यक अनुपातहीन विस्तार हो गया है। हनुमान बाहुक परिशिष्ट रूप में है। फलतः वह स्वतंत्र रचना है और वह इस तथ्य की पुष्टि करता है कि कवितावली की रचना कवि ने प्रबंध काव्य के रूप में नहीं की थी।

मुक्तक काव्य का लेखक सम्पूर्ण कथा न कहकर उस कथा में से कुछ दृश्यों, प्रसंगों, घटनाओं और पात्रों की मनःस्थितियों का चुनाव करता है। वह सिर्फ उन प्रसंगों को चुनता है जो उसे अधिक प्रभावित करते हैं। जिनमें उसका मन अधिक रमता है और जिनमें पाठकों को भी रमाने की शक्ति होती है। कवितावली के लेखक ने यही किया है। उसमें रस-पेशल प्रसंगों को ही चुना है और उनका चित्रण पूरे मन से किया है।

प्रबंध रचना

तुलसी काव्य की प्रबंध रचना निजी भावभूमि है। इस रचना में निपुणता ही तुलसी की विशिष्ट पहचान का कारण भी है। मुक्तक काव्य जहां व्यक्ति प्रधान काव्य होता है, वहां प्रबंध काव्य विषय प्रधान। विषय प्रधान कविता में जहाँ वस्तुपरकता होती है वहीं व्यक्ति प्रधान काव्य में कवि के अन्तः भावों के साथ उसकी अपनी आशा–आकांक्षाओं की अभिव्यक्ति मिलती है। प्रबंध काव्य के भी प्रमुख दो भेद होते हैं–महाकाव्य तथा खंडकाव्य।

उक्त दोनों काव्यों में अन्य तथ्यों के अतिरिक्त प्रमुख भेद यह होता है कि महाकाव्य में कवि एक महान् उद्देश्य से परिचालित होता है जिसकी पूर्ति के लिए वह प्रसिद्ध पौराणिक-ऐतिहासिक कथाओं की सहायता लेकर महान चरित्रों की सृष्टि करता है, उसके बहाने समग्र युग–जीवन का चित्रण अत्यंत गरिमामयी और उद्दात शैली में करता है। विषयवस्तु और कवि-दृष्टि की ऐसी व्यापकता के कारण ही

महाकाव्य अनेक सर्गों में निबद्ध होता है। खंड काव्य भी किसी कथा या चरित्र के साथ ही सम्बन्धित होता है किन्तु इसमें यदि किसी व्यक्ति का सम्पूर्ण जीवन चरित्र भी चित्रित होता है तो युग-जीवन समग्रता में उपस्थित नहीं हो पाता। दूसरे, खंडकाव्य किसी चरित्र के जीवन को सम्पूर्णता में न लेकर उस चरित्र के विशिष्ट खंड दृश्य को भी अपना विषय बनाता है। इसी कारण खंड काव्य में कथावस्तु का फलक भी छोटा होता है और उसमें कवि महाकाव्य के विशिष्ट उद्देश्य से भी परिचालित नहीं होता। संस्कृत में संभवतः इन्हीं कारणों से खंड काव्य को ''लघु काव्य'' की संज्ञा दी गयी है।

तुलसी की काव्यभाषा

कवि अपने काव्य रूपी संसार का निर्माता होता है, उस रूप में वह एक प्रकार से कलाकार भी हो जाता है। यूं कला के विभाजन में ललित कलाओं में काव्य-कला को महत्त्वपूर्ण स्थान प्राप्त है। अतः भाव और कला दोनों में काफी गहरा संबंध है। किसी भी कृति की सफलता के लिए दोनों में समुचित समन्वय का होना जरूरी है। 'भावतत्त्व' रचना की आत्मा है, जिसके बिना उसमें गति, चेतना व स्वाभाविकता नहीं आ सकती। जबकि 'कलातत्त्व' उसका शरीर है। काव्यकर अपने 'भावों' को 'कला-पक्ष' के वातावरण में सजाकर पाठकों के समक्ष प्रकट करता है। कवि ने 'रामचरितमानस' में अपनी कला-प्रियता के कारण कला का झीना आवरण भावरूपी सुन्दरी पर डाल दिया है जिससे उसका सौन्दर्य और भी निखर उठा है। किसी भी काव्य-कृति के शिल्प-सौंदर्य के लिए भाषा का प्रवाहपूर्ण, सहज और स्वाभाविक प्रयोग अनिवार्य है। इसके माध्यम से ही कवि अपने भावों को अधिक से अधिक प्रभावशाली अभिव्यक्ति दे पाता है। तुलसी ने 'बालकाण्ड' के शुरूआत में ही नीचे वर्णित श्लोक को बतलाया है कि वह सुन्दर भाषा-रचना में विश्वास करता है—

'नाना पुराण निगमागम सम्पतं भद्र रामायणे निगदितं क्वचिदन्यतोऽपि।
स्वान्तः सुखाय तुलसी रघुनाथगाथा-भाषा निबद्धमति मन्जुलमातनोति॥'

अवधी भाषा में 'मानस' की रचना की गयी क्योंकि इसकी रचना अवधपुरी में हुई थी। वस्तुतः अवधी भाषा का प्रयोग स्वाभाविक ही है। अवधी शब्दों के अलावा इसमें कवि ने यथास्थान संस्कृत, ब्रज, बुंदेलखण्डी, भोजपुरी अरबी व फारसी के शब्दों का प्रयोग भी किया है। जहां तक संस्कृत शब्द का सवाल है तो अधिकतर सभी काण्ड का प्रारंभ संस्कृत श्लोकों से हुआ है, बीच-बीच में भी कवि ने संस्कृत का

प्रयोग किया है। तत्सम शब्दों का बाहुल्य हमें इसमें देखने को मिल जाता है। कुछ शब्दों की रचना हमें प्राकृत के आधार पर भी मिल जाती है, जैसे–कीजइ' तथा 'छीजइ' शब्द प्राकृत 'किज्जई' व 'छिज्जई' शब्दों के आधार पर बने हैं। यत्र-तत्र खड़ी बोली का प्रयोग बाल काण्ड में किया गया है।

कवि की भाषा का योगदान भावों की सफल अभिव्यक्ति में कम नहीं होता। भाषा सूक्ष्म भावों को बिना कठिनाई के व्यक्त कर सकी है। चित्रात्मक का सौंदर्य भी हमें बालकाण्ड से अनेक स्थलों पर देखने को मिलता है। मानस का रूप काविक वर्णन,भगवान के नख-शिख सौंदर्य के वर्णन, शिव-विवाह, ज्यौंनार आदि ऐसे प्रसंग ही हैं, जिनमें वर्ण्य-विषय का काल्पनिक चित्र हमारे मन में साकार हो जाता है। कवि ने कुछ प्रसंगों में मुहावरों को भी व्यवहार में लाया है। इससे भाषा में सौंदर्य ही आया है। बालकाण्ड में अधिकांशतः कोमल एवं मधुर भाषा का उपयोग ही हो पाया है।

हमें 'बालकाण्ड' की रचना-शैली संवादात्मक रूप में देखने को मिलती है। इसमें प्रमुख रूप से चार संवाद प्रारम्भ से अंत तक चले हैं–

1. शिव-पार्वती,
2. काकभुशुण्डि व गुरुड़ जी,
3. याज्ञवल्क्य व भारद्वाज,
4. तुलसी व पाठकगण।

इसके अलावा छंद की दृष्टि से इसकी रचना दोहा-चौपाई शैली में ही हुई है, यत्र-तत्र सौरठा, छप्पय, हरि गीतिका आदि छंदों का उपयोग भी हुआ है। तुलसी अपने समय के श्रेष्ठ संस्कृत, प्राकृत और अपभ्रंश आदि सभी भाषाओं से अवगत थे। अतः उन्होंने जिस प्रकार की भी भाषा का प्रयोग किया उसको सरल, सफल और लोचदार रखा। मुख्यतः वे अवधी एवं ब्रजभाषा का उपयोग जो उनके समय की विशिष्ट काव्य प्रचलित भाषायें थीं जिनका प्रयोग जायसी और सूर जैसे महान कवि कर चुके थे, तुलसी ने पूरी सफलता के साथ किया। उनका मानस अवधी भाषा में लिखा गया अभूतपूर्व ग्रंथ है। इसी प्रकार विनय पत्रिका, कवितावली, गीतावली सुन्दर ब्रजभाषा में लिखा गया ग्रंथ है। किसी कवि की भाषा की सफलता तभी है जब वह गंभीर से गंभीर भावों का प्रकाशन जन रूचि के अनुकूल करें। तुलसी की भाषा का प्रयोग ऐसा ही है जो शब्दों की तीनों शक्ति-अभिधा, लक्षणा, अलंकारों का व्यापक चमत्कार और यथास्थल ओज, प्रसाद और माधुर्य गुणों से भरा है। तुलसी ने मानस की रचना जनकल्याण की दृष्टि से किया था। अतः इसी कारण वह अपनी भाषा में कहीं पर भी दुरूहता न ला सके। सर्वत्र सरल संजीदा और सर्वसम्मत भाषा

का प्रयोग ही उनके मानस प्रमुख गुण व लक्षण है। इसीलिए मानस एक सर्वव्यापक काव्य कृत है।

तुलसीदास की भक्ति भावना

तुलसी की भक्ति भावना को निम्नलिखित तत्त्वों में विभाजित किया गया है–

(1) इष्टदेव का स्वरूपः–तुलसी के पूज्यनीय राम एक तरफ "ब्रह्मपरमारथ रूपा" हैं तो दूसरी तरफ "दीनबंधु दयाल रघुराया" हैं। तुलसी ने राम को जो अपना अराध्य बनाया है, उनके इन्हीं गुणों के कारण बल्कि इस दूसरे गुण, जिसमें मानवीय गुणों का समावेश अपने उच्चतम रूप में है। राम अजमिल, गनिका,गीध शबरी जैसे अज्ञ भक्तों की भक्ति को भी मानते हैं, वे शरणागत वत्सल हैं, कृपा-सिंधु हैं, गरीब नेवाज हैं।

(2) नाम महत्त्वः गोस्वामी तुलसीदास की भक्ति भावना में राम के साथ उनके नाम की उपासना के महत्व पर अत्यधिक ध्यान दिया है। राम तो अवतार रूप में व्यक्तिविशेष, कालविशेष, स्थानविशेष से जुड़े हैं किंतु नाम रूप में वे अनादि अनंत हैं इसी कारण तुलसी ने राम के नाम को राम से भी बड़ा बताया है और उनके नाम की तुलना "मणिदीप" और "कल्पतरू" से बार-बार की है।

(3) निष्काम, अटल और अनन्य प्रेमः संपूर्ण सगुण और निर्गुण भक्त कवियों ने प्रेम की महिमा का ज्ञान किया है। चूंकि इस प्रेम में श्रद्धा का मिश्रण भी है, अतः यह प्रेम भक्ति ही हो जायेगी। तुलसी ने अराध्य के प्रति प्रेम को, जो अनन्य और निष्काम तथा अडिग हो, अत्यधिक महत्व प्रदान किया है।

अतः तुलसी ने अपने सम्पूर्ण साहित्य में विभिन्न रूपों में बस यही प्रार्थना की है कि राम के चरणों में उनकी घनघोर आसक्ति हो और दूसरों के लिए भी वे यही संदेश देते हैं कि **"रामहि केवल प्रेम पियारा। जानि लेहु जो जाननिहारा।"** अर्थात् जो जानना चाहते हैं वे जान लें कि राम को मात्र प्रेम ही प्यारा है।

तुलसीदास की विचारधारा

इन्द्रिय बोध, भाव ओर विचार तीनों परस्पर गुंथे हुए होते हैं। इस नियम के भक्तिकाल के कवि अपवाद नहीं हैं। तुलसी काव्य के आस्वादन और विवेचन के क्रम में गोस्वामी जी की विचारधारा, उनकी दार्शनिक दृष्टि और समाज-संबंधी उनकी मान्यताओं को लेकर अत्यधिक माथापच्ची करनी पड़ती है। इस विषय में तुलसी काव्य के मर्मज्ञ विद्वानों के बीच विवाद और मतभेद से इनकी समस्या और भी बढ़

जाती है। ऐसी परिस्थिति में तुलसी की विचारधारा को स्पष्ट रूप से समझने के लिए उनकी काव्यकृतियों में आये वैचारिक, दार्शनिक और सामाजिक प्रसंगों का करना जरूरी है जो निम्नवत हैं–

(1) तत्व दर्शनः रामचरितमानस के बालकांड के आरंभ से ही गोस्वामी जी की उक्ति है–सगुण और निर्गुण दोनों ब्रह्म के ही स्वरूप हैं परंतु इन दोनों से बड़ा है रामनाम। ब्रह्म चिंतन में अपनी इसी विचारधारा को एक आलंकारिक दृश्यचित्र द्वारा स्पष्ट करते हुए गोस्वामी जी ने लिखा है कि–ब्रह्म अग्नि की भांति है, एक-एक अग्नि जो लकड़ी में छिपी है अर्थात् अव्यक्त और व्यक्त, निर्गुण और सगुण, अगोचर और गोचर–दोनों एक ही ब्रह्म है और वह अविनाशी है, सत् चित् और आनंद की पुंजीभूत राशि है। निर्गुण संतों से भिन्न उनकी वैचारिक चिंतन है। एक निरपेक्ष परमसत्ता जो लीला करने के लिए सगुण रूप, लौकिक रूप, अवतारी रूप धारण करती है–उस परमसत्ता के पद पर तुलसी राम को प्रतिष्ठित करते हैं। तुलसी के वैचारिक और दार्शनिक अवधारणा में, जीव और शेष सृष्टि पर उनके चिंतन को विशिष्ट स्थान मिला हुआ है। रामचरितमानस में काकभुशुण्डि-गरूड़ संवाद में भगवान राम स्वयं कहते हैं–

मम माया संभव संसारा। जीव चराचर विविध प्रकार ॥

परम सत्ता पर अधिष्ठित परमेश्वर राम स्वयं इस रहस्य को खोल देते हैं कि यह संसार ही उनकी माया से सृजित हुआ है और इसी माया से सृजित इस संसार में विविध प्रकार के चराचर जीव है। इससे तुलसी की दृष्टि में ब्रह्म और जीव पृथक-पृथक हैं, परंतु जीव की पृथक् सत्ता भी ब्रह्म की माया के वशीभूत है। इसका अर्थ है कि तुलसी विचार और दर्शन में भाववादी हैं, न कि भौतिकवादी। भारतीय दर्शन की भाववादी धाराओं में वे विशिष्ट रूप से अद्वैतवादी है, परंतु जीव की ब्रह्म-आश्रित पृथक् सत्ता पर जोर देने के कारण विशिष्टाद्वैतवाद के एक पहलू का अनुमोदन करते हैं। गोस्वामी तुलसीदासजी एक और भी प्रसंग लाते हैं और वह है ज्ञान। भक्तिकालीन साहित्य में इस ''ज्ञान'' शब्द की बार-बार आवृत्ति हुई है। अधिकतर प्रत्येक भक्त रचनाकरों की दृष्टि में ज्ञान का अर्थ है ब्रह्म का ज्ञान। यह ज्ञान माया की वजह से जीवों को नहीं होता, अज्ञान का परदा पड़ा रहता है, जीव के चित्त पर अज्ञान और अविद्या का अंधेरा छाया रहता है।

केवल मायापति प्रभु राम ही अखंड ज्ञान स्वरूप हैं, शेष जड़–चेतन सभी पदार्थ और जीव माया के वशीभूत हैं। यदि जीवों को भी ज्ञान होता तो फिर ईश्वर और जीव में अंतर क्या है? अभिमानी जीव माया के वशीभूत है, परंतु सत्य, रज और

तम—इन तीनों गुणों की खान माया ईश्वर नियंत्रित होती है, ईश्वर के वशीभूत है। जीव परतंत्र है, पर भगवान स्वतंत्र है। जीव अनेक हैं परंतु ईश्वर एक है। यद्यपि मायाकृत यह अंतर सत्य नहीं है तथापि वह भगवान की भक्ति के बिना करोड़ो उपाय करने के उपरांत भी नाश नहीं होता।

तुलसी की मुक्तक रचना

सामान्य रूप से मुक्तक रचना को वह रचना कहा जाता है जिसमें कथा का कोई संगठित ढाँचा नहीं होता अर्थात् जो प्रबंधहीन होता है और अपने आप में प्रायः पूर्ण और लगभग स्वतंत्र होता है। इसका अर्थ यह है कि मुक्तक काव्य में न तो कोई सुसम्बद्ध कथा-क्रम होता है और न ही उसके रसास्वादन के लिए उसे आगे पीछे के प्रसंगों के साथ जोड़कर ग्रहण करने की आवश्यकता होती है। छंद विशेष में भाव विशेष या अनुभूति विशेष का सौन्दर्य उसमें चित्रित होता है।

गोस्वामी तुलसीदास जी की बारह प्रमाणिक रचनाओं में से आठ को मुक्तक संग्रह कहा जा सकता है जिनमें से तीन अवधी में हैं, शेष ब्रजभाषा में। ''दोहावली'' ''बरवै रामायण और ''रामाज्ञा प्रश्न'' अवधी में रचित रामकथात्मक काव्य हैं। ''दोहावली'' में रामकथा से अधिक राम के गुणगान और उनकी भक्ति पद्धति के साथ भक्ति के महत्व का चित्रण है। नीति और उपदेश के दोहे भी इसमें समाहित हैं। ''मानस'' के कथा प्रसंगों के बीच के दोहे भी इसमें शामिल हैं। ''बरवै रामायण'' और ''रामाज्ञा प्रश्न'' में रामकथा से जुड़े कुछ प्रसंगों को मनोहारी रूप में वर्णन किया गया है। ''गीतावली'', ''विनयपत्रिका'', ''कृष्ण गीतावली'', ''कवितावली'', ''वैराग्यसंदीपनी'' में पाँच मुक्तक संग्रह हैं। ये पाँचों संग्रह ब्रजभाषा में लिखे गये हैं। इसके अतिरिक्त''हनुमानबाहुक'' को भी तुलसी की इसी श्रेणी में रखा गया है जबकि इसके साथ कुछ लोगों के अनुसार ''वैराग्यसंदीपनी'' के भी तुलसीकृत होने में संदेह है। इन मुक्तक संग्रहों में से ''विनयपत्रिका'' और ''कवितावली'' के उत्तरकांड में रामभक्ति संबंधी विभिन्न भावों, भावदशाओं, मनोदशाओं, पद्धतियों आदि की अभिव्यक्ति की गई है। इसी प्रकार जहाँ ''गीतावली'' में रामकथा से जुड़े अनेक मार्मिक प्रसंगों का गायन किया गया है, वहाँ जैसा कि नाम से ही स्पष्ट है, ''कृष्णगीतावली'' में कृष्ण कथा से संबंधित विभिन्न मनोहर झांकियों का रसमय उल्लेख है। ''हनुमान बाहुक'' और ''वैराग्यसंदीपनी'' में हनुमान की प्रार्थना तथा वैराग्यभाव का महत्व निरूपित है। मुक्तक के भेद-प्रभेद की चर्चा में न उलझकर यहां इतना ही जानना काफी होगा कि मुक्तक की विविध शैलियों में तुलसी ने रचना की है।

रामचरित मानस की भाषा शैली

भारतीय संस्कृति में श्री रामचरित मानस का एक महत्त्वपूर्ण स्थान है। उत्तर भारत में रामायण के रूप में अधिकांश लोगों द्वारा प्रतिदिन अध्ययन जाता है। श्री राम को रामचरित मानस में भगवान विष्णु के अवतार के रूप में दिखाया गया है जबकि महर्षि वाल्मीकि कृत रामायण में श्री राम को एक मानव के रूप में दर्शाया गया है। तुलसी के प्रभु राम सर्वशक्तिमान होते हुए भी मर्यादा पुरुषोत्तम हैं। शरद नवरात्रि में इसके सुन्दर काण्ड का पाठ पूरे नौ दिन किया जाता है।

रामचरित मानस 15वीं शताब्दी के कवि गोस्वामी तुलसीदास जी के द्वारा लिखा गया एक महाकाव्य है। जैसाकि तुलसीदास जी ने रामचरित मानस के बालकाण्ड में स्वयं लिखा है कि उन्होंने रामचरित मानस की रचना का आरंभ अयोध्यापुरी में विक्रम संवत 1631 (1574 ईस्वी) के रामनवमी, जो कि दिन मंगलवार था, को किया था। श्री हनुमान प्रसाद पोद्दार (गीताप्रेस गोरखपुर) के अनुसार रामचरितमानस को लिखने में 2 वर्ष 7 माह 26 दिन का समय लगा था और संवत् 1633 (1576 ईस्वी) के मार्गशीर्ष शुक्लपक्ष में रामविवाह के दिन उसे पूर्ण किया था। इस महाकाव्य की भाषा अवधी है जो कि हिंदी की ही एक शाखा है। रामचरितमानस को सामान्यतः 'तुलसी रामायण' या 'तुलसी कृत रामायण' भी कहते हैं।

गोस्वामी तुलसीदास ने रामचरितमानस में श्री रामचन्द्र, जिन्हें कि मात्र राम भी कहा जाता है, के निर्मल एवं विशद् चरित्र का उल्लेख किया है। महर्षि वाल्मीकि रचित संस्कृत रचना रामायण को रामचरितमानस का आधार माना जाता है। हालांकि रामचरितमानस और रामायण दोनों में ही राम के चरित्र का उल्लेख है लेकिन दोनों ही महाकाव्यों के रचने वाले कवियों की वर्णन शैली में काफी भेद है। जहाँ वाल्मीकि ने रामायण में राम को सिर्फ एक सांसारिक व्यक्ति के रूप में दिखाया है वहीं तुलसीदास ने रामचरितमानस में राम को भगवान विष्णु का अवतार बताया है। तुलसीदास ने रामचरितमानस को बालकाण्ड, अयोध्याकाण्ड, अरण्यकाण्ड, किष्किन्धाकाण्ड, सुन्दरकाण्ड, लंकाकाण्ड और उत्तरकाण्ड इन सातों काण्डों में बांटा है। छन्दों की संख्या के अनुसार अयोध्याकाण्ड और सुन्दरकाण्ड सबसे छोटा है। तुलसीदास जी ने रामचरितमानस में हिंदी के अलंकारों का बहुत सुन्दर प्रयोग किया है प्रमुख रूप से अनुप्रास अलंकार का। रामचरितमानस पर प्रत्येक हिंदू की अनन्य आस्था है और इसे हिंदुओं का पवित्र ग्रंथ कहा जाता है।

तुलसी दास जी ने अपने युग की दयनीय दशा का उल्लेख रामचरित मानस में निम्न प्रकार से किया है–

खेती न किसान को, भिखारी को न भीख, बलि,
बनिक को बनिजन, चाकर को चाकरी।
जीविका बिहीन लोग सीधमान सोच बस,
कहैं एक एकन सों 'कहाँ जाई, का करी?
बेदहूँ पुरान कही, लोकहूँ बिलोकिअत,
साँकरे सबै पै, राम! रावरैं कृपा करी।
दारिद-दसानन दबाई दुनी, दीनबंधु!
दुरित-दहन देखि तुलसी हहा करी॥

गोस्वामी तुलसीदास जी अपने युग की दयनीय दशा का वर्णन कर, रक्षा के लिए भगवान श्रीराम से याचना करते हुए कह रहे हैं–

हे भगवान राम! आपके द्वारा सृजित इस संसार की कितनी बड़ी बुरी दशा हो गई है। कृषकों के पास अपनी जमीनें नहीं और न खेती-बाड़ी करने का कोई साधन, वर्तमान समय में बेचारे भिखारियों को कहीं भीख भी नहीं मिलती है। व्यापारियों के पास करने को व्यापार नहीं रह गए और नौकरी पाने के इच्छुकों को कहीं नौकरी तक नहीं मिल पाती। इस प्रकार जीवन जीने के लिए जीविका के अभाव में आज सभी लोग पीड़ित और चिन्तित हो रहे हैं। जब मिलते है तो एक-दूसरे से कहते-पूछते हैं-भई, तुम्हीं बताओं कि मैं कहाँ जाऊँ और क्या करूँ कि जीवन सुख से बीत सके। वेद-पुराण तो यह कहते ही हैं, आज लोक जीवन और लोक व्यवहार में भी यह सब अनुभव किया जा रहा है। संसार के समस्त मानव पर संकट मंडरा रहा है। आपने सदा संकट के समय हमारी रक्षा की है। अतः हे राम! हम पर कृपा कर हमारी रक्षा करो, संकटों से मुक्त करो। हे दीनबंधु राम! दरिद्रता रूपी रावण ने आपके भक्तों को दबा रखा है, यातनाएँ दे रहा है अत्याचार कर रहा है। चारों ओर पाप, अनाचार और अनीति का बोलबाला रहा है। उसे देखकर मेरा हृदय हाहाकार कर रहा है। मेरी इस कातर पुकार को सुनकर अपनी अनुकंपा से संसार को पीड़ामुक्त करो, रक्षा करो।

सीता स्वयंवर पर धनुष के टूटने पर परशुराम का रौद्र रूप देखकर स्वयंवर में उपस्थित सभी लोग भयभीत या डर जाते हैं। इसका उल्लेख कवि निम्न रूप में करता है–

कहेउ लखन मुनि सीलु तुम्हारा। को नहि जान बिदित संसार॥
माता पितहि उरिन भय नीकें। गुर रिनु रहा सोचु बड़ जीकें॥
सो जनु हमरेहि माथे काढ़ा। दिन चलि गए ब्याज बड़ बाढ़ा॥
अब आनिअ व्यवहारिआ बोली। तुरंत देउं मैं थैली खोली॥
सुनि कटु बजन कुठार सुधारा। हाय हाय सब सभा पुकारा॥
भृगुवर परसु देख वहु मोही। बिप्र बिचारि बचउं नृपद्रोही॥
मिले न कबहुँ सुभट रन गाढ़े। द्विज देवता घरहि के बाढ़े॥
अनुचित कहि सब लोग पुकारे। रघुपति सयनहिं लखनु नेवारे॥
दोहा-लखन उतर आहुति सरिस, भृगुबर कोपु कृसानु।
बढ़त देखि जलसम बचन, बोले रघुकुल मानु॥

लक्ष्मण ने कहा–हे मुनि परशुराम! आपके नम्र व शील स्वभाव को कौन अनभिज्ञ है। आपके स्वभाव से तो सारा संसार भली-भाँति अवगत है। आप अपने माता-पिता के ऋण से तो भली-भाँति मुक्त हो गए हैं। (पिता के कहने पर परशुराम ने अपनी माता का सिर काट दिया था) अब तो गुरु का ऋण चुकाना रह गया है। गुरु-ऋण चुकाने की आपको बहुत चिन्ता है। ऐसा लगता है हमारे मत्थे ही यह गुरु ऋण आपने लिया था। बात भी सही है, अधिक समय गुजर चुकें हैं और आप पर गुरु का ऋण निरंतर बढ़ ही रहा है जो आप को ब्याज सहित अदा करना है। अब आप किसी व्यवहार करने वाले या हिसाब-किताब जानने वाले साहूकार को बुला लाइए, तो मैं थैली खोलकर सारा हिसाब ब्याज सहित चुकता कर दूँगा। लक्ष्मण के इस कठोर वचन को सुनकर परशुराम ने फिर कुल्हाड़ा सम्भाल लिया जिसे देखकर सारी सभा हाय! हाय! कहकर चिल्लाने लगी। लक्ष्माण ने कहा, हे भृगुवंश में श्रेष्ठ परशुराम जी! आप मुझे बार-बार कुल्हाड़ा दिखा रहे हैं। परन्तु हे राजाओं के दुश्मन परशुराम! मैं ब्राह्मण समझकर आपको बचा रहा हूँ। मुझे तो आज तक कोई ऐसा यौद्धा बाह्मण नहीं मिला जो युद्ध में टिका हो। हे ब्राह्मण देवता! प्रायः आप घर में ही बढ़ चढ़कर बात करते हैं। लक्ष्मण की यह बात सुनकर सभी लोग बोल उठे यह उचित नहीं है। तब श्री रामचन्द्र जी ने संकेत से लक्ष्मण को बोलने से रोक दिया। लक्ष्मण के उत्तर आग में आहुति के समान थे। उनसे परशुराम के क्रोध को और प्रज्वलित होते देखकर रघुकुल के सूर्य श्री रामचन्द्र जी ने जल के समान शीतल बचन बोलकर उनहें शांत करने का प्रयास किया।

तुलसी की भाषा का मूल्यांकन

तुलसी द्वारा लिखित काव्य कला की महानता को समझने के लिए सबसे पहले इस तथ्य को प्रमुख रूप से समझने की आवश्यकता है कि उन्होंने संस्कृत और फारसी की दरबारी काव्य परंपरा और लक्षण ग्रंथों को तिलांजलि देकर आधुनिक भारतीय भाषाओं के अभ्युदयकाल की नवीन जातीयता के उन्नयन को ऐतिहासिक कार्यभार के रूप में अंगीकार किया। दरबारी रचनाकारों और अपने युग के पंडितों की पतनशील सांस्कृतिक धारा का अनुशीलन न कर तुलसी अन्य भक्तिकालीन कवियों की भांति भाषा काव्य को समृद्ध करने का निर्णय करते हैं। अपने युग के जनसाधारण की सांस्कृतिक आकांक्षा और सांस्कृतिक आवश्यकता की पूर्ति के दायित्व को एक चुनौती की तरह लेकर वे खुलेआम नई धारा के सहयात्री बन गए। इस प्रश्न के संदर्भ में निर्णय में उनकी मुक्ति पर भी ध्यान देने लायक है–

का भाषा, का संस्कृत, प्रेम चाहिए साँच।
काम जु आवै कामरी, का लै करै कुमाँच॥

जिस प्रकार से सच्चे प्रेम की अभिव्यक्ति का माध्यम नितप्रति व्यवहार की टकसाल में ढली हुई जनभाषा हो सकती है–ठीक उसी प्रकार ही जैसे शीतकाल में कंबल ही काम आता है, रेशमी वस्त्र नहीं।

''भाक्षा बहता नीर'' जैसी उक्ति के द्वारा कबीर ने संस्कृत के विपक्ष में जो तर्क दिया था उसी तर्क के आधार पर तुलसी ने अपना निर्णय भी बतलाते हैं। भक्तिकालीन अन्य कवियों की भांति गोस्वामी जी को भी पंडितों के द्वारा किये जा रहे उपहास और व्यंग्य की चिंता नहीं थी। मध्यकालीन सामंती समाज के सांस्कृतिक रूढ़िवाद और पतनशील मूल्य व्यवस्था के खिलाफ संघर्ष का जो व्यापक आंदोलन मराठी, बंगला, उड़िया, असमिया समेत सभी जनभाषाओं में चल रहा था तुलसीदास उसी आंदोलन के एक अभिन्न हिस्सा थे। डॉ. राम विलास शर्मा का मानना है कि इस आंदोलन ने सामंती बंधनों की जकड़बंदी के बरबस भक्त कवियों के लिए–''व्यक्तिगत की सापेक्ष मुक्त'' का द्वार खोल दिया।

''सामंतवाद ने मनुष्य के व्यक्तित्व को अनेक बंधनों में जकड़कर उसके विकास को अवरुद्ध कर दिया था। जाति (कास्ट), धर्म, सम्प्रदाय, सामाजिक आचार-विचार की शृंखलाओं में बंधकर मनुष्य का यह व्यक्तित्व स्वाधीन विकास के लिए तड़प उठता था। इस व्यक्तित्व को स्वच्छंदता दिए हुए, बिना मुक्त आकाश में उड़ान भरे हुए काव्य में गेयता उत्पन्न नहीं हो सकती। ब्रजभाषा काव्य में जो

अभूतपूर्व गेयता उत्पन्न हुई है उसका सबसे बड़ा कारण इसी व्यक्तित्व की सापेक्ष मुक्ति है। सापेक्ष मुक्ति इसलिए कि सामाजिक बंधनों से यह पूर्ण मुक्त नहीं थी।''

डॉ. रामविलास शर्मा का उपर्युक्त उद्धरण ''मध्यकालीन हिंदी कविता में गेयता'' शीर्षक जिस निबंध से लिया गया है, उसी में आगे चलकर तुलसी काव्य की गेयता, चाहे वह अवधी में लिखी हो या ब्रजभाषा में का उपयुक्त उल्लेख किया गया है। इस दृष्टि से हिंदी भाषी जनता द्वारा रामचरितमानस का गाया जाना एक प्रबंध काव्य में गेयता के गुण उपलब्ध करना निश्चित रूप से तुलसी की महान देन थी।

भाषा में लिखने के निर्णय से तुलसी को लोक-संस्कृति और जन सामान्य की दैनिक जीवनधारा में कलात्मक साधनों की अक्षय निधि मिल गई। भारत के विभिन्न जनपदों में प्रचलित लोक संस्कृति के विभिन्न रूपों, संस्कार गीतों, पर्व-त्यौहार और तमाम ऋतुओं के लोक गीतों से गोस्वामी जी को वे छंद प्राप्त हुए जो अपभ्रंश काव्यों में भी उपयोग होकर निखर चुके थे। उपमान, रूपक, प्रतीक, बिम्ब, मुहावरे, लोकोक्ति तथा दृष्टांत भी इसी लोक-संस्कृति और ठेठ ग्रामीण जीवन से लिए गए हैं।

तुलसी की दृष्टि शब्द चयन पर भी सांस्कृतिक संकीर्णतावाद से मुक्त थी। इस प्रसंग में प्रोफेसर लल्लन राय ने लिखा है–''भाषा के संबंध में तुलसी की एक अन्य विशेषता है,मुक्त रूप से दूसरी बोलियों और भाषाओं के शब्द ग्रहण। इसमें ब्रज, अवधी, बुंदेलखंडी, भोजपुरी और कुछ नितान्त स्थानीय शब्दों के साथ अरबी और फारसी भाषा के शब्द भी आ जाते हैं। तुलसी ने अपनी कृतियों में इतने अधिक अरबी-फारसी के शब्दों का प्रयोग किया है, जितना शायद हिंदी के किसी भी प्राचीन या आधुनिक कवि ने नहीं किया।

भारतीय वाङ्मय और विभिन्न भाषाओं और बोलियों से शब्द चयन की उन्मुक्तता के कारण ही प्रसंगानुकूल भाषा शैली की विभिन्नता पैदा करने में तुलसी अद्वितीय हैं। गोस्वामीजी की विशेषता की ओर आचार्य रामचंद्र शुक्ल का ध्यान गया था। उनकी टिप्पणी है–

''गोस्वामी जी ने इस बात का भी ध्यान रखा है कि किस स्थल पर विद्वानों या शिक्षितों की संस्कृत मिश्रित भाषा रखनी चाहिए और किस स्थल पर ठेठ बोली। घरेलू प्रसंग समझकर कैकयी और मंथरा के संवाद में उन्होंने ठेठ बोली औऱ स्त्रियों में विशेष चलते प्रयोगों का व्यवहार किया है।''

4

रसखान के काव्य में लोक जीवन

ये दिल्ली के एक पठान सरदार थे। ये लौकिक प्रेम से कृष्ण प्रेम की ओर उन्मुख हुए। ये गोस्वामी विट्ठलनाथ के बड़े कृपापात्र शिष्य थे। रसखान ने कृष्ण का लीलागान गेयपदों में नहीं, सवैयों में किया है। रसखान को सवैया छंद सिद्ध था। जितने सहज, सरस, प्रवाहमय सवैये रसखान के हैं, उतने शायद ही किसी अन्य कवि के हों. रसखान का कोई ऐसा सवैया नहीं मिलता जो उच्च स्तर का न हो. उनके सवैये की मार्मिकता का बहुत बड़ा आधार दृश्यों और बाह्यांतर स्थितियों की योजना में है। वही योजना रसखान के सवैयों के ध्वनि-प्रवाह में है। ब्रजभाषा का ऐसा सहज प्रवाह अन्यत्र बहुत कम मिलता है। रसखान सूफियों का हृदय लेकर कृष्ण की लीला पर काव्य रचते हैं। उनमें उल्लास, मादकता और उत्कटता तीनों का संयोग है। ब्रज भूमि के प्रति जो मोह रसखान की कविताओं में दिखाई पड़ता है, वह उनकी विशेषता है।

जीवन परिचय

रसखान के जन्म के संबंध में विद्वानों में मतभेद पाया जाता है। अनेक विद्वानों ने इनका जन्म संवत् 1615 ई. माना है और कुछ विद्वानों ने 1630 ई. माना है। रसखान स्वयं बताते हैं कि गदर के कारण दिल्ली मशान बन चुकी थी, तब उसे छोड़कर वे ब्रज चले गये। ऐतिहासिक साक्ष्य के आधार पर पता चलता है कि उपर्युक्त गदर सन् 1613 ई. में हुआ था। उनकी बात से ऐसा प्रतीक होता है कि वह गदर के समय वयस्क थे और उनका जन्म गदर के पहले ही हुआ होगा। रसखान का जन्म संवत् 1590 ई. मानना अधिक समीचीन प्रतीत होता है। भवानी शंकर याज्ञिक ने भी यही माना है। अनेक तथ्यों के आधार पर उन्होंने अपने इस मत की

पुष्टि भी की है। ऐतिहासिक ग्रंथों के आधार पर भी यही तथ्य सामने आता है। यह मानना अधिक प्रभावशाली प्रतीत होता है कि रसखान का जन्म 1590 ई. में हुआ होगा।

जन्म स्थान

रसखान के जन्म स्थान के विषय में अनेक विद्वानों ने अनेक मत प्रस्तुत किए हैं। कई तो रसखान के जन्म स्थान पिहानी अथवा दिल्ली को बताते हैं, किंतु यह कहा जाता है कि दिपाली शब्द का प्रयोग उनके काव्य में केवल एक बार ही मिलता है। जैसा कि पहले लिखा गया कि रसखान ने गदर के कारण दिल्ली को श्मशान बताया है। उसके बाद की जिंदगी उसकी मथुरा में गुजरी। शिवसिंह सरोज तथा हिंदी साहित्य के प्रथम इतिहास तथा ऐतिहासिक तथ्यों एवं अन्य पुष्ट प्रमाणों के आधार पर रसखान की जन्म-भूमि पिहानी जिला हरदोई माना जाए। हरदोई जनपद मुख्यालय पर निर्मित एक प्रेक्षाग्रह का नाम 'रसखान प्रेक्षाग्रह' रखा गया है। पिहानी और बिलग्राम ऐसी जगह हैं, जहाँ हिंदी के बड़े-बड़े एवं उत्तम कोटि के मुसलमान कवि पैदा हुए।

नाम एवं उपनाम

रसखान के नाम के सम्बन्ध में भी अनेक मत हैं। प्रामाणिक सामग्री के अभाव में रसखान के नाम के सम्बन्ध में विद्वानों ने अनेक कल्पनाएं कीं जो सर्वथा निराधार प्रतीत होती है।

आचार्य हजारीप्रसाद द्विवेदी जी ने भी अपनी पुस्तक श्हिन्दी साहित्य में दो रसखान लिखे हैं—एक का नाम सैयद इब्राहीम और दूसरे का नाम सुजान रसखान है। वास्तव में सुजान रसखान नाम का कोई कवि नहीं। श्सुजान रसखान तो रसखान की एक रचना का नाम है। ऐसा प्रतीत होता है कि भूल से ही आचार्य जी ने कृति का कृतिकार के रूप में उल्लेख कर दिया है क्योंकि सुजान रसखान कवि का उल्लेख हमें अन्यत्र कहीं नहीं मिला। रसखान का असली नाम सैयद इब्राहीम था और खघन उनकी परम्परागत उपाधि थी।

श्री देवेंद्रप्रताप उपाध्याय ने लिखा है कि सुलभ सामग्री के अनुसार स्पष्ट है कि कवि का असली नाम सैयद इब्राहीम था। दूसरा नाम रसखान तो हिन्दू होने के बाद जब कवि ने काव्य-रचना प्रारम्भ की तब प्रचलित हुआ। जब वह प्रेमदेव की छवि लिखकर मियां से रसखानि हुए तो उनमें मुस्लिम नाम की बू तक न रह गई

और भक्ति के क्षेत्र में आकर के पूर्ण रसखान ही हो गए। श्री देवेंद्रप्रताप उपाध्याय ने यहाँ भावुकता से काम लिया है। यह मान्यता तर्कसंगत नहीं है कि रसखान अपना धर्म परिवर्तन करके मुसलमान से हिन्दू हो गए। वास्तविकता यह है कि भगवान के प्रति परम प्रेम (भक्ति) उत्पन्न हो जाने पर उनकी दृष्टि में साम्प्रदायिक धर्म का कोई महत्त्व ही नहीं रहा। ऐसा प्रतीत होता है कि रसखान की निम्नांकित पंक्तियों ने आलोचकों को उनके धर्म-परिवर्तन के विषय में कल्पना करने के लिए प्रेरित किया है–

प्रेम देव की छविहि लखि भये मियां रसखान। उन्होंने भये मियां रसखान का अर्थ किया है–मियां (मुसलमान) सैयद इब्राहीम खान रसखान (हिन्दू भक्त) हो गए। किन्तु इस प्रकार के अर्थ निरूपण के पक्ष में कोई अकाट्य प्रमाण नहीं दिया जा सकता। मियां से मुसलमान और रसखान से हिन्दू का तात्पर्य निकालना स्वमनीषा से की गई उद्भावना भी कही जा सकती है। उपरोक्त पंक्ति का उचित अर्थ यह है कि प्रेमदेव की छवि देखकर भये मियां रसखान- अर्थात रसखान मियां हो गए। मियां शब्द का अर्थ पति के अतिरिक्त नेक, भला सज्जन भी है। मियां कहकर प्रेम-भाव से छोटों और बड़ों को सम्बोधित किया जाता है। इसका अर्थ यह हुआ कि रसखान में जो सांसरिक बुराइयां (बनिए के लड़के की संगति, स्त्रीमोह) थीं वे प्रेमदेव की छवि देखकर दूर हो गईं और वे सज्जन हो गए। दूसरा अर्थ यह भी हो सकता है कि मियां सैयद इब्राहीम रसान हो गए, तो भी रसखान शब्द का अर्थ रसखानि अर्थात रस की खघन नहीं है। इस पंक्ति में रसखान ने श्रसखानि नहीं श्रसखान शब्द का प्रयोग किया है।

नवलगढ़ के राजकुमार संग्रामसिंह जी द्वारा प्राप्त रसखान के चित्र पर नागरी लिपि के साथ-साथ फारसी लिपि में भी एक स्थान पर श्रसखान तथा दूसरे स्थान पर श्रसखां ही लिखा है। इससे भी यही सिद्ध होता है कि रसखान को रसखानि (रस की खान) नहीं बनना था केवल अपना तखल्लुस (उपनाम) रसखान रखकर कविता करना ही उनका उद्देश्य रहा। यदि उपनाम की परम्परा को लिया जाय तो उसके दर्शन हमें प्राचीन संस्कृत, प्राकृत अपभ्रंश आदि में नहीं होते।

डा. हरदेव बाहरी का मत इस विषय में उल्लेखनीय है। पुराने हस्तलेखों की एक बड़ी समस्या यह है कि लेखक के विषय में आसानी से अनुमान नहीं लगाया जा सकता, क्योंकि लेखक अपना नाम कहीं भी नहीं देते। यह विशेषकर संस्कृत, प्राकृत, अपभ्रंश और पुरानी हिन्दी के काव्य में मिलता है। भारतीय परम्परा आत्मगोपन की है, खुसरो और सूफी कवि अधिकतर अपने नाम का

प्रयोग किया करते थे। कबीर ने लगभग हर पद में अपना नाम लिखा और यह परम्परा वहीं से चल पड़ी। प्रारम्भ में कवि अपना नाम संक्षेप में ही दिया करते थे। जैसे मलिक मुहम्मद जायसी के लिए श्मुहम्मद कबीरदास के लिए श्कबीरश, अब्दुल रहीम खानखाना के लिए श्रहीमश। इसे फारसी परम्परा कहिए या मुस्लिम संस्कृति का प्रभावय उस काल के तथा बाद के हिन्दी कवियों ने भी इस परम्परा को अपनाया। इस परम्परा का पालन रसखान ने भी अपने पूर्वजों की भांति किया। उन्होंने इस परम्परा को अपनाते हुए श्खघन के साथ श्रस शब्द को लेकर मौलिकता के दर्शन कराए और रसखान अर्थात रस से भरे या रसीले खान होकर, रस में तल्लीन होकर काव्य-रचना की। रस की उनके जीवन में कमी न थी। पहले लौकिक रस का आस्वादन करते रहे फिर अलौकिक रस में लीन हो काव्य-रचना करने लगे। एक स्थान पर उनके काव्य में श्रसखां शब्द का प्रयोग भी मिलता है।

नैन दलालनि चौहटें मन-मानिक पिय हाथ।
श्रसखां ढोल बजाइकै बेच्यौ हिय जिय साथ।

यह कुछ कहना कि उनमें मुस्लिम नाम की बू तक न रह गई, धांधलेबाजी तथा भावुकता के सिवा और कुछ नहीं है। इस सुगंध (मुस्मिम बू) के दर्शन केवल उनके नामों में ही नहीं उनके काव्य में भी मिलते हैं। रसखानि का प्रयोग रसखान ने अधिकांश स्थलों पर पाद पूर्ति के लिए किया है। उनका नाम सैयद इब्राहीम तथा उपनाम रसखान था।

बाल्यकाल तथा शिक्षा

रसखान एक जागीरदार पिता के पुत्र थे। इसलिए इनका लालन पालन बड़े लाड़-प्यार से हुआ माना जाता है। ऐसा इसलिए कहा जाता है कि उनके काव्य में किसी विशेष प्रकार की कटुता का सरासर अभाव पाया जाता है। एक संपन्न परिवार में पैदा होने के कारण उनकी शिक्षा अच्छी और उच्च कोटि की गई थी। उनकी यह विद्वत्ता उनके काव्य की साधिकार अभिव्यक्ति में जग जाहिर होते हैं। रसखान को फारसी, हिंदी एवं संस्कृति का अच्छा ज्ञान था। फारसी में उन्होंने श्रीमद्भागवत का अनुवाद करके यह साबित कर दिया था। इसको देख कर इस बात का अभास होता है कि वह फारसी और हिंदी भाषाओं का अच्छा वक्ता होंगे। रसखान ने अपना बाल्य जीवन अपार सुख- सुविधाओं में गुजारा होगा। उन्हें पढ़ने के लिए किसी मकतब में जाने की आवश्यकता नहीं पड़ी होगी।

मथुरा आगमन

यह तो निश्चित ही है कि रसखान दिल्ली में राजसत्ता के लिए हुए युद्ध को देखकर श्रीवन आये। यह गदर कब पड़ा, इस विषय में विद्वानों में मतभेद है। चन्द्रशेखर पांडे लिखते हैं कि उन्होंने एक दोहे में लिखा है—देखि गदर हित साहिबी, श्दिल्ली नगर मसानश्, किन्तु इनके समय दिल्ली में ऐसा कोई राजविप्लव नहीं हुआ था जिसमें दिल्ली नगर श्मशान हो गया हो। संभव है ड्यंत्रकारी दिल्ली में ही मारे गए हों और रसखान के किसी परिचित पर भी आंच पहुंची हो, अतः रसखान ने इसे गदर लिख दिया हो और दिल्ली को श्मशान बताया हो।

विश्वनाथ प्रसाद जी, परशुराम चतुर्वेदी के अनुसार इस घटना के लिए युद्ध तथा विद्रोह दमन की संज्ञा देना अधिक उचित है। वास्तव में इसे गदर कहना ठीक नहीं। गदर शब्द अरबी का है। अरबी में इसका अर्थ बेवफाई है, और उर्दू में बगावत, हंगामा और बलवा आदि। यह घटना इस अर्थ पर पूरी नहीं उतरती। यह युद्ध ऐतिहासिक दृष्टि से इतनी महत्त्वपूर्ण घटना नहीं है कि इसे गदर मान लिया जाए। दिल्ली में तो कदाचित एक भी गोली नहीं चली। किसी भी इतिहासकार ने इस घटना को गदर की संज्ञा नहीं दी, फिर रसखान इसे दिल्ली का गदर क्यों कहते।

आचार्य चंद्रबली पांडेय के अनुसार रसखान के मसान शब्द का संबंध तत्सामयिक किसी गदर से नहीं है वरन स्वयं दिल्ली नगर से है। यह आवश्यक नहीं कि गद्दार लोग दिल्ली नगर में ही गदर मचाकर उसे मसानवत बना दें, तभी रसखान उसे मसान कहें। सच तो यह है कि दिल्ली नगर जैसा राजवंशों का मसान कोई दूसरा नगर नहीं। कौरवों से लेकर पठानों तक न जाने कितने राजवंश दिल्ली नगर में नष्ट हो चुके थे। अतः रसखान का दिल्ली नगर को मसान कहना ठीक ही था।, आचार्य चंद्रबली पांडे ने बिना किसी आधार के केवल कल्पना के बल पर ही दिल्ली को मसान बना दिया। दिल्ली की भव्यता को देखकर उसके मसान होने की कल्पना करना कल्पना ही प्रतीत होती है।

इस घटना को गदर मानने में एक आपत्ति यह भी है कि यदि रसखान ने संवत 1638 की घटना को देखकर दिल्ली छोड़ी तो इससे पूर्व संवत 1634 से 1636 तक श्रामचरितमानस की कथा कैसे सुनी। इस घटना को गदर मानने वाले सभी विद्वानों ने रसखान का जन्म समय संवत 1615 माना है, जिसके अनुसार रसखान की अवस्था उस समय 18 वर्ष की होती है। 18 वर्ष के लड़के से यह आशा करना कि वह किसी घटना से प्रभावित होकर इस प्रकार की रचना करेगा, केवल कोरी कल्पना ही कही जा सकती है।

देवेंद्रप्रताप उपाध्याय ने और अधिक पांडित्य का प्रमाण इस घटना को जहाँगीर से मिला कर दिया है। उनके अनुसार 1671 संवत, जो प्रेमवाटिका का रचना काल हैं, वह निश्चय ही जहाँगीर का शासन काल था। इस समय कवि को यदि किसी बादशाह की ठसक हो सकती है तो बादशाही मुगल वंश की ही। वह गदर या साहिबी की लड़ाई भी बादशाही घराने तक ही सीमित थी। चाहे वह अकबर या उनके पुत्र जहाँगीर की लड़ाई हो या जहाँगीर या खुसरों की। इसमें पहली लड़ाई संवत 1658 में हुई, दूसरी संवत 1662-64 में।गदर उसी घटना को कहा जाएगा जिसका प्रभाव संपूर्ण देश पर पड़े, साथ ही राजधानी में भी उपद्रव मचे, जनता भी उसके कुप्रभाव से न बच सके। रसखान ने जिस गदर का वर्णन किया है वह संवत् 1612 और 1613 का है।

23 जनवरी सन् 1556 ई. में अपने पुस्तकालय की सीढ़ी से गिरने के कारण हुमायूँ की अचानक मृत्यु हो गई और अकबर 14 फरवरी सन् 1556 ई. (संवत 1613 विक्रमी) को गद्दी पर बैठा। उसने पठानों को खदेड़-खदेड़कर अशक्त कर दिया। कुछ ही वर्षों में सबका दमन कर सूरवंश का नाम मिटा दिया। सिकंदरशाह सूर अकबर से संधि करके शेष जीवन बंगाल में बिताने लगा और वहीं तीन वर्ष पश्चात उनकी मृत्यु हो गई।

महमूदशाह आदिल को, जो चुनारगढ़ में था, बंगाल के महमूद खाँ के पुत्र खिजिर ने अपने पिता के वध का बदला लेने के लिए सूरजगढ़ में परास्त कर मरवा डाला। इब्राहीम खाँ हेमू से बार-बार पराजित होकर बुन्देलखंड और फिर उड़ीसा भाग गया और कुछ वर्षों में मर गया। हुमायूँ की मृत्यु का समाचार मिलते ही हेमू पानीपत के मैदान में सेना से लड़ने गया और 5 नवम्बर 1556 ई. को बैरम खाँ द्वारा मारा गया। इस इतिहास प्रसिद्ध युद्ध को रसखान ने गदर का नाम दिया। ठीक उसी समय संवत 1612 में दिल्ली में भीषण अकाल पड़ा, जिसके कारण जनता की बड़ी दुर्दशा हुई। देश में अराजकता फैल गई। युद्ध और दुर्भिक्ष ने जनता में हाहाकार मचा दिया। मनुष्य बड़ी संख्या में मरने लगे।

प्रसिद्ध इतिहासकार अब्दुल कादिर बदायूंनी ने अपनी पुस्तक मुनतखिबुत्तबारीख में दुर्भिक्ष और युद्ध पीड़ित जनता का बड़ा हृदय-विदारक वर्णन किया है—इस समय (संवत 1613 विक्रमी) में एक भयंकर अकाल पड़ा, जो आगरा, बयाना और दिल्ली में विशेष रूप से प्रचण्ड था। एक सेर ज्वारी (श्रूंत) का मूल्य ढाई टके (सिक्का विशेष) तक हो गया था। इस ऊंचे भाव पर भी वह अप्राप्त था। बहुतों ने विवश होकर मरने के लिए उद्यत हो अपने घरों के द्वार बंद कर लिये जिसमें दस-बीस या उनसे भी

अधिक प्राणी मरने लगे। अनेक लोगों को न कफन मिला न कब्र। हिन्दू जनता भी इसी प्रकार मरी। मनुष्य कांटेदार बबूल आदि वृक्षों के बीज, जंगली घास और पशुओं की खाल पर, जो धनी वर्ग द्वारा बेची जाती थी, निर्वाह करते थे। कुछ दिनों में उनके हाथ-पैरों में सूजन आने पर मृत्यु हो जाती थी। मैंने स्वयं अपनी आंखों से देखा है कि मनुष्य नर-मांस-भक्षी हो गए थे। दुर्भिक्ष पीड़ित जनता की मुखाकृति इतनी भयंकर हो गई थी कि उनकी ओर देखना कठिन था। वर्षा की कमी, दुर्भिक्ष और अन्न का अभाव तथा दो वर्ष के लगातार युद्ध के कारण समस्त देश मरूस्थल हो गया। कृषि के लिए कृषक नहीं बचे थे। लुटेरों ने भी नगरों को खूब लूटा।

इस दुर्भिक्ष की चर्चा बशीरूद्दीन अहमद ने भी की है। उनके अनुसार अफगानों में जो बाहमी (आपसी) कशाकश (वैमनस्य) और बेइंतजामी रही इसमें हेमू एक जंगी और बाइकबाल (तेजस्वी) राजा बन गया। प्रलय आ रही थी। ढाई रुपया सेर मकई का भाव था औ वह भी हाथ न आती थी। हेमू की योग्यता और सूझ-बूझ ने इस दशा में भी सेना के भोजन का प्रबन्ध रखा। किन्तु जब ईश्वर अपना कोप दिखाता है तो चारों ओर से मानव को घेर लेता है। अदली अफगान तो आगरा से लश्कर लेकर निकल गया। इधर-उधर वह अपने शत्रुओं को दबाता फिरता था। किले में एक अफगान सरदार भोजन और युद्ध-प्रबंध के लिए आया। वह एक दिन सवेरे दीपक लिये हुए हुजरों (कोठरियों) को देख रहा था कि कहीं चिराग का गुल झड़ पड़ा। कोठे बारूद के थे, या पहले उनमें बारूद रह चुकी थी, पल भर में आधा कि़ला उड़ गया। पत्थर की सिलें, महराबें उड़-उड़कर दरिया पार कहीं की कहीं जा पड़ीं। हजारों आदमी और जानवर उड़ गए।

पानीपत के युद्ध में हेमू को हराकर अकबर ने आगरा को राजधानी बनाया और इस कारण दिल्ली बिल्कुल वीरान हो गई। रसखान से अकाल और युद्धों से पीड़ित दिल्ली को देखा न गया। इस दुर्दशा को उन्होंने श्गदर की संज्ञा दे दी। इसके बाद ही रसखान दिल्ली छोड़कर मथुरा आए।

रसखान व्यक्तित्व और कृतित्व

हिन्दी साहित्य के मध्यकालीन कृष्ण-भक्त कवियों में रसखान की कृष्ण-भक्ति निश्चय ही सराहनीय, लोकप्रिय और निर्विवाद है। कृष्ण-भक्ति और काव्य-सौंदर्य की दृष्टि से श्सुजान रसखान और श्प्रेमवाटिका के रचयिता रसखान हिन्दी साहित्य जगत के एक जाज्वल्यमान नक्षत्र के रूप में भारत के जन-जन के हृदय को आज भी भावनात्मक एकता के अग्रदूत के रूप में प्रकाश प्रदान करते हैं।

दो सौ बावन वैष्णवन की वार्ता के अनुसार

वार्ता साहित्य में सबसे महत्त्वपूर्ण पुस्तक दो सौ बावन वैष्णवन की वार्ता है। इस वार्ता के अनुसार रसखान दिल्ली में रहते थे। एक बनिए के पुत्र के प्रति आसक्त थे। इस आसक्ति की चर्चा होने लगी। कुछ वैष्णवों ने रसखान से कहा कि यदि इतना प्रेम तुम भगवान से करो तो उद्धार हो जाए। रसखान ने पूछा कि भगवान कहां है? वैष्णवों ने उनको कृष्ण भगवान का एक चित्र दे दिया। रसखान चित्र को लेकर भगवान की तलाश में ब्रज पहुंचे। अनेक मंदिरों में दर्शन करने के उपरांत अपने आराध्य की खोज में ये गोविन्द कुण्ड पर जा बैठे और श्रीनाथ जी के मंदिर को टकटकी लगाकर देखने लगे। आरती के पश्चात श्रीनाथ जी इनका ध्यान करके द्रवीभूत हो गएऔर चित्र वाला स्वरूप बनाकर दर्शन देने आये। रसखान उन्हें अपना महबूब जानकर पकड़ने दौड़े। श्रीनाथ जी अंतर्धान होकर गोकुल पधारे और श्री गोसाईं जी को संपूर्ण घटना सुनाई। उसके बाद श्री गोसाईं जी ने रसखान को दर्शन दिए और अपने मंदिर में बुलवा लिया।रसखान दर्शन करके बहुत प्रसन्न हुए। वहीं रहकर लीला गान करने लगे। इस वार्ता के अनुसार उन्हें गोपी भाव की सिद्धि हुई। इस वार्ता से यह पता चलता है कि रसखान का संबंध स्वामी विट्ठलनाथ जी से रहा। वार्ता में वर्णित कुछ घटनाओं के संकेत रसखान के काव्य में भी मिलते हैं। रसखान ने भी प्रेमवाटिका में छवि दर्शन की चर्चा की है। श्सुजान रसखान में लीला वर्णन भी मिलता है। वार्ता के अनुसार ये लीला के दर्शनकरके ही कवित्त, सवैयों और दोहों की रचना करते थे और इन्हें गोपी भाव भी सिद्ध हुआ था।

नव भक्तमाल के अनुसार

इसके रचयिता श्रीराधाचरण गोस्वामी ने रसखान के संबंध में लिखा है। इस वर्णन में तथा श्दो सौ बावन वैष्णवन की वार्ता में मुख्य अंतर यही है कि श्नव भक्त-माल के कर्ता के अनुसार दर्शन न पाने पर व्यंग्य रचना कर रसखान ने भगवान से कुछ उपालंभपूर्ण वचन कहे। श्भक्तमाल की टीका के अनुसार रहीम ने ऐसी ही परिस्थिति में व्यंग्यपूर्ण दोहे रचे थे। अनुमानतः गोस्वामी जी ने यही बात रसखान के संबंध में भी कह डाली।

मूलगोसाईंचरित के अनुसार

संवत् 1687 में रचित बाबा वेणीमाधव दास कृत श्मूलगुसाईंचरित में भी रसखान का उल्लेख मिलता है। उसमें लिखा है कि श्रामचरितमानस की रचना दो

वर्ष, सात मास और छब्बीस दिवस में संवत 1633 में समाप्त हुई। सबसे पहले मिथिला के रूपारण्य स्वामी ने अयोध्या में इसका श्रवण किया। फिर संडीले के हरदोई जिला के स्वामी जंदलाल के शिष्य श्दयाल दास अथवा दलालदास ने उसकी एक प्रति लिखी और अपने स्थान पर लौटकर तीन वर्ष तक यमुना तट पर मानस को अपने गुरु और रसखान को सुनाया। मूल ग्रंथ का यह अंश इस प्रकार है–

मिथिला के सुसन्त सुजाने हते। मिथिलाधिप भाव पगे रहते।।
सुचि नाम रूपासन स्वामि जुतो। तिहि औसर औध में आयौ हुतौ।।
प्रथमै यह मानस तेई सुने। तिहि के अधिकारी गुसाईं गुने।।
स्वामीनन्द (सु) लाल को सिशय पुनी। तिस नाम दलाल सुदास गुनी।।
लिखि के सोइर पोथि स्वठाम गयो। गुरु के ढिंग जाय सुनाय दयो।।
जमना तट पर त्रय वत्सा लो। रसखान जाई सुनवत भौ।।

इस उल्लेख के अनुसार संवत 1634 से 1636 पर्यंत तीन वर्ष तक रसखान ने श्रामचरितमानस की कथा सुनी। रसखान ने राम संबंधी किसी पद की रचना न करते हुए भी मानस अवश्य सुना होगाय क्योंकि उनका दृष्टिकोण उदार था। वे सबको समान भाव से देखते थे। श्रीकृष्ण के अतिरिक्त उन्होंने शिव, गंगा आदि पर छंद लिखे। यदि उन्होंने राम के संबंध में काव्य रचना नहीं की तो उनके संबंध में यह धारणा बना लेना तर्क संगत नहीं है कि वे राम काव्य को सुनना भी पंसद नहीं करेंगे अर्थात उन्होंने रामचरितमानस की कथा चाव से सुनी होगी। मूलगोसाईं चरित के अनुसार रसखान तीन वर्ष तक यमुना तट पर रामचरितमानस की कथा सुनते रहे।

शिवसिंह सरोज के अनुसार

शिवसिंह सरोज ने अपने इतिहास-ग्रंथ में लिखा है कि श्रसखान कवि सैयद इब्राहीम पिहानी वाले संवत 1630 में हुए। ये मुसलमान कवि थे। श्री वृन्दावन में जाकर कृष्णचंद्र की भक्ति में ऐसे डूबे कि फिर मुसलमानी धर्म त्याग कर माला कंठी धारण किए हुए वृन्दावन की रज में मिल गए। उनकी कविता निपट ललित माधुरी से भरी हुई है। इनकी कथा श्भक्तमाल में पढ़ने योग्य है।

मिश्रबंधु विनोद के अनुसार

इनको बहुत लोग सैयद इब्राहीम पिहानी वाले समझते हैं। परंतु वह महाशय वास्तव में दिल्ली के पठान थे। जैसा कि श्दो सौ बावन वैष्णवन की वार्ता में लिखा है। रसखान ने अपना समय अनुचित व्यवहारों में भी व्यतीत किया था, अतः उनकी

कविता का आदिकाल भी 25 वर्ष की अवस्था से प्रारंभ होना अनुमान-सिद्ध नहीं है। विठलेश जी का मरण काल संवत 1643 है, सो संवत 1640 के लगभग उनका शिष्य होना जान पड़ता है। अतः जन्मकाल हम 1615 के लगभग समझते हैं। उनकी अवस्था 70 वर्ष की मानने से उनका मरण काल संवत 1685 मानना पड़ेगा।

हिन्दी-साहित्य का प्रथम इतिहास

अब्राहम जार्ज ग्रियर्सन ने लिखा है सैयद इब्राहीम उपनाम रसखान कवि, हरदोई जिले के अंतर्गत पिहानी के रहने वाले, जन्म काल 1573 ई.। यह पहले मुसलमान थे। बाद में वैष्णव होकर ब्रज में रहने लगे थे। इनका वर्णन श्भक्तमाल में है। इनके एक शिष्य कादिर बख्श हुए।

हिन्दी-साहिय का इतिहास

आचार्य रामचंद्र शुक्ल ने हिन्दी-साहित्य के इतिहास में रसखान के संबंध में लिखा है- दिल्ली के एक पठान सरदार थे। इन्होंने श्प्रेमवाटिका में अपने को शाही वंश का कहा है। संभव है पठान बादशाहों की कुल परंपरा से इनका संबंध रहा हो। ये बड़े भारी कृष्ण भक्त और गोस्वामी विट्ठलनाथ जी के बड़े कृपापात्र शिष्य थे। इनका रचना काल संवत 1640 के उपरांत ही माना जा सकता है क्योंकि गोसाईं विट्ठलनाथ जी का गोलोकवास संवत 1643 में हुआ था। श्प्रेमवाटिका का रचनाकाल संवत 1671 है।

हिन्दी-साहित्य

आचार्य हजारीप्रसाद द्विवेदी ने अपने इतिहास में दो रसखान बताये हैं। सबमें प्रमुख है बादशाह वंश की ठसक छोड़ने वाले सुजान रसखानि। इस नाम के दो मुसलमान भक्त कवि बताए जाते हैं।

एक तो सैयद इब्राहीम पिहानी वाले

दूसरे गोसाई विट्ठलनाथ जी के कृपापात्र शिष्य सुजान रसखान। दूसरे अधिक प्रसिद्ध हैं। संभवतः यह पठान थे इसीलिए अपने को बादशाह वंश का लिखा है।

हिन्दी के मुसलमान कवियों का प्रेम-काव्य

गुरुदेव प्रसाद वर्मा ने हिन्दी के मुसलमान कवियों का प्रेम काव्य नामक पुस्तक में लिखा है कि आपके जन्म संवत के बारे में मतभेद है। यह प्रसिद्ध है कि

रसखान ने श्री वल्लभाचार्य के पुत्र श्री विट्ठलनाथ जी से दीक्षा ली। विट्ठलनाथ की मृत्यु संवत 1642 विक्रमी में हुई, अतः दीक्षा इसके पूर्व ही ली होगी। यदि दीक्षा ग्रहण का समय संवत 1640 माना जाय और उस समय उनकी अवस्था 25 वर्ष मानी जाय तो अनुचित न होगा। इस प्रकार जन्म संवत 1615 विक्रमी के आस-पास माना जा सकता है। जनश्रुति है कि रसखान के हृदय में भगवद्-विषयक रति का आविर्भाव श्भागवत के फारसी कर उन्हें ध्यान हुआ कि उसी से क्यों न मन लगाया जाय, जिस पर इतनी गोपियां अपने प्राण अर्पण करती हैं। यह विचार कर ये वृन्दावन चले गये। इस पुस्तक में भी अन्य पुस्तकों से मिलते-जुलते तथ्यों का निरूपण किया गया है।

एफ. ई. के. ने अपनी इस पुस्तक में रसखान के विषय में कहा है कि यह पहले मुसलमान थे और इनका नाम सैयद इब्राहीम था। ये कृष्ण के भक्त हुए हैं। इन्होंने कृष्ण की प्रशंसा में काव्य-रचना की जो अति सुन्दर एवं मधुर है। उनके एक शिष्य कादिर बखश्श थे। उन्होंने भी हिन्दी में काव्य-रचना की।

काव्य साधना

रसखान की भाषा पर्याप्त्त परिमार्जित और सरस तथा काव्योचित थी। ब्रजभाषा में जितनी उत्तमता से अपने हृदय के भाव वे व्यक्त कर सके, उतना और कवियों के लिये कष्ट साध्य था। उनकी परमोत्कृष्ट विशेषता यह थी कि उन्होंने अपने लौकिक प्रेम को भगवद् प्रेम में रूपान्तरित कर दिया। असार संसार का परित्याग करके सर्वथा नन्दकुमार के दरबार के सदस्य हो गये।

एक समय कहीं भागवत कथा में उपस्थित थे। व्यासगद्दी के पास श्यामसुन्दर का चित्र रखा हुआ था। उनके नयनों में भगवान का रूपमाधुर्य समा गया। उन्होंने प्रेममयी मीठी भाषा में व्यास से भगवान श्रीकृष्ण का पता पूछा और ब्रज के लिये चल पड़े। रासरसिक नन्दनन्दन से मिलने के लिये विरही कवि का हृदय-बीन बज उठा। वे अपनी प्रेमिका की बात सोचते जाते थे। अभी थोड़े ही समय पहले उसने कहा था कि- जिस तरह मुझे चाहते हो, उसी तरह यदि श्रीकृष्ष्ण को चाहते तो भवसागर से पार उतर जाते़। पैर और वेग से आगे बढ़ने लगे, उसी तरह नहीं। उससे भी अधिक चाहने के लिये वे श्रीकृष्ष्ण की लीला भूमि में जा रहे थे। अभी उन्होंने कल ही भागवत के फारसी अनुवाद में गोपी प्रेम के सम्बन्ध में विशेष रूप से प्रेममयी स्फूर्ति पायी थी। उन्होंने अपने मन को बार-बार धिक्कारा। मूर्ख ने लोक-बन्धन में मुक्ति-सुख मान लिया था। उनके कण्ठ में भक्ति की मधुर रागिनी ने अमृत घोल दिया। ब्रजरज का मस्तक से स्पर्श होते ही, भगवती कालिन्दी के जल की शीतलता

के स्पर्श-सुख से उन्मत्त समीर के मदिर कम्पन की अनुभूति होते ही, श्यामतमाल से अरुझी लताओं की हरियाली का नयनों में आलोडन होते ही वे अपनी सुधि-बुधि खो बैठे। संसार छूट गया, भगवान में मन रम गया। उन्होंने वृन्दावन के ऐश्वर्य की स्तुति की, भक्ति का भाष्य किया। उन्होंने वृन्दावन के जड़, जीव, चेतन और जंगम में आत्मानुभूति की आत्मीयता देखी। पहाड़, नदी और विहंगों से अपने जन्म-जन्मान्तर का सम्बन्ध जोड़ा। वे कह उठे–

या लकुटी अरु कामरिया पर राज तिहू पुर कौ तजि डारौं।
आठहु सिद्धि नवौं निधि कौ सुख नंद की गाय चराय बिसारौं।।
श्रसखान सदा इन नयनन्हिं सौं ब्रज के बन बाग तड़ाग निहारौं।
कोटिन हू कलधौत के धाम करील की कुंजन ऊपर वारौं।।

कितना अद्भुत आत्मसमर्पण था, भावमाधुर्य था। प्रेमसुधा का निरन्तर पान करते वे ब्रज की शोभा देख रहे थे। उनके पैरों में विरक्ति की बेड़ी थी, हाथों में अनुरक्ति की हथकड़ी थी, हृदय में भक्ति की बन्धन-मुक्ति थी। रसखान के दर्शन से ब्रज धन्य हो उठा। ब्रज के दर्शन से रसखान का जीवन सफल हो गया। वे गोवर्धन पर श्रीनाथ जी के दर्शन के लिये मन्दिर में जाने लगे, द्वारपाल ने धक्का देकर निकाल दिया। श्रीनाथ जी के नयन रक्त हो उठे। इधर रसखान की स्थिति विचित्र थी। उन्हें अपने प्राणेश्वर श्यामसुन्दर का भरोसा था। अन्न-जल छोड़ दिया, न जाने किन पापों के फलस्वरूप पौरिया ने मन्दिर से निकाल दिया था। तीन दिन बीत गये, भक्त के प्राण कलप हो रहे थे। उधर भगवान भी भक्त की भावना के अनुसार विकल थे। रसखान पड़े-पड़े सोच रहे थे–

देस बिदेस के देखे नरेसन, रीझि की कोउ न बूझ करैगौ।
तातें तिन्हें तजि जान गिरयौ गुन सौं गुन औगुन गांठि परैगौ।।
बांसुरीवारौ बड़ौ रिझवार है स्याम जो नैकु सुढार ढरैगौ।
लाड़िलौ छैल वही तो अहीर कौ हमारे हिये की हरैगौ।।

अहीर के छैल ने उनके हृदय की वेदना हर ही तो ली। भगवान ने साक्षात दर्शन दिये, उसके बाद गोसाईं श्रीविट्ठलनाथ जी ने उनको गोविन्दकुण्ड्ड पर स्नान कराकर दीक्षित किया। रसखान पूरे श्रसखानि हो गये। भगवान के प्रति पूर्णरूप से समर्पण का भाव उदय हुआ।। रसखान की काव्य-साधना पूरी हो गयी। उनके नयनों ने गवाही दी–

ब्रह्म मैं ढूंढ्यों पुराननि गाननि, वेद रिचा सुनि चौगुने चायन।
देख्यों सुन्यों कबहुं न कितूं वह कैसे सरूप ओ कैसे सुभायन।।

टेरत टेरत हारि पर्यौं श्रसखान बतायौ न लोग लुगायन।
देख्यों, दुरयौ वह कुंज कुटीर में बैठ्यौ पलोटतु राधिका पायन।।

शेष, गणेश, महेश, दिनेश और सुरेश जिनका पार नहीं पा सके, वेद अनादि, अनन्त, अखण्ड्ड, अभेद कहकर नेति-नेति के भ्रमसागर में डूब गये, उनके स्वरूप का इतना भव्य रसमय दर्शन जिस सुन्दर रीति से रसखान ने किया, वह इतिहास की एक अद्भुत घटना है। भक्ति-साहित्य का रहस्यमय वैचित्र्य है। वे आजीवन ब्रज में ही भगवान की लीला को काव्यरूप देते हुए विचरण करते रहे। भगवान ही उनके एकमात्र स्नेही, सखा और सम्बन्धी थे।

रसखान की साहित्यिक विशेषताएँ

सैय्यद इब्राहिम रसखान के काव्य के आधार भगवान श्रीकृष्ण हैं। रसखान ने उनकी ही लीलाओं का गान किया है। उनके पूरे काव्य- रचना में भगवान श्रीकृष्ण की भक्ति की गई है। इससे भी आगे बढ़ते हुए रसखान ने सुफिज्म (तसव्वुफ) को भी भगवान श्रीकृष्ण के माध्यम से ही प्रकट किया है। इससे यह कहा जा सकता है कि वे सामाजिक एवं आपसी सौहार्द के कितने हिमायती थे।

होली वर्णन

कृष्ण भक्त कवियों की तरह रसखान ने भी कृष्ण जी की उल्लासमयी लीलाओं का विस्तारपूर्वक वर्णन किया है। उन्होंने अपने पदों में कृष्ण को गोपियों के साथ होली खेलते हुए दिखाया गया है, जिनमें कृष्ण गोपियों को किंभगो देते हैं। गोपियाँ फाल्गुन के साथ कृष्ण के अवगुणों की चर्चा करते हुए कहती हैं कि कृष्ण ने होली खेल कर हम में काम- वासना जागृत कर दी हैं। पिचकारी तथा घमार से हमें किंभगो दिया है। इस तरह हमारा हार भी टूट गया है। रसखान अपने पद में कृष्ण को मर्यादा हीन चित्रित किया है–

आवत लाल गुलाल लिए मग सुने मिली इक नार नवीनी।
त्यों रसखानि जगाइ हिये यटू मोज कियो मन माहि अधीनी।
सारी फटी सुकुमारी हटी, अंगिया दरकी सरकी रंग भीनी।
लाल गुलाल लगाइ के अंक रिझाइ बिदा करि दीनी।

हरि शंकरी

रसखान हरि और शंकर को अभिन्न मानते थे–

इक और किरीट बसे दुसरी दिसि लागन के गन गाजत री।
मुरली मधुरी धुनि अधिक ओठ पे अधिक नाद से बाजत री।
रसखानि पितंबर एक कंधा पर वघंबर राजत री।
कोड देखड संगम ले बुड़की निकस याह भेख सों छाजत री।

शिव स्तुति

रसखान के पदों में कृष्ण के अलावा कई और देवताओं का जिक्र मिलता है। शिव की सहज कृपालुता की ओर संकेत करते हुए कहते हैं कि उनकी कृपा दृष्टि संपूर्ण दुखों का नाश करने वाली है–

यह देखि धतूरे के पात चबात औ गात सों धूलि लगावत है। चहुँ ओर जटा अंटकै लटके फनि सों कफनी पहरावत हैं। रसखानि गेई चितवैं चित दे तिनके दुखदुंद भाजावत हैं। गजखाल कपाल की माल विसाल सोगाल बजावत आवत है।

गंगा गरिमा

गंगा की महिमा के वर्णन की परिपाटी का अनुसरण करते हुए रसखान ने भी गंगा की स्तूति में एक पद ही सही, मगर लिखा है --

बेद की औषद खाइ कछु न करै बहु संजम री सुनि मोसें।
तो जलापान कियौ रसखानि सजीवन जानि लियो रस तेर्तृ।
एरी सुघामई भागीरथी नित पथ्य अपथ्य बने तोहिं पोसे।
आक धतूरो चाबत फिरे विष खात फिरै सिव तेऐ भरोसें।

प्रेम तथा भक्ति

प्रेम तथा भक्ति के क्षेत्र में भी रसखान ने प्रेम का विषद् और व्यापक चित्रण किया है। श्राधा और कृष्ण प्रेम वाटिका के मासी मासिन हैं। प्रेम का मार्ग कमल तंतू के समान नागुक और अतिधार के समान कठिन है। अत्यंत सीधा भी है और टेढ़ा भी है। बिना प्रेमानुभूति के आनंद का अनुभव नहीं होता। बिना प्रेम का बीज हृदय में नहीं उपजता है। ज्ञान, कर्म, उपासना सब अहंकार के मूल हैं। बिना प्रेम के दृढ़ निश्चय नहीं होता। रसखान द्वारा प्रतिपादित प्रेम आदर्शों से अनुप्रेरित है। रसखान ने प्रेम का स्पष्ट रुप में चित्रण किया है। प्रेम की परिभाषा, पहचान, प्रेम का प्रभाव, प्रेम प्रति के साधन एवं प्रेम की पराकाष्ठा प्रेम वाटिका में दिखाई पड़ती है। रसखान द्वारा प्रतिपादित प्रेम लौकिक प्रेम से बहुत ऊँचा है। रसखान ने 52 दोहों में प्रेम का जो स्वरुप प्रस्तुत किया है, वह पूर्णतया मौलिक हैं।

वा लकुटी अरु कामरिया पर राज तिहूँपुर को तजि डारौ।
आठहु सिद्धि नवाँ निधि को सुख नंद की गाइ चराई बिसरौ।
ए रसखानि गवै इन नैनन ते ब्ज के बन- बाग निहारै।
कोटिका यह कलघोत के धाम करील की कुंजन उपावारौ।

बाल्य वर्णन

धूरि भरे अति शोभित श्याम जू, तैसी बनी सिर सुन्दर चोटी।
खेलत खात फिरैं अँगना, पग पैंजनिया कटि पीरी कछौटी।।
वा छवि को रसखान विलोकत, वारत काम कलानिधि कोटी।
काग के भाग कहा कहिए हरि हाथ सों ले गयो माखन रोटी।।

रसखान का कला-पक्ष

हिन्दी साहित्य में कृष्ण भक्त तथा रीतिकालीन कवियों में रसखान का महत्त्वपूर्ण स्थान है। श्रसखान को रस की खघन कहा जाता है। इनके काव्य में भक्ति, श्रृगांर रस दोनों प्रधानता से मिलते हैं। रसखान कृष्ण भक्त हैं और प्रभु के सगुण और निर्गुण निराकार रूप के प्रति श्रद्धालु हैं।

रसखान का काव्य-रूप

काव्य के भेद के संबंध में विद्वानों के अपने-अपने दृष्टिकोण हैं।

आचार्य विश्वनाथ ने श्रव्य काव्य के पद्यमय स्वरूप को लिया है। उनके अनुसार पद्यात्मक काव्य वह है जिसके पद छंदोबद्ध हुआ करते हैं। यह पद्यात्मक काव्य भी कई प्रकार का हुआ करता है, जैसे–

मुक्तक–जिसके पद्य (अपने अर्थ में) अन्य किसी पद्य की आकांक्षा से मुक्त अथवा स्वतंत्र हुआ करते हैं,

युग्मक–जिसमें दो पद्यों की रचना पर्याप्त मानी जाया करती है तथा जिसकी रूपरेखा पद्य-चटुष्क में पूर्ण हो जाती है,

कुलक–जिसमें पांच पद्यों का एक कुल दिखाई दिया करता है।

संक्षेप में काव्य के दो भेद हैं–प्रबंध और मुक्तक, मुक्तक भी दो प्रकार के हैं- गीत और अगीत।

प्रबंध काव्य

जिस रचना में कोई कथा क्रमबद्ध रूप से कही जाती है वह श्प्रबंध काव्य कहलाता है। प्रबंध काव्य तीन प्रकार का होता है—

एक तो ऐसी रचना जिसमें पूर्ण जीवन वृत्त विस्तार के साथ वर्णित होता है। ऐसी रचना को महाकाव्य कहते हैं।

जिस रचना में खंड जीवन महाकाव्य की ही शैली में वर्णित होता है, ऐसी रचना को श्खंड काव्य कहते हैं।

हिन्दी में कुछ ऐसी रचनाएं भी देखी जाती हैं, जिनमें जीवन वृत्त तो पूर्ण लिया जाता है, किंतु महाकाव्य की भांति कथा विस्तार नहीं दिखाई देता। ऐसी रचनाओं में जीवन का कोई एक पक्ष विस्तार के साथ प्रदर्शित करने का प्रयत्न किया जाता है। एकार्थ की ही अभिव्यक्ति के कारण ऐसी रचनाएं महाकाव्य और खंडकाव्य के बीच की रचनाएं होती हैं। इन्हें श्एकार्थ या केवल श्काव्य कहना चाहिए। रसखान ने इस प्रकार की कोई रचना नहीं की।

मुक्तक

मुक्तक काव्य तारतम्य के बंधन से मुक्त होने के कारण (मुक्तेन मुक्तकम् मुक्तक कहलाता है और उसका प्रत्येक पद स्वतः पूर्ण होता है। श्मुक्तक वह स्वच्छंद रचना है जिसके रस का उद्रेक करने के लिए अनुबंध की आवश्यकता नहीं। वास्तव में मुक्तक काव्य का महत्त्वपूर्ण रूप है, जिसमें काव्यकार प्रत्येक छंद में ऐसे स्वतंत्र भावों की सृष्टि करता है, जो अपने आप में पूर्ण होते हैं। मुक्तक काव्य के प्रणेता को अपने भावों को व्यक्त करने के लिए अन्य सहायक छंदों की आवश्यकता अधिक नहीं होती। प्रबंध काव्य की अपेक्षा मुक्तक रचना के लिए कथा की आवश्यकता अधिक होती है, क्योंकि काव्य रूप की दृष्टि से मुक्तक में न तो किसी वस्तु का वर्णन ही होता है और न वह गेय है। यह जीवन के किसी एक पक्ष का अथवा किसी एक दृश्य का या प्रकृति के किसी पक्ष विशेष का चित्र मात्र होता है।

मुक्तक के प्रकार—विषय के आधार पर मुक्तक को तीन वर्गों में बांटा गया है—शृंगार परक, वीर रसात्मक तथा नीति परक। स्वरूप के आधार पर मुक्तक के गीत, प्रबंध मुक्तक, विषयप्रधान, संघात मुक्तक, एकार्थ प्रबंध तथा मुक्तक प्रबंध आदि भेद किये जा सकते हैं।

शृंगार मुक्तक—शृंगार परकमुक्तकों के अंतर्गत ऐहिकतापरक रचनाएं आती हैं जिनमें अधिकतर नायक-नायिका की शृंगारी चेष्टाएं, भाव भंगिमा तथा संकेत

स्थलों का सरल वर्णन होता है। मिलन काल की मधुर क्रीड़ा तथा वियोग के क्षणों में बैठे आंसू गिराना अथवा विरह की उष्णता से धरती और आसमान को जलाना आदि अत्युक्तिपूर्ण रचनाएं शृंगार मुक्तक के अंतर्गत ही होती है। नायक-नायिकाओं की संयोग-वियोग अवस्थाओं तथा विभिन्न ऋतुओं का वर्णन शृंगारी मुक्तककारों ने किया है। रसखान के काव्य में शृंगार के दर्शन होते हैं। उन्होंने शृंगार-मुक्तक में सुन्दर पद्यों की रचना की है। मोहन के मन भाइ गयौ इक भाइ सौ ग्वालिन गोधन गायौ।

ताकों लग्यौ चट, चौहट सो दुरि औचक गात सौं गात छुवायौ।
रसखानि लही इनि चातुरता रही जब लौं घर आयौ।
नैन नचाइ चितै मुसकाइ सु ओट ह्वै जाइ अँगूठा दिखायौ।

स्वतन्त्र मुक्तक–कोष मुक्तक की भांति ही स्वतंत्र मुक्तक विशुद्ध मुक्तक काव्य का एक अंग अथवा भेद है। जिसके लिए न तो संख्या का बंधन है और न एक प्रकार के छंदों का ही। बल्कि कवि की लेखनी से तत्काल निकले प्रत्येक फुटकर छंद को स्वतंत्र मुक्तक की संज्ञा दी जा सकती है। स्वतंत्र मुक्तक काव्य के लिए प्रेम शृंगार, नीति तथा वीर रस आदि कोई भी विषय चुना जा सकता है। रसखान ने अधिकांश रचना स्वतंत्र मुक्तक के रूप में की। उन्होंने भक्ति एवं शृंगार संबंधी मुक्तक लिखे।

मोर-पखा सिर ऊपर राखिहौ गुंज की माल गरे पहिरौंगी।
ओढ़ि पितंबर लै लकुटी बन गोधन ग्वारनि संग फिरौंगी।
भाव तो वोहि मेरो रसखानि सो तेरे कहे सब स्वांग करौंगी।
या मुरली मुरलीधर की अधरान धरी अधरान धरौंगीघ

छंदोयोजना

छंद वह बेखरी (मानवोच्चरित ध्वनि) है, जो प्रत्यक्षीकृत निरंतर तरंग भंगिमा से आह्लाद के साथ भाव और अर्थ को अभिव्यंजना कर सके। भाषा के जन्म के साथ-साथ ही कविता और छंदो का संबंध माना गया है। छंदों द्वारा अनियंत्रित वाणी नियंत्रित तथा ताल युक्त हो जाती है। गद्य की अपेक्षा छंद अधिक काल तक सजाज में प्रचलित रहता है। जो भाव छंदोबद्ध होता है उसे अपेक्षाकृत अधिक अमरत्व मिलता है। भाव को प्रेषित करने के साथ-साथ छंद में मुग्ध करने की शक्ति होती है। छंद के द्वारा कल्पना का रूप सजग होकर मन के सामने प्रत्यक्ष हो जाता है।

सवैया छंद

इस छंद की उत्पत्ति के विषय में विद्वानों में मतभेद है। डा. नगेन्द्र का विचार है कि सवैया शब्द सपाद का अपभ्रंश रूप है। इसमें छंद के अंतिम चरण को सबसे पूर्व तथा अंत में पढ़ा जाता था अर्थात एक पंक्ति दो बार और तीन पंक्तियां एक बार पढ़ी जाती थीं। इस प्रकार वस्तुतः चार पंक्तियों का पाठ पांच पंक्तियों का-सा हो जाता था। पाठ में श्सवाया होने से यह छंद सवैया कहलाया। संस्कृत के किसी छंद से भी इसका मेल नहीं हे। अतः यह जनपद-साहित्य का ही छंद बाद के कवियों ने अपनाया होगा, ऐसा अनुमान किया जाता है। यदि यह अनुमान सत्य हो तो प्राकृत, अपभ्रंश आदि में यह छंद अवश्य मिलना चाहिए जो हिन्दी में रूपांतरित हो गया है। किन्तु ऐसे किसी छंद के दर्शन नहीं होते। यह संभव है कि तेईस वर्णों वाले संस्कृत के उपजाति छंद के 14 भेदों में से किसी एक का परिवर्तित रूप सवैया बन गया हो। सवैया 22 अक्षरों से लेकर 28 अक्षरों तक का होता है। उपजाति भी 22 अक्षरों का छंद है। अक्षरों का लघु-गुरु भाव-सवैया में भी परिवर्तन ग्रहण करता है। वैदिक छंदों का भी लौकिक संस्कृत छंदों तक आते बड़ा रूप परिवर्तन हुआ। हो सकता है कि उपजाति का परिवर्तित रूप सवैया हो जो सवाया बोलने से सवैया कहलाया। श्प्राकृतपेंगलम् में भी सवैयों का रूप मिलता है किन्तु वहां उसे सवैया संज्ञा नहीं दी गई। श्प्राकृतपेंगलम् का रचनाकाल संवत 1300 के आस-पास माना जाता है।

घनाक्षरी

घनाक्षरी या कवित्त के प्रथम दर्शन भक्तिकाल में होते हैं। हिन्दी में घनाक्षरी वृत्तों का प्रचलन कब से हुआ, इस विषय में निश्चित रूप से कहना कठिन है।

चंदबरदाई के पृथ्वीराज रासों में दोहा तथा छप्पय छंदों की प्रचुरता है। सवैया और घनाक्षरी का वहां भी प्रयोग नहीं मिलता। प्रामाणिक रूप से घनाक्षरी का प्रयोग अकबर के काल में मिलता है।

सोरठा

यह अर्द्ध सम मात्रिक छंद है। दोहा छंद का उलटा होता है। इसमें 25-23 मात्राएं होती हैं। रसखान के काव्य में चार सोरठे मिलते हैं। प्रीतम नंदकिशोर, जा दिन ते नैननि लग्यौ।

मनभावन चित चोर, पलक औट नहि सहि सकौं।

छंद और शब्द स्वरूप विपर्यय

काव्य में सुन्दर अभिव्यक्ति के लिए तथा छंदानुरोध पर प्रायः कवि शब्दों को तोड़ा-मरोड़ा करते हैं रसखान ने भी काव्य चमत्कार एवं छंद की मात्राओं के अनुरोध पर शब्दों के स्वरूप को बदला है–

झलकैयत, तुलैयत, ललचौयत, लैयत- छंदाग्रह से झलकाना, तुलाना, ललचाना, लाना शब्दों से।

पग पैजनी बाजत पीरी कछौटी-कृष्ण की वय की लघुता के आग्रह, स्वाभाविकता एवं सौंदर्य लाने के लिए कछौटा से कछौटी।

टूटे छरा बछरादिक गौधन- छंदानुरोध पर तथा बछरा से शब्द साम्य के लिए छल्ला से छरा।

मोल छला के लला ने बिकेहौं- लला के आग्रह से छला।

मीन सी आंखि मेरी अंसुवानी रहैं- आंसुओं से भरी रहने के अर्थ में माधुर्य लाने के लिए आंसू से अंसुवानी।

अलंकार-योजना

आचार्य दण्डी ने कहा है कि काव्य के सभी शोभाकारक धर्म अलंकार हैं। उनकी इस परिभाषा में चमत्कार उत्पन्न करने वाले सभी काव्य तत्त्वों की विशेषताओं को अलंकार मान लिया गया है।

अलंकार से भामह का अभिप्राय ऐसी शब्द उक्ति से है जो वक्र अर्थात विचित्र अर्थ का विधान करने वाली हो। अलंकार शब्द और अर्थ में विद्यमान कवि प्रतिभोत्थित ऐसे वैचित्र्य को अलंकार कह सकते हैं, जो वाक्य-सौंदर्य को अतिशयता प्रदान करता है। इसी से सभी भारतीय काव्यशास्त्रियों ने काव्य में अलंकार के महत्त्व को निर्विवाद रूप से स्वीकार किया है।

अनुप्रास–केवल भारतीय कवियों ने ही नहीं बल्कि पाश्चात्य कवियों ने भी अनुप्रास अलंकार का बहुत अधिक रुचि के साथ प्रयोग किया है।

अनुप्रास की परिभाषा एवं स्वरूप के विषय में भी आचार्य मूलतः एकमत हैं। स्थूल रूप से, वर्णसाम्य को श्अनुप्रास कहा गया है।

यमक–जहां भिन्नार्थक वर्णों (निरर्थक या सार्थक) की क्रमशरू पुनरावृत्ति हो, वहां श्यमक अलंकार होता है।

श्यमक का शाब्दिक अर्थ है जोड़ा।

इस अलंकार का नाम श्यमक इसलिए रखा गया है क्योंकि इसमें एक जैसे दो शब्द प्रयुक्त होते हैं।

श्लेष–जहां श्लिष्ट पदों द्वारा अनेक अर्थों का कथन किया जाय वहां श्लेष अलंकार होता है।

श्लेष प्रायः अन्य अलंकारों का सहयोगी होकर ही काव्य में योजित होता है।

भावुक कवियों के काव्य में इस अलंकार का प्रयोग बहुत सीमित रूप में हुआ है।

वक्रोक्ति–किसी एक अभिप्राय वाले कहे हुए वाक्य का, किसी अन्य द्वारा श्लेष अथवा काकु से, अन्य अर्थ लिए जाने को श्वक्रोक्ति अलंकार कहते हैं। वक्रोक्ति अलंकार दो प्रकार का होता है–श्लेष वक्रोक्ति और काकु बक्रोक्ति। श्लेष वक्रोक्ति में किसी शब्द के अनेक अर्थ होने के कारण वक्ता के अभिप्रेत अर्थ से अन्य अर्थ ग्रहण किया जाता है और काकु वक्रोक्ति में कंठ ध्वनि अर्थात् बोलने वाले के लहजे में भेद होने के कारण दूसरा अर्थ कल्पित किया जाता है। वक्रोक्ति अलंकार का नियोजन एक कष्टसाध्य कर्म है, जिसके लिए प्रयास करना अनिवार्य है।

रूपक

उपमेय पर उपमान के निषेध-रहित अभेद आरोप को रूपक कहते हैं। श्आरोप का अर्थ है- रूप देना अर्थात् दूसरे के रूप में रंग देना। यह श्आरोप कल्पित होता है। रूपक में उपमेय को उपमान समझ लिया जाता है। उपमा में उपमेय और उपमान में सादृश्य होते हुए भी भिन्नता होती है जबकि रूपक में दोनों एक से जान पड़ते हैं।

उत्प्रेक्षा

जहां प्रस्तुत में अप्रस्तुत की संभावना की जाय, वहां उत्प्रेक्षा अलंकार होता है। श्उत्प्रेक्षा (उत्प्रईक्षा) का शाब्दिक अर्थ है, ऊंचा देखना अर्थात् उड़ान लेना। उपमेय और उपमान को परस्पर भिन्न जानते हुए भी इस अलंकार में कल्पना की ऊंची उड़ान के सहारे उपमेय को उपमान समझने का प्रयत्न किया जाता है। श्संभावना का तात्पर्य श्एक कोटि का प्रबल ज्ञान है। इसमें ज्ञान पूरा निश्चायात्मक नहीं होता, बल्कि थोड़ा कम होता है। उत्प्रेक्षा रसखान के सबसे प्रिय अलंकारों में से एक है। इसके अनेक प्रयोग उनके काव्य की श्रीवृद्धि करते हैं। इसका कारण यह हे कि उत्प्रेक्षा का प्रयोग करते हुए कवि-कल्पना को उड़ान भरने की अधिक गुंजाइश रहती है।

अपह्नुति

जहां प्रकृत का निषेध कर अप्रकृत का स्थापन किया जाय वहां श्अपह्नुति अलंकार होता है। अपह्नुति केवल सादृश्य-सम्बन्ध में ही होती है। श्अपह्नुति का शाब्दिक अर्थ है- छिपाना या निषेध करना। इसमें किसी सत्य बात को छिपाकर या निषेध करके उसके स्थान पर कोई झूठी बात स्थापित की जाती है। अपह्नुति की योजना में प्रायः कृत्रिमता आने की आशंका रहती हैं रसखान के काव्य में यह अलंकार बहुत ही विरल रूप में आया है।

अतिशयोक्ति

जहां उपमान द्वारा उपमेय का निगरण, असम्बन्ध में मैं सम्बन्ध की कल्पना, उपमेय का अन्यत्व अथवा कारण और कार्य का पौवपिर्य- विपर्यय वर्णित हो, वहां श्अतिशयोक्ति अलंकार होता है। अतिशयोक्ति का अर्थ है अतिकान्त अथवा उल्लंघन अर्थात किसी वस्तु के विषय में लोकसीमा से बढ़ा-चढ़ाकर कथन करना। काव्य में अतिशयोक्ति के आधार पर ही कवि कल्पना की मधुर उड़ानें भरते हैं। सामान्य जीवन के व्यवहार में भी अतिशयोक्ति का प्रयोग बहुलता से किया जाता है। अतः उसे मानव की स्वभाव-जन्य विशेषता कहा जा सकता है।

अतिशयोक्ति कवियों की परंपरा से प्राप्त अलंकार है। रसखान ने भी काव्य परंपरागत रूप में ही उसको ग्रहण किया है, जिससे उसमें नवीनता और कथन में सुंदर चमत्कार आ गया है। उनकी अतिशयोक्ति-योजना केवल वैचित्र्य-प्रदर्शन बनकर ही नहीं रह गई है, बल्कि अभिप्रेत वर्ण्य विषय में उत्कर्ष लाने को पूर्णतः समर्थ है।

व्यतिरेक

जहां उपमान की अपेक्षा अधिक गुण होने के कारण उपमेय का उत्कर्ष हो वहां श्व्यतिरेक अलंकार होता है। व्यतिरेक का शाब्दिक अर्थ है आधिक्य। व्यतिरेक में कारण का होना अनिवार्य है। रसखान के काव्य में व्यतिरेक की योजना कहीं कहीं ही हुई है। किन्तु जो है, वह आकर्षक है। नायिका अपनी सखी से कह रही है कि ऐसी कोई स्त्री नहीं है जो कृष्ण के सुन्दर रूप को देखकर अपने को संभाल सके। हे सखी, मैंने श्ब्रजचन्द्र के सलौने रूप को देखते ही लोकलाज को श्तज दिया है क्योंकि–

खंजन मील सरोजनि की छबि गंजन नैन लला दिन होनो।
भौंह कमान सो जोहन को सर बेधन प्राननि नंद को छोनो।

पर्याय

जहां एक वस्तु की अनेक वस्तुओं में अथवा अनेक वस्तुओं की एक वस्तु में क्रम से (काल-भेद से) स्थिति का वर्णन हो वहां पर्याय अलंकार होता है।

विरोधमूलक अलंकार, विरोधाभास

वस्तुतः विरोध न होने पर जहां विरोध का आभास हो वहां श्विरोधाभास अलंकार होता है। विरोध के कारण सामान्य उक्ति में भी अनोखा चमत्कार आ जाता है। इस अलंकार में विरोध केवल आभासित होता है। लेकिन विचार करने पर उसका परिहार हो जाता है। ऐसी उक्तियों के कारण काव्य-सौन्दर्य में उत्कर्ष आता है। रसखान के काव्य में विरोधाभास अलंकार की योजना नाममात्र को हुई है। इसका कारण यह है कि वे भक्त थे, काव्य उनकी तीव्र भावाभिव्यक्ति का साधन था। वह बात को बेलाग कहते थे- बहुत अधिक घुमा फिरा कर नहीं। वचन-विदग्धता के प्रदर्शन की चेष्टा उन्होंने कहीं नहीं की है।

विसंगति

जहां आपाततः विरोध दृष्टिगत होते हुए, कार्य और कारण का वैयाधिकरण्य वर्णित हो, वहां असंगति अलंकार होता है। इसमें दो वस्तुओं का वर्णन होता है- जिनमें कारण कार्यसम्बन्ध होता है।

एकावली

जहां शृंखलारूप में वर्णित पदार्थों में विशेष्य विशेषण भाव सम्बन्ध हो वहां एकावली अलंकार होता है। इस अलंकार की योजना कवि लोग केवल चमत्कार उत्पन्न करने के लिए करते हैं। इसमें कल्पना की उड़ान का विनोदात्मक रूप होता है।

अन्य संसर्ग मूलक अलंकार, उदाहरण

सामान्य रूप से ही हुई बात को स्पष्ट करने के लिए जहां उसी सामान्य में एक अंश को उदाहरण के रूप में रखा जाता है, वहां उदाहरण अलंकार होता है। उदाहरण अलंकार की योजना रसखान ने अल्प मात्रा में की है। उनके उदाहरण सामान्य जीवन से ग्रहण किए गए हैं और सुन्दर बन पड़े हैं श्उदाहरण के कुछ उदाहरण निम्नांकित हैं रसखानि गुबिंदहि यौं भजियै जिमि नागरि को चित गागरि मैं।

अन्य अलंकार, अनुमान

साधन के द्वारा साध्य के चमत्कारपूर्ण ज्ञान के वर्णन को अनुमान अलंकार कहते हैं। अनुमान अलंकार में हेतु के द्वारा साध्य का अनुमान कराया जाता है और यह ज्ञान कवि के द्वारा कल्पित चमत्कार से पूर्ण होता है। रसखान के काव्य में इस अलंकार का प्रयोग बहुत कम हुआ है।

लोकोक्ति

जहां वर्णित प्रसंग में लोक-प्रसिद्ध प्रवाद (कहावत लोकोक्ति मुहावरे आदि) का कथन किया जाय, वहां श्लोकोक्ति अलंकार होता है। रसखान के काव्य में लोकोक्तियों का प्रयोग सुन्दर रूप में हुआ है। कवि ने उन्हें भावों के भूषण में चमकते हुए नगीनों की तरह स्थान स्थान पर जड़ दिया है। इसके अनेक सरस उदाहरण द्रष्टव्य हैं। नायक और नायिका दोनों कालिन्दी के तीर पर मिलते हैं, मुड़-मुड़कर मुस्कराते हैं, एक दूसरे की बलैयां लेते हैं।

मानवीकरण

पाश्चात्य काव्यशास्त्र के प्रभाव से हिन्दी में कुछ आधुनिक अलंकारों की चर्चा भी होने लगी है। उन्हीं में से एक अलंकार श्मानवीकरण है। यह शब्द अंग्रेजी के श्परसोनिफिकेशन का हिन्दी अनुवाद है। श्अमानव में श्मानव गुणों के आरोप करने की साधारण प्रवृत्ति या प्रक्रिया को श्मानवीकरण कहा जाता है। मानवीकरण के द्वारा वर्णनीय विषय में मार्तिकता और प्रेषणीयता लाई जाती है। हिन्दी की छायावादी कविता में मानवीकरण का बड़ा ही मनोहर एवं सशक्त प्रयोग हुआ है। प्राचीन कवियों के काव्य में भी मानवीकरण की विशेषताएं उपलब्ध हैं। सहज भावुक कवि रसखान ने भी श्मानवीकरण अलंकार की सुन्दर योजना की है।

रसखान की भक्ति-भावना

हिन्दी-साहित्य का भक्ति-युग (संवत् 1375 से 1700 वि0 तक) हिन्दी का स्वर्ण युग माना जाता है। इस युग में हिन्दी के अनेक महाकवियों दृविद्यापति, कबीरदास, मलिक मुहम्मद जायसी, सूरदास, नंददास, तुलसीदास, केशवदास, रसखान आदि ने अपनी अनूठी काव्य-रचनाओं से साहित्य के भण्डार को सम्पन्न किया। इस युग में सत्रहवीं शताब्दी का स्थान भक्ति-काव्य की दृष्टि से महत्त्वपूर्ण है। सूरदास, मीराबाई, तुलसीदास, रसखान आदि की रचनाओं ने इस शताब्दी के गौरव को बढ़ा

दिया है। भक्ति का जो आंदोलन दक्षिण से चला वह हिन्दी-साहित्य के भक्तिकाल तक सारे भारत में व्याप्त हो चुका था। उसकी विभिन्न धाराएं उत्तर भारत में फैल चुकी थीं। दर्शन, धर्म तथा साहित्य के सभी क्षेत्रों में उसका गहरा प्रभाव था। एक ओर सांप्रदायिक भक्ति का जोर था, अनेक तीर्थस्थान, मंदिर, मठ और अखाड़े उसके केन्द्र थे। दूसरी ओर ऐसे भी भक्त थे जो किसी भी तरह की सांप्रदायिक हलचल से दूर रह कर भक्ति में लीन रहना पसंद करते थे। रसखान इसी प्रकार के भक्त थे। वे स्वच्छंद भक्ति के प्रेमी थे।

भक्तिकाल के व्यापक अध्ययन से पता चलता है कि उसकी बहुत सी ऐसी विशेषताएं हैं जो सभी भक्त कवियों में समान रूप से पाई जाती हैं। रसखान की कविता में भी वे देखी जा सकती हैं। सभी भक्तों ने भगवान का निरूपण किया है। यह दूसरी बात है कि अपनी-अपनी रुचि और प्रवृत्ति के अनुसार किसी ने भगवान के किसी रूप पर अधिक बल दिया है और किसी ने उसके अन्य रूपों पर। लेकिन यह निश्चित है कि सभी दृष्टि में भगवान एक हैं, अद्वितीय हैं, वह निर्गुण भी है और सगुण भी। वही संसार की रचना करता है और संहार करता है। वह इस जगत का शासक है। घट-घट व्यापी है। सर्वशक्तिमान है। वह सच्चिदानंद है। भक्त का एकमात्र लक्ष्य है भगवान और उसके प्रेम को प्राप्त करना। भगवान के प्रति प्रेम ही श्भक्ति है। उसके पा लेने पर जीव को और किसी वस्तु की कामना नहीं रह जाती।

भगवान की भक्ति के बहुत से साधन बतलाए गए हैं। सभी भक्तों ने भक्त और भगवान के बीच रागात्मक-संबंध की स्थापना पर बल दिया है। इसके बिना दूसरे साधन व्यर्थ हो जाते हैं। साधन के रूप में गुरु और सत्संग की महिमा सभी ने बतलाई है। जीव को सांसारिक विषयों से हटाकर भगवान की ओर लगाने के लिए, उसके मन में वैराग्य और ईश्वर-प्रेम की भावना जगाने के लिए, अनेक प्रकार के उपदेशों और चेतावनी की योजना की है। सभी ने चित्त को शुद्ध रखने पर बल दिया है। बाहरी आचारों, आडंबर आदि की कटु निंदा की है। भगवान के प्रति शरणागति या आत्मनिवेदन को सबसे अधिक कल्याणकारी बतलाया है।

रसखान के समय हिन्दी-साहित्य में भक्ति की दो मुख्य धाराएं थीं–

1. निर्गुण भक्तिधारा
2. सगुण भक्तिधारा।

निर्गुण भक्तिधारा के कवियों ने भगवान के निर्गुण निराकार रूप की उपासना पर बल दिया। उन्होंने भजन-पूजन आदि के विधि-विधान की आवश्यकता नहीं स्वीकार की। भगवान के अवतारों, लीलाओं आदि को माया मानकर उसे अपनी भक्ति

का विषय नहीं बनाया। उनका सामान्य सिद्धांत था- ईश्वर को अपने भीतर देखना, सारे संसार में उसकी विभूति का दर्शन करना।

निर्गुण भक्ति-धारा की दो शाखाएँ

ज्ञानाश्रयी शाखा

पहली शाखा की श्निर्गुण काव्यधारा या श्निर्गुण सम्प्रदाय नाम दिया गया है। इस शाखा की विशेषता यह थी कि इसने अधिकतर प्रेरणा भारतीय स्रोतों से ग्रहण की। इसमें ज्ञानमार्ग की प्रधानता थी। इसलिए पं. रामचंद्र शुक्ल ने इसे श्ज्ञानाश्रयी शाखा कहा है। इस शाखा के कवियों ने भक्तिसाधना के रूप में योग-साधना पर बहुत बल दिया है। इस शाखा के प्रतिनिधि कवि कबीर हुए।

प्रेममार्गी शाखा

दूसरी शाखा सूफी काव्य धारा के नाम से विख्यात है। इस शाखा के कवियों ने हठयोग आदि की साधना की अपेक्षा भावना को महत्त्व दिया। इसका मुख्य आधार प्रेम था। प्रेम पर आश्रित होने के कारण ही आचार्य शुक्ल ने इसे श्प्रेममार्गी शाखा कहा है। इस शाखा के भक्त कवियों की भक्ति-भावना पर विदेशी प्रभाव अधिक है। इस प्रसंग में यह बात ध्यान आकर्षित किए बिना नहीं रहती कि इस शाखा के मलिक मुहम्मद जायसी आदि कवि मुसलमान थे। इसलिए उन्होंने अपने संस्कारों के अनुसार भक्ति का निरूपण किया। वे भारतीय थे, इसलिए उन्होंने अपने प्रेमाख्यानों के लिए भारतीय विषय चुने, भारतीय विचारधारा को भी अपनाया, परंतु उस पर विदेशी रंग भी चढ़ा दिया। रसखान भी मुसलमान थे। अतएव उन पर इस्लाम का प्रभाव बहुत था। साथ ही सूफी प्रेम-पद्धति का प्रभाव भी स्पष्ट रूप से मिलता है। वे किसी मतवाद में बंधे नहीं। उनका प्रेम स्वच्छंद था। जो उन्हें अच्छा लगा, उन्होंने बिना किसी संकोच के उसे आधार बनाया। अतएव उनकी कविता में भारतीय भक्ति-पद्धति और सूफी इश्क-हकीकी का सम्मिश्रण मिलता है। उनकी भक्ति का ढांचा या शरीर भारतीय है किंतु आत्मा इस्लामी एवं तसव्वुफ से रंजित है।

सगुण भक्तिधारा की विशेषता यह है कि उसमें भगवान के नाम, रूप, गुण, लीला और धाम की महिमा का वर्णन होता है। इस वर्णन के लिए भक्तों ने भगवान के अवतारों में राम और कृष्ण को अधिक महत्त्वपूर्ण माना है। भक्तिकाल की रचनाओं

में इनकी ही महिमा मुख्य रूप से गाई गई है। इन दोनों अवतारों के आधार पर ही सगुण भक्तिधारा का हिन्दी-साहित्य में दो उपधाराओं के रूप में विभाजन मिलता है–

1. रामभक्ति शाखा
2. कृष्णभक्ति शाखा और
3. रामभक्ति शाखा।

राम की उपासना को निर्गुण संतों ने भी आदर दिया और सगुण भक्तों ने भी। अंतर यह था कि निर्गुण संप्रदाय में निर्गुण निराकार राम की उपासना का प्रचार हुआ और सगुण-रामभक्तों ने उनकी अवतार-लीला को गौरव दिया। उन्होंने राम को मर्यादा पुरुषोत्तम के रूप में प्रतिष्ठित किया। रामभक्ति शाखा में मर्यादावाद का पालन किया गया। दास्य भक्ति को प्रधानता दी गई। इसके सबसे बड़े कवि तुलसीदास हुए। कृष्ण भक्त कवियों की माधुर्य भक्ति का प्रभाव रामभक्ति पर भी पड़ा। इस शाखा में एक रसिक संप्रदाय चल पड़ा। उसमें राम और सीता की शृंगार-लीलाओं का राधा-कृष्ण की शृंगार लीलाओं की भांति ही विस्तृत चित्रण किया गया। फिर भी इस शाखा में भगवान के सौंदर्य की अपेक्षा उनके शील और शक्ति का ही निरूपण अधिक किया गया है।

कृष्णभक्ति शाखा

कृष्ण-भक्ति-शाखा में भगवान कृष्ण के सौंदर्य-पक्ष की ही प्रधानता रही। कृष्ण का चरित्र विलक्षण है। उनका ध्यान कृष्ण के मधुर रूप और उनकी लीला माधुरी पर ही केंद्रित रहा। भगवान की महिमा का गान करते हुए कहीं-कहीं प्रसंगवश उनके लोक रक्षक रूप का भी उल्लेख कर दिया है, किन्तु मुख्य विषय गोपी-कृष्ण का प्रेम है। कृष्ण-भक्ति का केन्द्र वृन्दावन था। श्री कृष्ण की लीला-भूमि होने के कारण उनके भक्तों ने भी ब्रज को अपना निवास स्थान बनाया। रसखान के भी वृन्दावन में रहने का उल्लेख मिलता है।

रसखान की सारी रचनाओं का अनुशीलन करने पर यह निष्कर्ष निकलता है कि वे अधिकांश में भक्तिपरक न होकर शृंगारपरक ही हैं। सत्य तो यह है कि उनके कुछ ही पद्य निर्विवाद रूप से भक्तिपूर्ण कहे जा सकते हैं। श्प्रेमवाटिका में कुछ पद्य ऐसे भी हैं जिन्हें लौकिक प्रेम और अलौकिक प्रेम दोनों पर घटाया जा सकता है। तो फिर बहुसंख्यक शृंगारी कवि न मानकर भक्तकवि कैसे माना जा सकता है? इस विषय में श्आचार्य विश्वनाथ प्रसाद मिश्र की स्थापना ध्यान देने योग्य है–

रसखानि ने स्वयं प्रेम को साध्य कहा है–

जेहि पाए बैकुंठ अरु हरिहूँ की नहिं चाहि।
सोइ अलौकिक सुद्ध सुभ सरस सप्रेम कहाहि।।

श्री वल्लभाचार्य ने हृदय के संस्कार और विकास की दृष्टि से भक्ति को साध्य अवश्य कहा है, पर ईश्वर-भक्ति को ही, यह कभी न भूलना चाहिए। पर श्रसखानि स्पष्ट कहते हैं–

इक-अंगी बिनु कारनहिं, इक रस सदा समान।
गनै प्रियहि सर्वस्व जो, सोई प्रेम प्रमान।

श्री वल्लभाचार्य के अनुसार भगवद्भक्ति या अलौकिक प्रेम ही साध्य हो सकता है। उसे ही एकांगी, निर्हेतुक, एकरस होना चाहिए। पर रसखान लौकिक प्रेम में भी इसे स्वीकार करते हैं। तात्पर्य यह कि जिस प्रकार ये रीति से अपने को स्वच्छंद रखते थे उसी प्रकार भक्ति की सांप्रदायिक नीति से भी। अतः ये भक्तिमार्गी कृष्णभक्तों, प्रेममार्गी सूफियों, रीतिमार्गी कवियों सबसे पृथक् स्वच्छंदमार्गी प्रेमोन्मत्त गायक थे। कोई इन्हें इनकी भक्तिविषयक रचना के कारण भक्त कहता हो तो कहे, पर इतने श्व्यतिरेक के साथ कहे कि ये स्वच्छंद प्रेममार्गी भक्त थे, तो कोई बाधा नहीं है।

अपनी उपर्युक्त स्थापना के समर्थन में मिश्र जी ने एक दूसरा ठोस तर्क भी दिया है। रसखान की काव्यशैली कृष्णभक्त कवियों की परंपरागत शैली से भिन्न है। कृष्ण-भक्तों की अधिकतर रचनाएं गीत में ही मिलती हैं। कवित्त-सवैया वाली शैली में इन्होंने पूरी आस्था नहीं दिखाई। मध्यकाल के शृंगारी कवियों ने (विशेष कर के परवर्ती रीतिकाल के शृंगारी कवियों में) कवित्त-सवैया वाली शैली को ही प्रमुखता दी है। उनकी सुन्दर समझी जाने वाली रचनाएं इसी शैली में लिखी गई हैं। उनकी ख्याति और लोकप्रियता उनके कवित्त सवैयों पर ही आश्रित है। इस संबंध में यह नहीं भूलना चाहिए कि श्सुजान रसखान के आरंभिक कवित्त-सवैयों में भक्ति-भाव की प्रधानता है।

भक्ति का स्वरूप

भक्तिशास्त्र के आचार्यों ने भक्ति को प्रेमस्वरूप बतलाया है।

शांडिल्य ने अपने भक्तिसूत्र में भक्ति की परिभाषा देते हुए कहा है कि ईश्वर में की गई परानुरक्ति भक्ति है।

नारद ने भी भगवान के प्रति किए गए परम प्रेम को भक्ति कहा है।

मधुसूदन सरस्वती ने भक्ति का लक्षण करते हुए बतलाया है कि

भगवद्धर्म के कारण द्रुत चित्त की परमेश्वर के प्रति धारावाहिक वृत्ति को भक्ति कहते हैं।

पुराणों आदि में भी इसी प्रकार की भक्ति का निरूपण किया गया है। विष्णु पुराण में भक्त ने भगवान से प्रार्थना की है- श्हे भगवान! जिस प्रकार युवतियों का मन युवकों में और युवकों का मन युवतियों में रमण करता है, उसी प्रकार मेरा मन तुममें रमण करे।श 'इसी तरह की प्रार्थना तुलसीदास ने भी भगवान राम से की है- श्हे रघुनाथ राम ! जैसे कामियों को कामिनी प्रिय होती है, जैसे लोभियों को धन प्रिय होता है, वैसे ही तुम मुझे प्रिय लगो।श भक्तों ने लौकिक जीवन से इस प्रकार की उपमाएं भगवान के प्रति प्रेम की अतिशय आसक्ति सूचित करने के लिए दी हैं। रसखान भी परमप्रेम को भक्ति मानते हैं। प्रेम की अतिशयता और अनंयता का प्रतिपादन करने के लिए भक्तों ने चातक का आदर्श उपस्थित किया है। रसखान ने भी इस आदर्श में अपनी आस्था प्रकट की है-

बिमल सरल रसखानि मिलि भई सकल रसखानि।
सोई नव रसखानि कौं, चित चातक रसखानि।।

संसार के अन्य लोग अपनी अपनी रुचि के अनुसार इन्द्र, सूर्य, गणेश आदि देवताओं की उपासना करते हैं। उनकी भक्ति करके अपने अभीष्ट फलों की प्राप्ति करते हैं। परन्तु रसखान की अनुरक्ति एकमात्र श्रीकृष्ण में ही है। उनका दृष्टिकोण उदार है। उनके मन में विभिन्न प्रकार के देवों और देवियों के भक्ति के विषय में कोई विरोधभाव नहीं है। वे दूसरों की निंदा नहीं करते। दूसरे लोग उन्हें भजना चाहते हैं तो भजें। रसखान की दृष्टि में भगवान श्रीकृष्ण ही भजनीय हैं। वे अपने कृष्ण को चाहते हैं। उन्हें त्रिलोक की चिंता नहींकृ

सेष सुरेस दिनेस गनेस प्रजेस घनेस महेस मनावौ।
कोऊ भवानी भजौ मन की सब आस सबै बिधि जाई पुरावौ।
कोऊ रमा भजि लेहु महाधन कोउ कहूँ मनबाँदित पावौ।
पै रसखानि वही मेरो साधन, और त्रिलोक रहौ कि नसावौं।

भगवान के प्रति परम प्रेम का उदय होने पर भक्त की सारी कर्मेन्द्रियां, ज्ञानेंद्रियां, मन और प्राण सब ईश्वर निष्ठ हो जाते हैं। उसे इन सबकी सार्थकता केवल इस बात में दिखाई देती है कि ये सब अपना उपयोग केवल भगवान की महिमा के कीर्तन, श्रवण आदि में करें। रसखान का मत है कि रसखानि वही है जो रसखानि श्रीकृष्ण में परम अनुराग रखे—

बैन वही उनको गुन गाइ औ कान वही उन बैन सों सानी।
हाथ वही उन गात सरै अरु पाइ वही जु वही अनुजानी।
जान वही उन आन के संग औ मान वही जु करै मनमानी।
त्यौं रसखानि वही रसखानि जु है रसखानि सों है रसखानि।।

इस ईश्वर प्रेम की उपलब्धि अपने में इतनी ऊँची है कि इसकी तुलना में संसार के सारे ऐश्वर्य तुच्छ दिखाई पड़ते हैं—

कंचन मंदिर ऊँचे बनाइ कै मानिक लाई सदा झलकैयत।
प्रात ही ते सगरी नगरी नग मोतिन ही को तुलानि तुलैयत।
जद्यपि दीन प्रजान प्रजापति की प्रभुता मघवा ललचौयत।
ऐसे भए तो कहा रसखानि जो साँवरे ग्वार सो नेह न लैयत।।

सभी प्रकार के प्रेम की (चाहे वह लौकिक हो या अलौकिक) यह विशेषता है कि प्रेमी केवल अपने प्रेमपात्र से ही प्रेम नहीं करता बल्कि उस प्रेमपात्र से संबंध रखने वाली प्रत्येक वस्तु उसे अत्यन्त प्रिय लगने लगती है। रसखान की भी यही दशा है। इसी स्वाभाविक प्रवृत्ति के कारण वे कृष्ण की लकुटी और कामरी पर तीनों लोकों का राज्य त्यागने को तैयार हैं, नंद की गायों को चराने में वे आठों सिद्धियों और नवों निधियों के सुख को भुला सकते हैं, ब्रज के वनों एवं उपवनों पर सोने के करोड़ों महल निछावर करने को प्रस्तुत हैं—

वा लकुटी अरु कामरिया पर राज तिहू पुर को ताजि डारौं।
आठहु सिद्धि नवौ निधि को सुख नंद की गाय चराय बिसारौं।
ए रसखानि जबै इन नैनन तैं ब्रज के बन बाग तड़ाग निहारौं।
कोटिक ये कलधौत के धाम करील की कुंजन ऊपर वारौं।।

भक्ति की महिमा

रसखान तुलसीदास की भांति भक्तकवि नहीं थे। अपने इसी ज्ञान के आधार पर उन्होंने जोर देकर कहा कि सभी वेदों, पुराणों, आगमों और स्मृतियों का निचोड़ प्रेम (अर्थात ईश्वर-विषयक प्रेम) ही है—

स्त्रुति पुरान आगम स्मृतिहि, प्रेम सबहि को सार।
प्रेम बिना नहि उपज हिय, प्रेम-बीज-अंकुवार।।

मोक्ष के अनेक साधन बतलाए गए हैं जिनमें तीन मुख्य हैं—कर्म, ज्ञान और उपासना।

रसखान के अनुसार भक्ति या प्रेम इन सबमें श्रेष्ठ है। इसका कारण मनोवैज्ञानिक है। कर्म आदि में अहंकार बना रह सकता है या उसका फिर से उदय हो सकता है। परन्तु भक्ति-दशा में चित्त के द्रुत हो जाने पर अहंकार के लिए कोई गुंजाइश नहीं रहती। भक्ति रागात्मक वृत्ति है, संकल्प-विकल्पात्मक, मन स्वभावतः रागात्मक है। वह इन्द्रियों के माध्यम से विषयों की ओर प्रवृत्ति रहता है। इस प्रकार जीवों को वासना के बंधन में बांधे रहता है। ईश्वर-विषयक प्रेम का उदय होने पर काम, क्रोध आदि अपने आप तिरोहित हो जाते हैं।

इसी अभिप्राय से रसखान ने इस परमप्रेम को काम आदि से परे कहा है–

काम क्रोध मद मोह भय लोभ द्रोह मात्सर्य।
इन सब ही तें प्रेम है परे, कहत मुनिवर्य।।

भक्तों ने इस बात पर जो दिया है कि भक्ति-भाव के अभाव में पुस्तकी विद्या व्यर्थ है। तुलसीदास ने भी इसे वाक्यज्ञान कहा है और बतलाया है कि वाक्यज्ञान मात्र से भव-सागर को पार करना असंभव है।

रसखान के पूर्ववर्ती कवि कबीरदास ने तो बड़े कड़े शब्दों में कोरे शास्त्रज्ञान को व्यर्थ बताकर ईश्वर-प्रेम की महिमा का बखान किया है

पोथी पढ़ि पढ़ि जग मुवा, पंडित भया न कोइ।
एकै आखर पीव का, पढ़ै सु पंडित होइ।।

रसखान ने भी मानों कबीर के स्वर में स्वर मिलाकर घोषणा की है कि प्रेम को जाने बिना शास्त्र पढ़कर पंडित होना या कुरान पढ़कर मौलवी होना व्यर्थ है

सास्त्रन पढ़ि पंडित भए, कै मौलवी कुरान।
जु पै प्रेम जान्यौ नहीं, कहा कियौ रसखान।।

उनकी मान्यता है कि जिसने प्रेम को नहीं जाना, उसने कुछ भी नहीं जाना और जिसने प्रेम को जान लिया, उसके लिए कुछ भी जानने योग्य बात शेष नहीं रही

जेहि बिनु जाने कछुहि नहिं जान्यौ जात बिसेष।
सोइ प्रेम जेहि जानि कै, रहि न जात कछु सेष।।

संसार में जितने भी सुख हैं (चाहे वे विषयों से प्राप्त हों या पूजा, निष्ठा और ध्यान से) भक्ति का सुख उन सबसे बढ़कर है

दंपति सुख अरु-विषय-रस पूजा निष्ठा ध्यान।
इन तें परे बखानियै, सुद्ध प्रेम रसखानि।।

दुरूख के नाश और आनंद की प्राप्ति के ज्ञान, ध्यान आदि जितने भी साधन बतलाए गए हैं, वे सब प्रेम-भक्ति के बिना निष्फल हैं–

ज्ञान ध्यान बिद्यामती, मत बिस्वास बिबेक।
बिना प्रेम सब धूरि हैं, अगजग एक अनेक।।

प्रेम-भक्ति की महिमा इतनी बड़ी है कि उसे प्राप्त कर लेने पर भक्त भगवान के बैकुण्ठ-लोक और स्वयं भगवान की भी कामना नहीं करता, वह शुद्ध प्रेममय हो जाता है

जेहि पाए बैकुण्ठ अरु हरिहू की नहिं चाहि।
सोई अलौकिक सुद्ध सुभ सरस सप्रेम कहाहि।।

सामान्य रूप से जीव के चार पुरुषार्थ बतलाए गए है–

1. धर्म,
2. अर्थ,
3. काम और
4. मोक्ष।

इन चारों में मोक्ष सबसे महान है। परन्तु प्रेम-भक्ति की तुलना में मोक्ष भी तुच्छ है। इसीलिए सच्चा भक्त मोक्ष प्राप्त करने की कामना नहीं करता। स्वयं भगवान भी भक्तों की इस विशेषता को जानते हैं। अतएव वे उन्हें मुक्ति न देकर भक्ति का ही वरदान देते हैं।

रसखान के दोहे, महावन, मथुरा

गोस्वामी तुलसीदास जी ने कहा है–

सुगनोपासक मोच्छ न लेहीं।
तिन्ह कहुँ भेद भगति प्रभु देहीं।।

रसखान का भी ऐसा ही विश्वास है। इसका कारण है ज्ञान-मार्ग के सहारे प्राप्त किए गए मोक्ष पद के खो जाने की संभावना बनी रहती है। लेकिन, प्रेम-भक्ति की विशेषता यह है कि उसका उदय होने पर संसार के जितने भी बंधन हैं वे सब एक बार ही सदा के लिए नष्ट हो जाते हैं–

याही तें सब मुक्ति तें, लही बड़ाई प्रेम।
प्रेम भए नसि जाहिं सब, बंधे जगत के नेम।।

प्रेम-भक्ति की श्रेष्ठता का एक कारण और भी है। इस संसार में जितने भी साधन और साध्य हैं, वे सब भगवान के अधीन हैं और भगवान स्वयं प्रेम के वश में हैं।

उन्होंने (गीता आदि में) स्वयं ही इसे विशेष गौरव दिया है।

रसखान ने भी कहा है

हरि के सब आधीन पै हरी प्रेम-आधीन।
याही ते प्रभु आपुहीं, याहि बड़प्पन दीन।।

प्रेम-भक्ति की इन्हीं विशेषताओं के कारण रसखान उसे परम धर्म मानते हैं। उसे कोई भी शक्ति पराजित नहीं कर सकती

बेद मूल सब धर्म यह कहैं सबै स्त्रुति सार।
परम धर्म है ताहु तें, प्रेम एक अनिवार।।

प्रेम-भक्ति

अपनी प्रेमवाटिका में रसखान ने प्रेम की जो विशेषताएं बतलाई हैं वे लौकिक प्रेम और पारलौकिक प्रेम पर समान रूप से लागू होती हैं। जीवन-दर्शन के कर्म को समझने वालों ने कहा है कि जीव की जीवन-साधना का सबसे बड़ा लक्ष्य संसार के बंधन से मोक्ष है। कर्म, ज्ञान आदि इसी साध्य के साधन हैं। भक्ति की विलक्षणता इस बात में है कि वह साधन भी है और साध्य भी। यही बात रसखान ने कही है। उनका कहना है कि प्रेम कारण भी है और कार्य भी। इसका तात्पर्य यह हुआ कि प्रेम या भक्ति के लिए किसी दूसरे साधन की आवश्यकता नहीं है। यह स्वतंत्र है, अपने में पूर्ण है

कारज-कारन रूप यह, प्रेम अहै रसखान।
कर्ता कर्म क्रिया करन, आपहि प्रेम बखान।।

ईश्वर-प्रेम अनुपम, अगम्य और असीम है, वह अंतिम विश्राम है। वरुण और शंकर जैसे देवों की महिमा भी प्रेम के ही कारण है। पुत्र, क्लत्र, मित्र, बन्धु आदि के प्रति अथवा इनके द्वारा किया गया स्नेह शुद्ध प्रेम नहीं है—

मित्र कलत्र सुबंधु सुत, इनमें सहज सनेह।
सुद्ध प्रेम इनमैं नहीं अकथ कथा सबिसेह।।

शुद्ध प्रेम तो केवल भगवान के प्रति ही हो सकता है। इसीलिए भक्त-चूड़ामणि गोस्वामी तुलसीदास ने भगवान राम के मुख से कहलवाया है—

जननी जनक बंधु सुत बारा। तनु धन भवन सुहृद परिवारा।
सब कै ममता ताग बहोरी। मम पद मनहिं बाँध बरि डोरी।
समदरसी इच्छा कछु नाहीं। हरष सोक भय नहिं मन माहीं।
अस सज्जन मम उर बस कैसें। लोभी हृदयं बसै धनु जैसें।

रसखान के उपर्युक्त दोहे की भी व्यंजना यही है कि भक्त का यह कर्तृतव्य है कि वह अपने सभी लौकिक संबंधों का आरोप भगवान पर कर दे। जीव का उत्कर्ष दो प्रकार का माना गया है–

अभ्युदय और

निरूश्रेयस।

इन्हीं को दूसरे शब्दों में भुक्ति और मुक्ति भी कहा गया है। भौतिक भुक्ति क्षणिक है। मुक्ति का स्थायित्व भी भक्त की दृष्टि में संदेहास्पद है। अतः वह इन दोनों से ऊपर उठकर केवल भक्ति की कामना करता है।

रसखान के निम्नलिखित सवैये में इसी भाव की अभिव्यक्ति की गई है–

संपति सौं सकुचाइ कुबेरहि रूप सौं दीनी चिनौती अनंगहिं।
भोग कै कै ललचाइ पुरंदर जोग कै गंग लई घरि मंगहि।
ऐसे भए तो कहा रसखानि रसै रसना जौ जु मुक्ति-तरंगहि।
दै चित ताके न रंग रच्यौ जु रह्यौ रचि राधिका रानी के रंगहिं

भगवान केवल प्रेम से ही प्राप्य हैं। वेद-शास्त्र के अध्ययन या अन्य उपायों से उनकी प्राप्ति दुर्लभ है। रसखान की अधोलिखित पंक्तियों में इसी भाव की व्यंजना हुई है–

ब्रह्म में ढूँढ्यौ पुरानन गानन बेद-रिचा सुनि चौगुने चायन।
देख्यौ सुन्यौ कबहूँ न कितूँ वह कैसे सरूप औ कैसे सुभायन।
टेरत हेरत हारि परयौ रसखानि बतायो न लोग लुगायन।
देखौ दुरौ वह कुंज-कुटीर में बैठौ पलोटत राधिका-पायन।।

प्रेम और हरि में कोई तात्विक भेद नहीं है। प्रेम हरि रूप है और हरि प्रेम-रूप हैं। दोनों में सूरज और धूप की भांति भेदाभेद है। इसका तात्पर्य यह है कि भक्त भगवान से प्रेम करते-करते ईश्वर-रूप हो जाता है, उससे भेद का अनुभव नहीं करता।

प्रेम हरी कौ रूप है, त्यौं हरि प्रेम-सरूप।
एक होय द्वै यौं लसै, ज्यों सूरज औ धूप।।

भगवान की भांति ही प्रेम भी अनिर्वचनीय है

जग में सब जान्यौ परै अरु सब कहै कहाइ।
पै जगदीस रु प्रेम यह दोऊ अकथ लखाइ।।

प्रेमियों या भक्तों के लिए यह प्रेम-भक्ति अत्यन्त सरल और कमल की भांति कोमल है, परन्तु अन्य लोगों के लिए टेढ़ी और खड्ग की धार की भांति कठिन है–

कमल तंतु सों हीन अरु कठिन खड्ग की धार।
अति सूधौ टेढ़ौ बहुरि, प्रेम पथ अनिवार।।

भक्ति के प्रकार

भगवान की महिमा के श्रवण, कीर्तन आदि से उत्पन्न प्रेम के दो प्रकार हैं- शुद्ध और अशुद्ध। अशुद्ध प्रेम या भक्ति वह है जिसका कारण स्वार्थ (कामना) हो। शुद्ध प्रेम स्वाभाविक प्रेम है। वह निरूस्वार्थ होता है। भक्त के मन में किसी प्रकार की कोई कामना नहीं होती। वह केवल भक्ति के लिए भक्ति करता है। ऐसा प्रेम सदैव एक रस और रसमय रहता है–

स्त्रवन कीरतन दरसनहिं जो उपजत सोइ प्रेम।
सुद्धासुद्ध बिभेद तें, द्वैबिध ताके नेम।।
स्वारथमूल असुद्ध त्यौं सुद्ध स्वभाव नुकूल।
नारदादि प्रस्तार करि, कियौ जाहि को तूल।।
रसमय स्वाभाविक, बिना स्वारथ अचल महानं
सदा एकरस सुद्ध सोइ, प्रेम अहै रसखान।
बिन गुन जोबन रूप घन, बिन स्वारथ हित हानि।
सुद्ध कामना तें रहित, प्रेम सकल रसखानि।
इक अंगी बिनु कारनहि, इकरस सदा समान।
गनै प्रियहि सर्वस्व जो, सोई प्रेम प्रमान।।

ग्यारह आसक्तियाँ

नारद ने अपने भक्तिसूत्र में परम प्रेम की ग्यारह आसक्तियां बतलाई हैं। वे इस प्रकार हैं–

1. गुणमाहात्म्यसक्ति,
2. रूपासक्ति,
3. पूजासक्ति,
4. स्मरणसक्ति,
5. दास्यासक्ति,
6. सख्यासक्ति,
7. कांतासक्ति,
8. वात्सल्यासक्ति,

9. आत्मनिवेदनासक्ति,
10. तन्मयतासक्ति, और
11. परमविरहासक्ति।

जहां पर भक्त भगवान के गुणों और महिमा को विशेष रूप से दृष्टि में रखकर उनके प्रति परमानुरक्ति का निवेदन करता है, वहां पर गुणमाहात्म्यासक्ति होती है। उदाहरणार्थ–

गावें गुनी गनिका गंधरब्ब औ सारद सेष सबै गुन गावत।
नाम अनंत गनंत गनेस ज्यौं ब्रह्मा त्रिलोचन पार न पावत।
जोगी जती तपसी अरु सिद्ध निरंतर जाहि समाधि लगावत।
ताहि अहीर की छोहरिया छछिया भरि छाछ पै नाच नचावत।।

जहां आसक्त भक्त की दृष्टि भगवान के रमणीय रूप पर विशेष रूप से केंद्रित रहती हैरू वहां रूपासक्ति होती है। निम्नांकित पद्य में रसखान की इसी भावना का चित्रण हुआ है–

गुंज गरें सर मोरपखा अरु चाल गयंद की मो मन भावै।
साँवरो नंदकुमार सबै ब्रजमंडली में ब्रजराज कहावै।
साज समाज सबै सिरताज औ छाज की बात नहीं कहि आवै।
ताहि अहीर की छोहरिया छछिया भरि छाछ पै नाच नचावै।

स्मरणासक्ति की किंचित अभिव्यक्ति निम्नांकित पंक्तियों में देखी जा सकती हैं–

संकर से सुर जाहि जपैं चतुरानन धर्म बढ़ावैं।
जोगी जती तपसी अरु सिद्ध निरंतर जाहि समाधि लगावत।

प्रेम के कवि होने के कारण रसखान ने दास्याभक्ति और सख्याभक्ति को गौरव नहीं दिया है। अधोलिखित पंक्ति में दास्य की झलक मात्र दृष्टिगोचर होती है–

मो कर नीकी करें करनी जु पै कुँज-कुटीरन देहु बुहारन।

रसखान के ष्ण और गोपियों के प्रेमवर्णन में गोपियों की कांतासक्ति की अभिव्यंजना मिलती है। गोपियों के वियोग-वर्णन में उनकी परमविरहासक्ति भी अभिव्यक्त हुई है। लेकिन उन पद्यों को भक्तिकाव्य की अपेक्षा शृंगार-काव्य मानना ही समीचीन है। भक्ति के विधि-विधान में आस्था न रखने के कारण पूजा-अर्चना से बिलकुल दूर थे। अतएव उनके काव्य में पूजासक्ति का सर्वथा अभाव है।

बालक-रूप भगवान की भक्ति रामभक्ति-शाखा और कृष्ण-भक्ति-शाखा दोनों ही काव्य-धाराओं में प्रतिष्ठित हुई है। 'वल्लभाचार्य के प्रभाव से कृष्ण-भक्ति शाखा में इसका विशेष आदर हुआ।

रसखान ने भी कृष्ण की बाल लीला का चित्रण किया है। भगवान के प्रति आत्मनिवेदन, शरणागति या प्रपत्ति को भक्तों ने भक्ति का आवश्यक तत्त्व माना है। निम्नांकित सवैये में रसखान ने भगवान की महिमा का स्मरण करते हुए अपने मन को निश्चिंत हो जाने का आश्वासन दिया है।

द्रौपदी और गनिका गज गीध अजामिल सों कियो सो न निहारो।
गौतम-गेहिनी कैसी तरी, प्रहलाद कौं कैसे हरयौ दुख भारो।
काहे कौं सोच करै रसखानि कहा करिहै रबिनंद बिचारो।
ताखन जाखन राखियै माखन-चाखन हारो सो राखनहारौ।

कृष्ण में गोपियों की तन्मयता तो प्रसिद्ध ही है। यह विशेषता रसखान की गोपियों में भी पाई जाती है। अन्यत्र भी कवि ने कहा है–

ऐसे ही भए तौ नर कहा रसखानि जो पै
चित्त दै न कीनी प्रीति पीत पटवारे सों।

पंचधा भक्ति

रूप गोस्वामी ने हरिभक्तिरसामृत सिंधु में भक्तिरस के दो भेद बतलाए हैं–

1. मुख्य भक्तिरस और
2. गौण भक्तिरस।

इस विभाजन का आधार रतिभाव की मुख्यता या गौणता है। मुख्य भक्तिरस के पांच प्रकार हैं–

शांत-शांत भक्तिरस का स्थायी भाव शमी (तत्वज्ञानी) भक्तों की शांतिरति है।

प्रीत-प्रीत भक्तिरस का स्थायी भाव संभ्रम प्रीति या गौरवप्रीति है। इसी को सामान्यतः दास्य भक्ति कहा जाता है।

प्रेयान- प्रेयान भक्तिरस का स्थायी भाव सख्य है।

वत्सल-वत्सल भक्तिरस का स्थायी भाव वात्सल्य है।,

मधुर- मधुर भक्तिरस का स्थायी भाव मधुरा रति है।

इस प्रकार रस-दृष्टि से भक्ति के पांच भेद हुए–

1. शांत,
2. दास्य,
3. सख्य,
4. वात्सल्य और
5. मधुर।

रसखान के काव्य में शांति रति की व्यंजना नहीं हुई है। इसका कारण यह है कि रसखान स्वयं प्रेममार्गी थे, ज्ञानमार्गी नहीं। उन्होंने अपने लौकिक प्रेम को भगवान की ओर उन्मुख कर दिया था। वे शास्त्रज्ञ ज्ञानी नहीं थे। और अपनी कविता उन्होंने संभवतः ज्ञानियों के लिए लिखी भी नहीं थी। प्रेमी कवि की प्रेम-प्रधान रचना में तत्वज्ञान-प्रधान भक्ति का निरूपण संभव नहीं था। दास्य और सख्य के प्रति भी उन्होंने कोई रुचि नहीं दिखलाई। दास्य में प्रेमी भक्त और प्रेमपात्र भगवान के बीच दूरी बनी रहती है। सख्य में भी उतनी तन्मयता नहीं आ पाती जितनी की माधुर्य में हो सकती है। वात्सल्य-भक्ति का वर्णन भी रसखान ने अधिक नहीं किया है। निम्नलिखित पद्यों में बालरूप कृष्ण के प्रति रसखान के वात्सल्यपूर्ण भक्तिभाव की हृदयहारिणी अभिव्यक्ति हुई है—

आजु गई हुती भोर ही हौं रसखानि रई वहि नंद के भौनहिं।
वाको जियो जुग लाख करोर जसोमति को सुख जात कह्यौ नहिं।
तेल लगाइ लगाइ कै अंजन भौंहें बनाइ बनाइ डिठौनहिं।
डालि हमेलनि हार निहारत वारत ज्यौं चुचकारत छौनहिं।
धूरि भरे अति सोभित स्यामजू तैसी बनी सिर सुंदर चोटी।।
खेलत खात फिरै अंगना पग पैजनी बाजति पीरी कछौटी।
वा छवि कों रसखानि बिलोकत वारत काम कलानिज कोटी।
काग के भाग बड़े सजनी हरि-हाथ सौं लै गयो माखन रोटी।।

अंतिम पंक्ति में श्हरि शब्द के प्रयोग से कृष्ण का ईश्वरत्व और कवि की भक्ति-भावना ध्वनित होती है। रसखान माधुर्य के कवि हैं। वे युवावस्था में भी प्रेमी थे और विषय-विरक्त होने पर भी प्रेमी ही रहे। अंतर केवल इतना ही हुआ कि प्रेम का आलंबन बदल गया। सामान्य लड़के और रमणी के प्रति बहने वाली प्रेम-धारा भगवान् के प्रति अविछिन्न रूप से प्रवाहित होने लगी। उनकी इस प्रेम-प्रवृत्ति का प्रभाव यह हुआ कि उन्होंने श्रीकृष्ण की मधुर लीलाओं का ही वर्णन अधिक किया। गोचारण, चीरहरण, कुंजलीला, रासलीला, पनघटलीला, दानलीला, बनलीला, गोरसलीला आदि के प्रसंगों में गोपी-कृष्ण की विविध शृंगारिक लीलाओं का हृदय-स्पर्शी चित्रण किया गया है।

प्रस्तुत प्रसंग में एक प्रश्न विचारणीय है- क्या जिन पद्यों में रसखान ने कृष्ण और गोपियों की मधुर प्रेम-लीलाओं का निरूपण किया है उनमें भक्तिरस है? यह ठीक है कि कृष्ण को स्वयं भगवान् या भगवान् का अवतार माना गया है। यह भी सही है कि भक्तों ने गोपियों को जीवों का प्रतीक माना है। परन्तु उपर्युक्त प्रश्न के

उत्तर में इतना कहना ही पर्याप्त नहीं है। अन्यत्र चाहे जो कुछ भी माना गया हो, रस के विषय में उसे प्रमाण नहीं माना जा सकता। कविता-विशेष में पात्रों का जो चित्रण हुआ है, वही प्रमाण है। रस-निर्णय की कसौटी भावक है। प्रश्न यह है कि रसखान द्वारा किए गए इन लीला वर्णनों को पढ़कर भावुक के मन में वासना-रूप से विद्यमान कौन-सा स्थायी भाव विकसित होकर उसे रसानुभूति कराता है। इन कविताओं के सामान्य पाठक का अनुभव यह है कि वह स्थायी भाव कामरति है। भक्तों की बात भिन्न है। वे तो राम, कृष्ण आदि की किसी भी लीला का वर्णन पढ़कर या सुनकर भक्ति-भाव से गदगद हो जाते हैं। निष्कर्ष यह है कि जहां अभिधा या व्यंजना के द्वारा कृष्ण के ईश्वरत्व का संकेत नहीं है, वहां भक्ति का अस्तित्व मानना अनुचित है। रसखान के भ्रमरगीत से उद्धृत निम्नांकित पद्य पर विचार कीजिए—

जोग सिखावत आवत है वह, कौन कहावत, को है, कहाँ को।
जानति हैं बर नागर है पर नेकहु भेद लह्यो नहीं ह्यां को।
जानति ना हम और कछू मुख देखि जियैं नित नंद लला को।
जात नहीं रसखानि हमें तजि, राखनहारो है मोरपखा को।।

इन पंक्तियों में गोपियों की कृष्ण-विषयक विरहासक्ति की व्यंजना है। यहाँ पर गोपियों का चित्रण सामान्य वियोगिनी नायिकाओं के रूप में और नंदलाल का चित्रण सामान्य नायक के रूप में ही किया गया है। भक्त और भगवान के स्वरूप का कोई संकेत नहीं है। अतएव यहाँ पर विप्रलंभ शृंगार है। श्प्रेमलक्षणा भक्ति को माधुर्य भक्ति और शृंगार रस को उज्ज्वल रस की संज्ञा देकर चौतन्य संप्रदाय के विद्वान पंडित श्री रूप गोस्वामी ने अपने भक्ति-ग्रंथों में शृंगार और प्रेम के लौकिक विषय-वासनामय रूप का उन्नयन किया था। शृंगार और प्रेम के सांसारिक चित्रों के माध्यम से उन्होंने हरिभक्ति का उज्ज्वल एवं दिव्य रूप खड़ा करके शृंगार की भोग-वृत्ति का भली-भांति परिमार्जन भी किया। भक्ति के क्षेत्र में जिस शृंगार को चौतन्य-संप्रदाय के आचार्यों ने अवतरित किया था उसका कृष्ण भक्तिपरक परवर्ती सभी वैष्णव संप्रदायों पर गहरा प्रभाव पड़ा और उनमें शृंगारमयी शैली से रसोपासना प्रवर्तित हो गई। रसिकाचार्यों ने प्रेम और शृंगार का वर्णन करके जो शैली ग्रहण की उसमें प्रेम के प्रतिपादन में काम, मनोज, भार, मनसिज, मन्मथ आदि शब्दों का प्रचुर परिमाण में प्रयोग हुआ। साथ ही भाव वस्तु के लिए भी स्थूल काम-चेष्टाओं का सांगोपांग वर्णन किया गया। उस वर्णन के पीछे भक्तों की चाहे जैसी पावन भावना रही हो किंतु सामान्य पाठक को उसमें काम-वासना की गंध आना स्वाभाविक है। रसखान किसी रसोपासक संप्रदाय में दीक्षित नहीं हुए थे। फिर भी अपनी स्वाभाविक

और स्वच्छंद प्रवृत्ति के अनुसार उन्होंने उपर्युक्त उज्ज्वल रस (जिसे रसिक भक्त माधुर्य-भक्ति कहते हैं) की विषद निबंधना की हे। इस विषय में उनका सिद्धांत भी स्पष्ट है। पूर्वोक्त पांच प्रकार के भक्तिरसों में से वत्सल, प्रेयान् और मधुर का उन्होंने आदर के साथ स्मरण किया है। वात्सल्य और सख्य भावों की तुलना में माधुर्य-भाव को उन्होंने सर्वोपरि माना है–

जदपि जसोदा नंद अरु ग्वाल बाल सब धन्य।
पै या जग मैं प्रेम कौं गोपी भई अनन्य।।

तन्मयता की पराकाष्ठा माधुर्य-भाव में ही संभव है। इसी रतिभाव से कृष्ण के साथ मिलकर एक हो जाने में वास्तविक आनंद है, जीवन फल की प्राप्ति है–

मोहनी मोहन सों रसखानि अचानक भेंट भई बन माहीं।
जेठ की घाम भई सुखधाम अनंद ही अंग ही अंग समाहीं।
जीवन को फल पायौ भटू रसबातन केलि सों तोरत नाहीं।
कान्ह को हाथ कंधा पर है मुख ऊपर मोर किरीट की छाहीं।

निम्नलिखित सवैये में भक्ति-भावना का स्पष्ट संकेत है–

मोर के चंदन मौर बन्यौ दिन दूलह है अली नंद को नंदन।
श्री बृषभानुसुता दुलही दिन जोरी बनी बिधना सुखकंदन।
आवै कह्यौ न कछू रसखानि री दोऊ फंदे छबि प्रेम के फंदन।
जाहि बिलोकें सबै सुख पावत वे ब्रज जीवन हैं दुख दंदनघ

नवधाभक्ति

भागवत पुराण में वर्णित नवधा भक्ति का भक्त समाज में बड़ा आदर है और भक्त कवियों ने उसका बहुधा उल्लेख किया है। ये नौ विधाएं हैं–श्रवण, कीर्तन, स्मरण, पादसेवन, अर्चन, वंदन, दास्य, सख्य और आत्मनिवेदन।

प्रथम तीन विधाओं में भगवान के नाम और गुण की प्रधानता है।

चौथी, पांचवीं और छठी में उनके रूप का वैशिष्ट्य है।

अंतिम तीन विधाओं में भक्त के भाव पर बल दिया गया है। रसखान ने इन विधाओं का कहीं भी व्यवस्थित निरूपण नहीं किया। वे मर्यादामार्गी भक्त नहीं थे। अतः उनकी रचनाओं में इन सभी विधाओं के अन्वेषण का प्रयास निष्फल होगा। उनकी कविता में कुछ विधाओं की ही सांकेतिक अभिव्यक्ति हुई है। श्रवण, कीर्तन और स्मरण सभी भक्तों को मान्य हैं और रसखान ने भी उनका उल्लेख किया है–

स्त्रवन कीरतन दरसनहिं जो उपजत सोइ प्रेम।
बैन वही उनको गुन गाइ औ कान वही उन बैन सों सानी।
जान वही उन आन के संग औ मान वही जु करै मनमानी।
संकर से सुर जाहि जपैं चतुरानन ध्यानन धर्म बढ़ावैं।
नेकु हियें जिहि आनत ही जड़ मूढ़ महा रसखानि कहावैं।

श्पादसेवन का तात्पर्य है- भगवान की परिचर्या, मूर्ति का दर्शन, मंदिर गमन, तीर्थयात्रा आदि। उन्होंने तीर्थयात्रा का उपहास किया है–

तीरथ हजार अरे बूझत लबार को।

मंदिर में झाड़ू लगाना आदि भी पादसेवन ही है। कुंज-कुटीरों को बुहारने की कामना में इसी विधा का आभास मिलता है।

मो कर नीकी करैं करनी जु पै कुंज-कुटीरन देहु बुहारन। रसखान की अर्चन, वंदन, दास्य और सख्य भक्तियों में प्रवृत्ति नहीं हुए और श्आत्मनिवेदन तो भगवान के प्रति आत्मसमर्पण, शरणागति या प्रपत्ति है। भक्त भगवान को सर्वशक्तिमान और कृपालु मानता है। वह पूरी आस्था के साथ अपने को भगवान की शरण में समर्पित कर देता है। उसका दृढ़ विश्वास है कि भगवान के संरक्षण में रहने पर उसका कोइर कुछ बिगाड़ नहीं सकता और भगवान उसके समस्त दुरूखों का अवश्य ही अंत कर देंगे–

कहा करै रसखानि को कोऊ चुगुल लबार।
जो पै राखनहार है माखन चाखन हार।।
देस बिदेस के देखे नरेसन रीझ की कोऊ न बूझ करैगो।
तातें तिन्हैं तजि जानि गिरयौं गुन, सौगुन औगुन गांठि परैगौ।
बाँसुरीवारो बड़ो रिझवार है स्याम जु नैसुक ढार ढरैगौ।
लाड़लो छैल वही तौ अहीर को पीर हमारे हिये की हरैगौ।।

मुक्ति और भक्ति के साधन

विचारक आचार्यों ने भवसागर को पार करने के अनेक साधन बतलाए हैं- कर्म, वैराग्य, योग, ज्ञान, उपासना, भक्ति, प्रपत्ति आदि। रसखान के निम्नलिखित दोहे से निष्कर्ष निकलता है कि उनके अनुसार भव-संतरन के चार उपाय हैं- कर्म, ज्ञान, उपासना और प्रेमलक्षणा भक्ति–

ज्ञान कर्मः उपासना, सब अहमिति को मूल।
दृढ़ निस्चय नहिं होत बिन किए प्रेम अनुकूल।।

वैराग्य, जप, तप, संयम, प्राणायाम, तीर्थयात्रा आदि इन्हीं चार साधनों के ही साधन हैं। रसखान का कहना है कि भक्ति को छोड़कर अन्य सभी साधन अमोघ नहीं हैं। संसार को पार करने का एक मात्र अमोघ साधन भगवान श्रीकृष्ण के प्रति परम प्रेम ही है–

कहा रसखानि सुखसंपति सुमार कहा,
कहा तन जोगी ह्वै लगाए अंग छार को।
कहा साधे पंचानल, कहा सोए बीच नल,
कहा जीति लाए राज सिंधु-आरपार को।
जप बार-बार तप संजम बयार-ब्रत,
तीरथ हजार अरे बूझत लबार को।
कीन्हौ नहीं प्यार, नहीं सेयौ दरबार, चित
चाह्यौ न निहारयौ जो पै नंद के कुमार को।।

भक्ति साधन और साध्य दोनों ही है। उसके लिए अन्य साधन अनिवार्य नहीं हैं। वे केवल सहायक हो सकते हैं। भक्ति की श्रवण आदि नौ विधाएँ वस्तुएं वस्तुतः साधन भक्ति के नौ वर्ग हैं। रसखान ने श्रवण आदि कतिपय विधाओं को प्रेमलक्षणा भक्ति का साधन माना है। उनकी चर्चा पहले की जा चुकी है। उनके अतिरिक्त, भक्ति के सहायक तत्त्वों के रूप में उन्होंने कुछ अन्य साधनों का भी उल्लेख किया है। निम्नोद्धृत सवैये में उन्होंने इस बात का स्पष्ट संकेत किया है कि मन और वाणी के संयम, सच्चाई के साथ किए गए व्रत-नियम पालन, सबके प्रति सद्भाव, सात्विक, सत्संग और अनन्य भाव से भगवान और उनकी भक्ति प्राप्त हो सकती है

सुनियै सबकी कहियै न कछु रहियै इमि या मन-बागर मैं।
करियै ब्रत-नेम सचाई लियें, जिन तें तरियै मन-सागर मैं।
मिलियै सब सौं दुरभाव बिना, रहियै सतसंग उजागर मैं।
रसखानि गुबिंदहिं यौं भजियै जिमि नागरि को चित गागर मैं।।

भगवान की तीन प्रमुख विभूतियां मानी गईं हैं- शक्ति, शील और सौन्दर्य। जिस प्रकार तुलसीदास ने राम के शील और शक्ति का विस्तृत निरूपण किया है वैसा किसी भी कृष्ण भक्त कवि ने कृष्ण की इन विभूतियों का नहीं किया। उन्होंने कृष्ण की सौंदर्य-विभूतियों के विविध रूपों को ही अपने वर्णन का मुख्य विषय बनाया। रसखान का मन भी सौंदर्य की ही परिधि में घूमता रहा। उन्होंने कुछ गिने-चुने स्थलों पर ही कृष्ण की शक्ति और शील का चित्रण किया है। कालिय दमन

और कुवलया वध के प्रसंग इसी प्रकार के स्थल हैं। कालियादमन के प्रसंग में रसखान ने व्याजस्तुति के सहारे कृष्ण के शक्ति-संपन्न रूप का बड़ा मनोहर चित्र अंकित किया है–

लोग कहैं ब्रज के रसखानि अनंदित नन्द जसोमति जू पर।
छोहरा आजु नयो जनम्यौ तुम सो कोऊ भाग भरयौ नहिं भू पर।
वारि के दाम संवार करौ अपने अपचाल कुचाल ललू पर।
नाचत रावरो लाला गुपाल सो काल सौ ब्याल-कपाल के ऊपर।।

कुवलया-वध का वीरसपूर्ण वर्णन भी ओजस्वी शब्दों में किया गया है–

कंस के क्रोध की फैलि रही सिगरे ब्रजमंडन मांझ फुकार सी।
आइ गए कछनी कछिकै तबहीं नट-नागर नन्दकुमार सी।
द्वरद को रद खैंचि लियौं रसखानि हिये महि लाइ बिचार सी।
लीनी कुठौर लगी लखि तोरि कलंक तमाल तें कीरति-डार सी।।

कृष्ण के शील की व्यंजना रसखान ने उनके गुण-कथन के सन्दर्भों में की है–

(क) गोतम गेहिनी कैसी तेरी, प्रहलाद को कैसें हरयौ दुख भारो।
(ख) बाँसुरीवारो बड़ों रिझवार है स्याम जु नैसुक ढार ढरैगो।
(ग) लड़लो छैव वही तो अहीर को पीर हमारे हिये की हरैगो।।

भगवान के नाम, रूप, गुण, लीला और धाम का वर्णन सभी सगुण भक्तों का प्रिय विषय रहा है। रसखान ने इनकी चर्चा बहुत कम की है प्रेममार्गी रुचि के कारण उनका मन कृष्ण के रूप और लीला के चित्रण में अधिक रमा है। दार्शनिक दृष्टि से उन्होंने कृष्ण के स्वरूप का विशद निरूपण नहीं किया। केवल कुछ पद्यों में उसका आभास दिया है। वेदांती लोग जिसे ब्रह्म कहते हैं, जो ब्रह्मा का सेव्य है, सदाशिव जिसका ध्यान किया करते हैं, वही कृष्ण हैं। जो वैष्णवों का विष्णु है, जो योगियों की साधना का साध्य है, वही ब्रजचन्द कृष्ण हैं। ब्रह्मा, विष्णु और कृष्ण में स्वरूपतः कोई भेद नहीं हैं, केवल नाम की उपाधि भिन्न है। यशोदा आदि भक्तजनों को अपनी लीला का आनन्द देने के लिए ही भगवान कृष्ण अवतार धारण करते हैं–

वेई ब्रह्म ब्रह्मा जाहि सेवत हैं रैन-दिन,
सदासिव सदा ही धरत ध्यान गाढ़े हैं।
वेई विष्नु जाके काज मानी मूढ़ राजा रंक,
जोगी जती ह्वै के सीत सह्यौ अंग डाढ़े हैं।
कोई ब्रजचन्द रसखानि प्रान प्रानन के,

जाके अभिलाष लाख लाख भाँति बाढ़े हैं।
जसुधा के आगे बसुधा के मान-मोचन ये,
तामरस लोचन खरोचन कौं ठाढ़े हैं।

भगवान के नाम और गुण असंख्य हैं। वे अनादि, अनंत, अखंड और अछेद्य हैं। वे भक्त-प्रेम के वशीभूत हैं। उनकी भक्तवत्सलता का सबसे बड़ा प्रमाण यह है कि वे इतने महिमाशाली और शक्तिमान होकर भी अहीरों की छोकरियों को प्रसन्न करने के लिए छछिया भर छाछ पर नाच नाचने को प्रस्तुत करते हैं–

नाम अनंत गनंत ज्यौं ब्रह्मा त्रिलोचन पार न पावत।
सेष गनेस महेस दिनेस सुरेसहु जाहि निरंतर गावै।
जाहि अनादि अनंत अखड अछेद अभेद सुबेद बतावैं।
नारद से सुक ब्यास रहैं पचि हारे तऊ पुनि पार न पावैं।
ताहि अहीर की छोहरियाँ छछिया भरि छाछ पै नाच नचावैं।।

सौंदर्य-प्रेमी और लीला-गायक रसखान को भगवान के नाम-जप में कोई विशेष आकर्षण नहीं प्रतीत हुआ। इसलिए उन्होंने एकाध स्थलों पर नाम-कीर्तन का उल्लेख किया है यथा–

जो रसना रस ना बिलसै तेहि देहु सदा निज नाम उचारन।

भगवान कृष्ण के गुणों का गान भी रसखान ने बारंबार किया है–

बेन वही उनको गुन गाइ औ कान वही उन बैंन सों सानी।
गावैं गुनी गनिका गंधरब्बा औ सारद सेष सबै गुन गावत।
द्रौपदी औ गनिका गज गीध अजामिल सों कियौ सो न निहारो।

रसखान का मन मुख्य रूप से श्रीकृष्ण की मधुर लीलाओं के गान में ही रमा हैं। कृष्ण भक्त कवियों के द्वारा सामान्यतः वर्णित लीलाओं का उन्होंने भी वर्णन किया है। इन लीलाओं में बाललीला, गोचारण, चीरहरण, कुंजलीला, रासलीला, पनघटलीला, दानलीला, वनलाल, गोरसलीला, प्रेमलीला, सुरतलीला, होली आदि प्रमुख हैं। रसखानि के द्वारा किए गए कृष्णलीला वर्णन के एकाध पद्य ही ऐसे हैं जिन्हें पढ़कर सामान्य पाठक को भक्तिरस की अनुभूति होती है। यह ठीक है परन्तु भक्तजनों का अनुभव इससे भिन्न है। उनके लिए श्रीकृष्ण सदैव भगवान ही हैं- वे चाहे जिस वेष में सामने आएं, चाहे जो लीला करें। जिस प्रकार प्रेमी को अपना प्रेम पात्र प्रत्येक दशा में प्रिय होता है- वह चाहे जो भी वेष-भूषा धारण करे, उसी प्रकार भक्तो को भगवान भगवान के ही रूप में, ही आराध्य रूप में दिखाई देता है- वह चाहे जो भी रूप धारण करे। उसकी प्रत्येक लीला भक्त को अपने इष्टदेव की ही लीला

दिखाई देती है। रसखान ने कृष्ण की लीला का गान इसी भक्त-दृष्टि से किया है। कृष्ण की माखनचोरी, पनघटलीला, रासलीला, सुरतलीला, आदि का वर्णन करते समय रसखान के हृदय में यह बात कभी तिरोहित नहीं हुई कि वे अपने आराध्य भगवान कृष्ण की लीला का वर्णन कर रहे हैं।

रसखान ने कृष्ण के धाम का भी वर्णन किया है। इस प्रसंग में यह बात ध्यान देने योग्य है कि उन्होंने पौराणिक भक्तों की भांति बैकुण्ठ या क्षीरसागर का कोई वर्णन नहीं किया। उन्होंने कृष्ण की अवतार-लीला के धाम ब्रज का ही वर्णन किया है।

मृत्यु

इस महान साहित्यकार की मृत्यु संवत 1671 के बाद हुई। इनका मृत्यु-स्थान मथुरा-वृन्दावन को मानना पड़ेगा। उन्होंने स्वयं भी कहा है—

प्रेम निकेतन श्रीबनहिं आई गोबर्धन धाम। लहयौ सरन चित चाहि कै, जुगल-सरूप ललाम।

इस दोहे के अनुसार रसखान गोवर्धन धाम के निकट रहने लगे। वहां उनकी मृत्यु हो गई। उनके मरने के बाद महावन में उनकी समाधि बनाई गई जो रसखान की छत्री के नाम से आज भी प्रसिद्ध है। रसखान का जन्म संवत 1590 में पिहानी में हुआ। बाल्यावस्था में इन्होंने वहां से दिल्ली प्रस्थान किया। वहां संवत 1613-1614 में हुए भीषण अकाल और गदर को देखकर ये ब्रज चले गए। संवत 1634 से 1637 तक रामचरितमानस का पाठ सुना। संभवतः वहीं से उन्हें काव्य की प्रेरणा मिली। उन्होंने कृष्ण को आधार बना ब्रज में निवास कर काव्यमंदाकिनी को प्रवाहित किया। वहीं की धरती ने उन्हें अपनी आगोश में ले लिया। संवत 1671 के बाद उनकी मृत्यु हो गई।

5

दादू दयाल के काव्य में लोक जीवन

दादू दयाल हिन्दी के भक्तिकाल में ज्ञानाश्रयी शाखा के प्रमुख सन्त कवि थे। इन्होंने एक निर्गुणवादी संप्रदाय की स्थापना की, जो दादू पंथ के नाम से ज्ञात है। वे अहमदाबाद के एक धुनिया के पुत्र और मुगल सम्राट् शाहजहाँ (1627-58) के समकालीन थे। उन्होंने अपना अधिकांश जीवन राज पूताना में व्यतीत किया एवं हिन्दू और इस्लाम धर्म में समन्वय स्थापित करने के लिए अनेक पदों की रचना की। उनके अनुयायी न तो मूर्तियों की पूजा करते हैं और न कोई विशेष प्रकार की वेशभूषा धारण करते हैं। वे सिर्फ्ढ राम-नाम जपते हैं और शांतिमय जीवन में विश्वास करते हैं, यद्यपि दादू पंथियों का एक वर्ग सेना में भी भर्ती होता रहा है। भारत के अन्य भक्त और संत की तरह दादू दयाल के जीवन के बारे में भी प्रामाणिक जानकारी का अभाव है। इनका जन्म, मृत्यु, जीवन और व्यक्तित्व किंवदन्तियों, अफवाहो और कपोल-कल्पनाओं से ढका हुआ है। इसका एक कारण यह है कि ये संत आम जनता के बीच से उभरे थे।

जीवन परिचय

दादू पेशे से धुनिया थे और बाद में वह धार्मिक उपदेशक तथा घुमक्कड़ बन गए। वह कुछ समय तक सांभर व आंबेर और अंततः नारायणा में रहे, जहाँ उनकी मृत्यु हुई। ये सभी स्थान जयपुर तथा अजमेर (राजस्थान राज्य) के आसपास है। उन्होंने वेदों की सत्ता, जातिगत भेदभाव और पूजा के सभी विभेदकारी आडंबरों को अस्वीकार किया। इसके बदले उन्होंने जप (भगवान के नाम की पुनरावृत्ति) और आत्मा को ईश्वर की दुल्हन मानने जैसे मूल भावों पर ध्यान केंद्रित किया। उनके अनुयायी शाकाहार और मद्यत्याग पर जोर देते हैं और संन्यास दादू पंथ का एक

अनिवार्य घटक है। दादू के उपदेश मुख्यतः काव्य सूक्तियों और ईश्वर भजन के रूप में हैं, जो 5,000 छंदों के संग्रह में संगृहीत है, जिसे बानी (वाणी) कहा जाता है। ये अन्य संत कवियों, जैसे कबीर, नामदेव, रविदास और हरिदास की रचनाओं के साथ भी किंचित परिवर्तित छंद संग्रह पंचवाणी में शामिल हैं। यह ग्रंथ दादू पंथ के धार्मिक ग्रंथों में से एक है। आम जनता का विवरण आम तौर पर कहीं नहीं मिलता। यही कारण है कि इन संतों के जीवन का प्रामाणिक विवरण हमें नहीं मिलता। दादू, रैदास और यहाँ तक की कबीर का नामोल्लेख भी उस युग के इतिहास-ग्रंथों में यदा-कदा ही मिलता है। संतों का उल्लेख उनकी मृत्यु के वर्षों बाद मिलने लगता है, जब उनके शिष्य संगठित राजनीतिक-सामाजिक शक्ति के रूप में उभर कर आने लगे थे। इतनी उपेक्षा के बावजूद, दादू दयाल उन कवियों में से नहीं हैं, जिन्हें भारतीय जनता ने भुला दिया हो। आधुनिक शोधकर्ताओं ने अनुसंधान करके ऐसे अनेक विस्मृत कवियों को खोज निकालने का गौरव प्राप्त किया है।

विभिन्न मतों के अनुसार

चंद्रिका प्रसाद त्रिपाठी के अनुसार अठारह वर्ष की अवस्था तक अहमदाबाद में रहे, छह वर्ष तक मध्य प्रदेश में घूमते रहे और बाद में सांभर (राजस्थान) में आकर बस गये। यदि दादू का जन्म अहमदाबाद में ही हुआ था, तो वे सांभर कब और क्यों आये। सांभर आने से पहले उन्होंने क्या किया था और कहाँ-कहाँ भ्रमण कर चुके थे। इसकी प्रामाणिक सूचना हमें नहीं मिलती।

जन गोपाल की परची के अनुसार दादू तीस वर्ष की अवस्था में सांभर में आकर रहने लगे थे। सांभर निवास के दिनों के बाद की उनकी गतिविधियों की थोड़ी बहुत जानकारी मिलती है। सांभर के बाद वह कुछ दिनों तक आमेर में (जयपुर के निकट) रहे। यहाँ पर अभी भी एक दादू द्वारा बना हुआ है।

कुछ लोगों का कहना है, दादू ने फतेहपुर सीकरी में अकबर से भेंट की थी और चालीस दिनों तक आध्यात्मिक विषयों की चर्चा भी करते रहे थे। यद्यपि ऐतिहासिक दस्तावेजों में यह जानकारी उपलब्ध नहीं है। यह अनुमान का विषय है। वैसे अकबर ने उस युग के अनेक धार्मिक भक्तों और संतों से विचार-विमर्श किया था। कई हिन्दू संत भी उनसे मिलने गये थे। सम्भव है उनमें दादू भी एक रहे हों और अपने जीवन काल में इतने प्रसिद्ध न होने के कारण उनकी ओर ध्यान केन्द्रित न किया गया हो। अन्य संतों की तरह दादू दयाल ने भी काफी देश-भ्रमण किया था। विशेषकर उत्तर भारत, काशी), बिहार, बंगाल और राजस्थान के भीतरी भागों में

लम्बी यात्राएँ की थीं। अन्त में, ये नराणा, राजस्थान में रहने लगे, जहाँ उन्होंने अपनी इहलीला समाप्त की।

जन्म

संत कवि दादू दयाल का जन्म फागुन सुदी आठ बृहस्पतिवार संवत् 1601 (सन् 1544 ई.) को हुआ था। दादू दयाल का जन्म भारत के राज्य गुजरात के अहमदाबाद शहर में हुआ था, पर दादू के जन्म स्थान के बारे में विद्वान एकमत नहीं है। दादू पंथी लोगों का विचार है कि वह एक छोटे से बालक के रूप में (अहमदाबाद के निकट) साबरमती नदी में बहते हुए पाये गये। दादू दयाल का जन्म अहमदाबाद में हुआ था या नहीं, इसकी प्रामाणिक जानकारी प्राप्त करने के साधन अब हमारे पास नहीं हैं। फिर भी इतना तो निश्चित है कि उनके जीवन का बड़ा भाग राजस्थान में बीता।

पारिवारिक जीवन

उनके परिवार का सम्बन्ध राजदरबार से नहीं था। तत्कालीन इतिहास लेखकों और संग्रहकर्तृताओं की दृष्टि में इतिहास के केंद्र राजघराने ही हुआ करते थे। दादू दयाल के माता-पिता कौन थे और उनकी जाति क्या थी। इस विषय पर भी विद्वानों में मतभेद है। प्रामाणिक जानकारी के अभाव में ये मतभेद अनुमान के आधार पर बने हुए हैं। उनके निवारण के साधन अनुपलब्ध हैं। एक किंवदंती के अनुसार, कबीर की भाँति दादू भी किसी कवाँरी ब्राह्मणी की अवैध सन्तान थे, जिसने बदनामी के भय से दादू को साबरमती नदी में प्रवाहित कर दिया। बाद में, इनका लालन-पालन एक धुनिया परिवार में हुआ। इनका लालन-पालन लोदीराम नामक नागर ब्राह्मण ने किया। आचार्य परशुराम चतुर्वेदी के मतानुसार इनकी माता का नाम बसी बाई था और वह ब्राह्मणी थी। यह किंवदंती कितनी प्रामाणिक है और किस समय से प्रचलित हुई है, इसकी कोई जानकारी नहीं है। सम्भव है, इसे बाद में गढ़ लिया गया हो। दादू के शिष्य रज्जब ने लिखा है–

धुनी ग्रभे उत्पन्नो दादू योगन्द्रो महामुनिः।
उतृम जोग धारनं, तस्मात् क्यं न्यानि कारण।।

पिंजारा रुई धुनने वाली जाति-विशेष है, इसलिए इसे धुनिया भी कहा जाता है। आचार्य क्षितिजमोहन सेन ने इनका सम्बन्ध बंगाल से बताया है। उनके अनुसार, दादू मुसलमान थे और उनका असली नाम दाऊद था। दादू दयाल के जीवन

की जानकारी दादू पंथी राघोदास भक्तमाल और दादू के शिष्य जनगोपाल द्वारा रचित श्री दादू जन्म लीला परची में मिलता है। इसके अलावा दादू की रचनाओं के अन्तःसाक्ष्य के माध्यम से भी, हम उनके जीवन और व्यक्तित्व के बारे में अनुमान लगा सकते हैं।

हिन्दू समाज में परम्परागत रूप से व्यक्ति का परिचय उसके कुल और उसकी जाति से दिया जाता रहा है। जात-पात की व्यवस्था मध्य काल में बहुत सुदृढ़ थी। अधिकांश निर्गुण संत कवि नीची समझी जाने वाली जातियों में हुए थे और वे जात-पात की व्यवस्था के विरोधी थे। लेकिन उनके अपमान का अभिजात समाज जात-पात का कट्टर समर्थक था। इस क्रूर यथार्थ को संत कवि जानते थे। फिर भी, उनके मन में अपनी जाति सम्बन्धी कोई हीन भावना नहीं थी। अतः उन्होंने न तो अपनी जाति को छिपाया और न इसे चरम सत्य मानकर ही पूजते रहे। कई बार स्वयं इनके जिज्ञासु भक्त भी यह पूछ ही लेते थे कि महाराज, आपकी जाति क्या है।

ऐसे जिज्ञासु भक्तों को सम्बोधित करते हुए दादू ने लिखा–

दादू कुल हमारे केसवा, सगात सिरजनहार।
जाति हमारी जगतगुर, परमेश्वर परिवार।।
दादू एक सगा संसार में, जिन हम सिरंजे सोइ।।
मनसा बाचा क्रमनां, और न दूजा कोई।।

यहाँ दादू ने अपनी विचार प्रणाली को व्यक्त करते हुए कहा है कि मेरे सच्चे सम्बन्ध तो ईश्वर से हैं। और इसी सम्बन्ध से मेरा परिचय है। परिवार में अपने-पराये की भावना आ जाती है। दादू इसे संसार की माया और संसार के मोह की संज्ञा देते हैं। दादू अपने आपको इनसे मुक्त कर चुके थे, वह संसार में रहते हुए भी सांसारिक बंधनों को काट चुके थे। अतः निरर्थक जात-पात की लौकिक भाषा में अपना वास्तविक परिचय कैसे देते।

फिर भी, कई स्थानों पर उन्होंने स्पष्ट उल्लेख किया है कि वे एक पिंजारा हैं। एक पद में उन्होंने लिखा है–

कौण आदमी कमीण विचारा, किसकौं पूजै गरीब पिंजारा।।टेक
मैं जन येक अनेक पसारा, भौजिल भरिया अधिक अपारा।।1
एक होइ तौ कहि समिझाऊँ, अनेक अरुझै क्यौं सुरझाउं।।2
मैं हौं निबल सबल ए सारे, क्यौं करि पूजौं बहुत पसारे।।3
पीव पुकारौ समझत नाही, दादू देषि दिसि जाही।।4

दादू ने इस पद में अपने आपको कमीण कहकर पुकारा है। यह उन्होंने नम्रतावश ही नहीं कहा है। बल्कि सवर्णों द्वारा नीची समझी जाने वाली जातियों के व्यक्तियों को पुकारे जाने वाले नाम को प्रकट किया है और प्रकारान्तर से सवर्णों की समझ की अपज्ञापूर्वक निन्दा भी कर दी है।

दादू ने एक और पद में कहा है–

तहाँ मुझ कमीन की कौन चलावै।
जाका अजहूँ मुनि जन महल न पावै। ।टेक
स्यौ विरंचि नारद मुनि गाबे, कौन भाँति करि निकटि बुलावै। ।1
देवा सकल तेतीसौ कोडि, रहे दरबार ठाड़े कर जोडधि। ।2
सिध साधक रहे ल्यौ लाई, अजहूँ मोटे महल न पाइ। ।3
सवतें नीच मैं नांव न जांनां, कहै दादू क्यों मिले सयाना। ।4

इस पद में सामाजिक संवेदना और आध्यात्मिक अनुभव का मिश्रण हुआ है। दादू ईश्वर से मिलना चाहता है, लेकिन यह समाज बाधक बना हुआ है। ईश्वर की दृष्टि में सभी मनुष्य बराबर हों भी तो क्या होता है। समाज तो मुझे सबसे नीच और कमीन कहकर ही पुकारता है। यहाँ ईश्वर से न मिल पाने की निराशा के साथ-साथ सामाजिक अन्याय से आहत हृदय का दर्द भी अभिव्यक्त हो गया है। इस अन्तः साक्ष्य के आधार पर निस्संकोच रूप से यह कहा जा सकता है कि दादू पिंजारा थे। ब्राह्मण सिद्ध करने वाली किंवदंतियों का जन्म बाद में हुआ। वह मुसलमान थे या नहीं, या उन्होंने इस्लाम में नयी-नयी दीक्षा ले ली थी, जिसके कारण उनमें कुछ हिन्दू संस्कार बच गए थे, पर वह थे मुसलमान ही। इसका कोई प्रमाण नहीं मिलता। सम्भव है, यह उन पर आरोप लगाने के लिए कहा जाता रहा हो। निर्गुण संतों की वर्णाश्रम विरोधी चेतना के प्रभाव को खत्म करने के लिए उन पर इस्लाम के प्रभाव को प्रचारित किया जाता रहा है। इस्लाम चूँकि उस युग का राज-धर्म था, अतः इनको भी तत्कालीन सत्ताधारियों से जोड़कर इनके जन-आधार को संकुचित करने का प्रयास किया गया था। ऐसा अनुमान इसलिए लगाया जा सकता है क्योंकि यही आरोप कबीर पर भी लगाया गया था। उन्होंने अपनी रचनाओं में हिन्दू और तुर्क दोनों के मार्गों को गलत बताया है। उनके शिष्य हिन्दू और मुसलमान दोनों थे। फिर भी, उनके इस्लाम में दीक्षित हो जाने का कोई तर्क-सम्मत कारण नहीं दिखायी देता।

दादू की पत्नी कौन थी, और उसका क्या नाम था, इसकी प्रामाणिक जानकारी नहीं मिलती। इनके गरीबदास और मिस्कीनदास नामक दो पुत्र और नानीबाई तथा माताबाई नाम की दो पुत्रियाँ थीं। कुछ विद्वान इस बात से असहमत हैं। उनके

अनुसार ये उनके वरद पुत्र थे। कुछ लोगों के अनुसार ये उनके शिष्य थे। जनगोपाल के अनुसार दादू तीस वर्ष की अवस्था में सांभर में बस गये और दो वर्ष के बाद, उनके ज्येष्ठ पुत्र गरीबदास का जन्म हुआ।

दादू के गुरु

दादू ने अपनी वाणी में गुरु की महिमा का गान तो बहुत किया है, लेकिन उनका कहीं नाम नहीं लिया है, जिनके ज्ञान के प्रभाव से दादू का व्यक्तित्व लौकिक बाधा-बंधनों को काट सका। दादू ने अपनी रचनाओं में गुरु की महिमा का विस्तार से बखान किया है। अतः यह जानना भी हमारे लिए आवश्यक है कि इनके गुरु कौन थे। लेकिन इस तथ्य की प्रमाणिक जानकारी अनुपलब्ध है। जन गोपाल की श्री दादू जन्म लीला परची के अनुसार ग्यारह वर्ष की अवस्था में भगवान ने एक बुद्ध के रूप में दर्शन देकर इनसे एक पैसा माँगा। फिर इनसे प्रसन्न होकर इनके सिर पर हाथ रखा और इनके सारे शरीर का स्पर्श करते हुए इनके मुख में सरस पान भी दिया। दादू पंथियों के अनुसार बुड्ढन नामक एक अज्ञात संत इनके गुरु थे। जन गोपाल के अनुसार बचपन के ग्यारह वर्ष बीत जाने के बाद, इन्हें बुड्ढे के रूप में गुरु के दर्शन हुए।

वे साक्षर थे या नहीं, इसके बारे में अब भी संदेह बना हुआ है। इनके गुरु, जो अब तक अज्ञात हैं, यदि वे थोड़े बहुत साक्षर रहे भी हों तो भी इतना निश्चित है कि इन्होंने धर्म और दर्शन का अध्ययन नहीं किया था। उनकी रचनाओं का वस्तुगत विश्लेषण इसकी पुष्टि नहीं करता कि उन्होंने धर्म का शास्त्रीय अध्ययन किया था। अन्य निर्गुण संतों की तरह इन्हें भी सत्संग से धर्म-आध्यात्म का ज्ञान मिला था। उन्होंने लिखा है–

हरि केवल एक अधारा, सो तारण तिरण हमारा।।टेक
ना मैं पंडित पढि गुनि जानौ, ना कुछ ग्यान विचारा।।1
ना मैं आगम जोंतिग जांनौ, ना मुझ रूप सिंगारा।।2

यहाँ पढ़-लिखकर पंडित होने का तात्पर्य शास्त्रीय विद्या से लिया जा सकता है। मध्य युग में यह सुविधा सिर्फ सवर्णों को मिली हुई थी। यहाँ एक तरफ तो उन तथाकथित सवर्णों की स्थिति पर व्यंग्य किया गया है। दूसरी तरफ शास्त्रीय ज्ञान के अभाव की कसक को भी संप्रेषित किया गया है। धर्म-शास्त्रों के शास्त्रज्ञों ने निश्चय ही उनके ज्ञान को चुनौती दी थी और दादू जैसे शांत स्वभाव के संत ने इस कमी को स्वीकार कर लिया–

आगम मो पै जाण्यौ न जाइ, इहै विमासनि जियड़े माहि।।

यह भी एक सर्वस्वीकृत तथ्य है कि अपनी रचनाओं का संग्रह स्वयं दादू दयाल ने नहीं बल्कि उनके शिष्यों ने किया था। इससे भी यह संदेह पुष्ट होता है कि शायद दादू साक्षर नहीं थे। भक्तिकाल के इन निर्गुण संतों की बड़ी विशेषता यह भी थी कि इनमें से अधिकांश संत गृहस्थ थे। वे सांसारिक मोह-माया को त्यागने का उपदेश देते थे। लेकिन संसार के त्याग का नहीं। इसका तात्पर्य यह है कि संसार में रहते हुए भी संसार से ऊपर उठा जाए। संसार का बहिष्कार करने वाले तो कायर होते हैं। उन्हें मुक्ति कैसे मिल सकती है। सांभर से ही दादू दयाल की भक्ति-साधना आरम्भ होती है। यहीं से उन्होंने उपदेश देने शुरू किए थे और यहीं पर उन्होंने पर ब्रह्म सम्प्रदाय की स्थापना की थी। जो दादू की मृत्यु के बाद दादू पंथ कहा जाने लगा। दादू ने अपनी रचनाओं में अपने परिवार और पारिवारिक स्थिति का जिक्र किया है। उन्होंने लिखा है—

दादू रोजी राम है, राजिक रिजक हमार।
दादू उस परसाद सौं, पोष्या सब परिवार।।
दादू साहिब मेरे कपड़े, साहिब मेरा पाण।
साहिब सिर का नाज है, साहिब प्यंड परांण।।
सांई सत संतोष दे, भाव भगति बेसास।
सिदक सबूरी साच दे, माँगै दादू दास।।

ऐसा लगता है कि किसी जिज्ञासु व्यक्ति ने दादू से सीधा सवाल पूछा था कि आपका खाना-पीना कैसे चलता है। आप अपने परिवार का भरण-पोषण कैसे करते हैं। अर्थात आपकी आय के साधन क्या हैं। यहाँ तो चारों तरफ अभाव ही अभाव दिखाई दे रहा है। इस जिज्ञासा को शांत करने के लिए दादू ने कहा कि राम ही मेरा रोजगार है, वही मेरी सम्पत्ति है, उसी राम के प्रसाद से परिवार का पोषण हो रहा है। इन पंक्तियों से यह अनुमान सहज ही लगाया जा सकता है कि यहाँ पर ऐश्वर्य का बोलबाला नहीं, गरीबी का साम्राज्य है। यह बात यहाँ रेखांकित करने के लायक है कि दादू को अपनी गरीबी से कोई शिकायत नहीं है। इसे सहज जीवन स्थिति मानकर उन्होंने स्वीकार कर लिया है। गरीबी की पीड़ा का बोध और उससे उत्पन्न आक्रोश दादू की रचनाओं में कहीं भी नहीं मिलता। यहाँ कवि राम पर निर्भर है, क्योंकि लौकिक स्थिति अनिश्चित है। जिसे ईश्वर ने माँ के गर्भ में बच्चे के लिए नौ महीने तक भोजन पहुँचा दिया है और जिसने जठराग्नि के बीच उसकी कोमल काया को बचाए रखा है, वह राम न कभी इतना निर्दयी हो सकता है और

न इतना अशक्त ही कि वह व्यक्ति को इस संसार में भूख से मार डाले। अतः मनुष्य को खाने-पीने की अभाव की हाय-तौबा नहीं मचानी चाहिये। दादू के अनुसार अपने व्यक्तिगत जीवन की चिन्ता मनुष्य को नहीं करनी चाहिये, स्वयं राम अपने आप मनुष्य की चिनता करता है और करेगा। दादू ने एक साखी में कहा है–

दादू हूंणा था सो होइ रह्‌ या, और न होवै आइ।
लेणा था सो ले रह्‌ या, और न लीया जाइ।।

दादू की इन पंक्तियों में सामाजिक जीवन भी व्यक्त हो गया है। इससे तत्कालीन राज्य व्यवस्था में जनता की अशक्ति प्रकट होती है। वह मानते हैं कि अपनी चिन्ता स्वयं करने से समस्या का समाधान नहीं हो सकता। इसक़ा फल हानिकारक है। अतः दादू कहते हैं कि आदमी को अनुत्पादक चिन्ता नहीं करनी चाहिये। उस युग के भक्तों और संतों ने यह अनुभवपरक निष्कर्ष निकाला था कि आदमी को अपने भोजन-पानी की चिन्ता नहीं करनी चाहिये। वह तो मिल ही जायेगा। इससे अधिक सम्पत्ति संचित करने की इच्छा मनुष्य को निरन्तर कष्ट देती है। वह सम्पत्ति संचय तो नहीं कर पाता, उल्टे अपने भोजन से ही हाथ धो बैठता है। अतः संतोष धारण करके आदमी को राम का नाम लेते रहना चाहिये। अपने समय के समाज का सर्वेक्षण करते हुए दादू ने कहा है–

दादू सब जग नीधना, धनवंता नहीं कोई।
सो धनवंता जाणिय, जाकै राम पदारथ होई।।

इसी सामाजिक स्थिति को ध्यान में रखते हुए संत कवि मूलकदास ने कहा था कि अजगर किसी कि चाकरी नहीं करता और पक्षी कोई भी काम नहीं करते। फिर भी उनको आहार तो मिलता ही है। सब जीवों के दाता राम हैं। अतः मनुष्य को खाने-पीने के लिए अपनी आत्मा को गिरवी नहीं रखना चाहिये।

निर्गुण संत

दादू दयाल ने अपने पूर्ववर्ती निर्गुण संतों का नाम बड़े आदर और सम्मान के साथ लिया है। विशेष रूप से उन्होंने नामदेव, कबीर और रैदास के प्रति अगाध श्रद्धा प्रकट की है। कबीर तो दादू के आदर्श थे। उन्होंने एक पद में लिखा–

अंमृत रांम रसाइण पीया, ताथैं अमर कबीरा कीया।।
रांम रांम कहि रांम समांनां, जन रैदास मिले भगवाना।।

अर्थात कबीर ने राम रस का पान किया था, इससे वह अमर हो गये। जन रैदास राम का नाम लेकर राम के समान हो गये। उनके पदों और साखियों का प्रभाव

दादू-वाणी पर स्पष्ट देखा जा सकता है। कई साखियाँ तो थोड़ी बहुत हेर-फेर के बाद कबीर और दादू दोनों के नाम से प्रचलित हैं। कबीर की रचनाओं पर भी पूर्ववर्ति नाथों और सिद्धों की रचनाओं का बहुत गहरा असर पड़ा है। अतः इनके साहित्य को देखकर यह निश्चय पूर्वक नहीं कहा जा सकता कि इनका कौन-सा पद मौलिक है और कौन-सा नहीं।

दादू के शिष्य

दादू के जीवन काल में ही उनके अनेक शिष्य बन चुके थे। उन्हें एक सूत्र में बाँधने के विचार से एक पृथक सम्प्रदाय की स्थापना होनी चाहिये, यह विचार स्वयं दादू के मन में आ गया था। और इसलिए उन्होंने सांभर में पर ब्रह्म सम्प्रदाय की स्थापना कर दी थी। दादू की मृत्यु के बाद उनके शिष्यों ने इस सम्प्रदाय को दादू पंथ कहना शुरू कर दिया। आरम्भ में इनके कुल एक सौ बावन शिष्य माने जाते रहे। इनमें से एक सौ शिष्य (बीतरागी) थे और भगवत भजन में ही लगे रहे। बावन शिष्यों ने एकांत भगवत-चिन्तन के साथ लोक में ज्ञान के प्रचार-प्रसार का संगठनात्मक कार्य करना भी आवश्यक समझा। इन बावन शिष्यों के थांभे प्रचलित हुए। इनके थांभे अब भी अधिकतर राजस्थान, पंजाब व हरियाणा में हैं। इस क्षेत्र में अनेक स्थानो पर दादू-द्वारों की स्थापना की गई थी। उनके शिष्यों में गरीबदास, बधना, रज्जब, सुन्दरदास, जनगोपाल आदि प्रसिद्ध हुए। इनमें से अधिकतर संतों ने अपनी मौलिक रचनाएँ भी प्रस्तुत की थीं।

आचार्य परशुराम चतुर्वेदी ने लिखा है--दादू दयाल जी के देहान्त हो जाने के लगभग सौ बर्षों के अन्दर दादू पंथ के अनुयायियों की विचारधारा, वेष भूषा, रहन-सहन तथा उपासना प्रणाली में क्रमशः न्यूनाधिक परिवर्तन आरम्भ हो गया और यह बात प्रधान केन्द्र तक में दीख पड़ने लगी। नराणा के महन्तों का जैतराम जी (सं0 1750-1789) से अविवाहित रहा करना आवश्यक हो गया, दादू वाणी को उच्च स्थान पर पधारकर उसका पूजन आरम्भ हो गया। विधिवत आरती एवं भजनों का गान होने लगा, स्वर्गीय सदगुरु के प्रति परमात्मवाद भाव प्रदर्शित किया जाने लगा तथा साम्प्रदायिकता के भाव में उत्तरोत्तर वृद्धि होती चली गयी। जब तक दादू दयाल जी के रज्जब जी, सुन्दरदास जी, बनवारीदास जी जैसे शिष्य जीवित रहे उनकी मूल बातों की ओर लोगों का ध्यान अधिक आकृष्ट रहा। किन्तु इनके भी मर जाने पर जब पृथक-पृथक थांभों की प्रतिष्ठा हो चली और उक्त विचार धारा का दूर-दूर तक प्रचार हो चला तो, कुछ स्थानीय विशेषताओं के कारण और कुछ व्यक्तिगत मतभेदों

के भी आ जाने से, उपसम्प्रदायों तक की सृष्टि आरम्भ हो गयी। दादू मत का मौलिक सार्वभौमरूप क्रमशः तिरोहित-सा होता चला गया और उसकी जगह एक न्यूनाधिक हिन्दू धर्म प्रभावित पंथ निर्मित हो गया।

दादू दयाल के विरोधी

दादू दयाल के जहाँ इतने शिष्य और समर्थक थे, वहाँ उनके विरोधी और निंदक भी कम नहीं थे। दादू दयाल अपने निंदकों को जानते थे। इसलिए एक पद में उन पर हल्का-सा व्यंग्य किया है। उसमें दादू ने कहा है कि निंदक तो मुझे भाई के समान प्रिय हैं, जो करोड़ों कर्मों के बंधन को काटता है। जो स्वयं भवसागर में डूबकर भी दूसरे को बचा लेता है। वह उनको युगों तक जीवित रहने का आशीर्वाद भी देते हैं–

न्यंदक बावा बीर हमारा, बिन ही कौड़े वहे विचारा।।टेक
करम कोटि के कुसमल काटै, काज सवारे बिनही साटे।।1
आपण बूड़ै और कौं तारै, ऐसा प्रीतम पार उतारे।।2
जुगि जुगि जीवे निंदक मोरा, रामदेव तुम करौं निहोरा।।3
न्यंदक बपुरा पर उपगारी, नादू न्यंद्या करें हमारी।।4

दूसरी ओर दादू ने अपने शिष्यों को उपदेश दिया है कि वे परनिंदा न किया करें, क्योंकि निंदा तो वह व्यक्ति करता है, जिनके हृदय में राम का निवास नहीं है। दादू को बड़ा आश्चर्य होता है कि लोग कैसे निस्संकोच रूप से दूसरे की निंदा कर देते हैं।

न्यंदत सब लोग विचारा, हमकौं भावे राम पियारा।।
नरसंसै त्रिदोष रहताजे, तासनि कहत गये रे ये।।
निरवैरी निहकामी साध, तासिरि देत बहुत अपराध।।
लोहा कंचन एक समान, तासनि कहैं करत अभिमान।।
न्यंदा स्तुति एक करि तौले, तासौं कहैं अपवाद हि बोलें।।
दादू निंदा ताकौं भावैं, जाकै हिरदे राम न आवैं।।

दादू की रचनाओं का वस्तुगत अध्ययन करने से पता चलता है कि उनमें वाद-विवाद की प्रवृत्ति कम थी। उन्होंने खण्डन कम और मण्डन अधिक किया है। इससे लगता है कि उनका विरोध या तो उनकी अनुपस्थिति में होता था, जिसकी जानकारी उन्हें बाद में मिलती थी या वह स्वयं इतने शान्त स्वभाव के थे कि किसी विवाद में उलझे ही नहीं। निंदा-स्तुति को उन्होंने समभाव से ग्रहण कर लिया था।

जो भी हो, उन्होंने अपने विरोधियों से बहस कम की है और समर्थकों को सलाह ज्यादा दी है।

प्रमुख उपसम्प्रदाय

कालान्तर में दादू पंथ के पाँच प्रमुख उपसम्प्रदाय निर्मित हुए–

खालसा

विरक्त तपस्वी

उतराधें या स्थानधारी

खाकी

नागा

इनके मानने वाले अलग-अलग स्थानों पर मिलते हैं। इनमें आपस में थोड़ी बहुत मत भिन्नता भी पायी जाती है। लेकिन सब उपसम्प्रदायों में दादू के महत्त्व को स्वीकार किया जाता है। संत दादू दयाल के विभिन्न स्मारकों का उल्लेख करते हुए आचार्य परशुराम चतुर्वेदी ने लिखा है–

संत दादू दयाल के स्मारक रूप विशिष्ट स्थानों में सर्वप्रथम स्थान करडाला व कल्याणपुर प्रसिद्ध है। जहाँ उन्होंने पहली बार काफी समय तक साधना की थी। इस बात का परिचय दिलाने के लिए वहाँ उनकी एक भजन शिला, वर्तमान है। वहाँ पर पहाड़ी के नीचे की ओर एक दादू द्वारा भी बना दिया गया है जिसे, उसी कारण महत्त्व दिया जाता है। करडाला के अतिरिक्त सांभर में भी दादू जी की एक छतरी बनी हुई है। जो उनके रहने की पुरानी कुटिया का प्रतिनिधित्व करती है और पीछे वहाँ पर एक विशाल मन्दिर भी बना दिया गया है। सांभर के अनन्तर अधिक समय तक उनके निवास करने का स्थान आमेर समझा जाता है, जहाँ पर एक सुन्दर दादू द्वारा निर्मित है। परन्तु इन सभी से अधिक महत्त्व नराणे को दिया जाता है, जहाँ पर अभी तक वह खेजड़े का वृक्ष भी दिखलाया जाता है, जहाँ पर वे बैठा करते थे। उसी के समीप एक भजनशाला है, तथा एक विशाल मन्दिर भी बना हुआ है। यहाँ का दादू द्वारा सर्वप्रथम माना जाता है। दादू जी का शव, जहाँ उनका देहान्त हो जाने पर, डाल दिया गया था, वह भराणे का स्थान भी उनके अन्तिम स्मारक के रूप में वर्तमान है। वहाँ पर भी एक चबूतरा बना दिया गया है और पूरा स्थान दादू खोल के नाम से भी अभिहित किया जाता है। कहते हैं कि यहीं कहीं पर उनके कुछ बाल, तूँबा, चोला तथा खड़ाऊँ भी अभी तक सुरक्षित है। कल्याणपुर, सांभर, आमेर, नराणा व भैराणा पंचतीर्थ भी माने जाते हैं।

उनके स्मारक के रूप में दो मेले भी लगा करते हैं। इनमें से एक नराणे में प्रति वर्ष फागुन सुदी पाँच से लेकर एकादशी तक लगा करता है। जिनमें प्रायः सभी स्थानों के दादू पंथी इकट्ठे होते हैं। दूसरा मेला भैराणे में फागुन कृष्ण तीन से फागुन सुदी तीन तक चलता रहता है।

दादू की रचनाएँ

दादू ने कई साखी और पद्य लिखे है। दादू की रचनाओं का संग्रह उनके दो शिष्यों संतदास और जगनदास ने हरडेवानी नाम से किया था। कालांतर में रज्जब ने इसका सम्पादन अंगवधू नाम से किया। दादू की कविता जन सामान्य को ध्यान में रखकर लिखी गई है, अतएव सरल एवं सहज है। दादू भी कबीर की तरह अनुभव को ही प्रमाण मानते थे। दादू की रचनाओं में भगवान के प्रति प्रेम और व्याकुलता का भाव है। कबीर की तरह उन्होंने भी निर्गुण निराकार भगवान को वैयक्तिक भावनाओं का विषय बनाया है। उनकी रचनाओं में इस्लामी साधना के शब्दों का बहुत प्रयोग हुआ है। उनकी भाषा पश्चिमी राजस्थानी से प्रभावित हिन्दी है। इसमें अरबी-फारसी के काफी शब्द आए हैं, फिर भी वह सहज और सुगम है।

अंगवधू

दादू दयाल की वाणी अंगवधू सटीक आचार्य चन्द्रिका प्रसाद त्रिपाठी द्वारा सम्पादित है जो अजमेर से प्रकाशित हुई है। यह कई हस्तलिपियों के अनुकरण के आधार पर सम्पादित की गई है। इसी क्रम में रज्जब ने इनकी वाणी को क्रमबद्ध तथा अलग-अलग भागों में विभाजित करके अंगवधू के नाम से इनकी वाणियों का संकलन किया। अंगवधू में हरडे वाणी की सभी त्रुटियों को दूर करने का प्रयास परिलक्षित होता है। अंगवधू को 37 भागों में विभाजित करने का प्रयास है। इसी के आधार पर ही अलग-अलग विद्वानों ने दादू वाणी को अपने-अपने ढंग से सम्पादित किया है। 59 दादू वाणी को कई लोगों ने सम्पादित किया है। जिनमें चन्द्रिका प्रसाद, बाबू बालेश्वरी प्रसाद, स्वामी नारायण दास, स्वामी जीवानंद, भारत भिक्षु आदि प्रमुख हैं। सन 1907 में सुधाकर द्विवेदी ने काशी नागरी प्रचारिणी सभा से इनकी रचनाओं को दादू दयाल की बानी के नाम से प्रकाशित करवाया। इन्होंने इसको दो भागों में विभाजित किया है। पहले खण्ड में दोहे तथा दूसरे में पद है, जिन्हें राग-रागिनियों के सन्दर्भों में वर्गीकृत किया है।

मृत्यु

दादू दयाल की मृत्यु जेठ वदी अष्टमी शनिवार संवत् 1660 (सन् 1603 ई) को हुई। जन्म स्थान के सम्बन्ध में मतभेद की गुंजाइश हो सकती है। लेकिन यह तय है कि इनकी मृत्यु अजमेर के निकट नराणा नामक गाँव में हुई। वहाँ दादू-द्वारा बना हुआ है। इनके जन्म-दिन और मृत्यु के दिन वहाँ पर हर साल मेला लगता है। नराणा उनकी साधना भूमि भी रही है और समाधि भूमि भी। इस स्थान का पारम्परिक महत्त्व आज भी ज्यों-का-त्यों बना हुआ है। दादू पंथी संतों के लिए यह स्थान तीर्थ के समान है। चूँकि इनके जन्म-स्थान के बारे में विशेष जानकारी नहीं मिलती, अतः दादू-पंथी लोग भी किसी स्थान विशेष की पूजा नहीं करते। अन्त में, ये नराणा (राजस्थान) में रहने लगे, जहाँ उन्होंने अपनी इहलीला समाप्त की। दादू की इच्छानुसार उनके शरीर को भैराना की पहाड़ी पर स्थित एक गुफा में रखा गया, जहाँ इन्हें समाधि दी गयी। इसी पहाड़ी को अब दादू खोल कहा जाता है। जहाँ उनकी स्मृति में अब भी मेला लगा करता है।

6

मीराबाई के काव्य में लोक जीवन

ये मेड़तिया के राठौड़ रत्नसिंह की पुत्री, राव दूदाजी की पौत्री और जोधपुर के बसानेवाले प्रसिद्ध राव जोधा की प्रपौत्री थीं। इनका जन्म सन् 1516 ई. में चोकड़ी नाम के एक गाँव में हुआ था और विवाह उदयपुर के महाराणा कुमार भोजराज के साथ हुआ था। ये आरंभ से ही कृष्ण भक्ति में लीन रहा करती थी। विवाह के उपरांत थोड़े दिनों में इनके पति का परलोकवास हो गया। ये प्रायः मंदिर में जाकर उपस्थित भक्तों और संतों के बीच श्रीकृष्ण भगवान की मूर्ती के सामने आनंदमग्न होकर नाचती और गाती थी। कहते हैं कि इनके इस राजकुलविरूद्ध आचरण से इनके स्वजन लोकनिंदा के भय से रूष्ट रहा करते थे। यहाँ तक कहा जाता है कि इन्हें कई बार विष देने का प्रयत्न किया गया, पर विष का कोई प्रभाव इन पर न हुआ। घरवालों के व्यवहार से खिन्न होकर ये द्वारका और वृंदावन के मंदिरों में घूम-घूमकर भजन सुनाया करती थीं। ऐसा प्रसिद्ध है कि घरवालों से तंग आकर इन्होंने गोस्वामी तुलसीदास को यह पद लिखकर भेजा थारू स्वस्ति श्री तुलसी कुल भूषन दूषन हरन गोसाईं ए बारहिं बार प्रनाम करहुँ, अब हरहु सोक समुदाई एए घर के स्वजन हमारे जेते सबन्ह उपाधि बढ़ाई एए साधु संग अरू भजन करत मोहिं देत कलेस महाई एए मेरे मात पिता के सम हौ, हरिभक्तन्ह सुखदाई एए हमको कहा उचित करिबो है, सो लिखिए समझाई एए इस पर गोस्वामी जी ने 'विनयपत्रिका' का यह पद लिखकर भेजा था–जाके प्रिय न राम बैदेही ए सो नर तजिय कोटि बैरी सम जद्यपि परम सनेही एए नाते सबै राम के मनियत सुहृद सुसेव्य जहाँ लौं ए अंजन कहा आँखि जौ फूटै, बहुतक कहौं कहाँ लौं एए मीराबाई की मृत्यु द्वारका में सन् 1546 ई. में हो चुकी थी। अतः यह जनश्रुति किसी की कल्पना के आधार पर ही चल पड़ी. मीराबाई का नाम प्रधान भक्तों में है और इनका गुणगान नाभाजी, ध्रुवदास, व्यास जी, मलूकदास आदि सब भक्तों ने किया है।

जीवन परिचय

मीराबाई का जन्म संवत् 1504 में पाली में कुरकी नामक गाँव में हुआ था। कुड़की में मीरा बाई के पिता रत्नसिंह का घर था। ये बचपन से ही कृष्णभक्ति में रुचि लेने लगी थीं।

इनका विवाह उदयपुर के महाराणा कुंवर भोजराज के साथ हुआ था जो उदयपुर के महाराणा सांगा के पुत्र थे। विवाह के कुछ समय बाद ही उनके पति का देहान्त हो गया। पति की मृत्यु के बाद उन्हें पति के साथ सती करने का प्रयास किया गया किन्तु मीरा इसके लिए तैयार नही हुईं। वे संसार की ओर से विरक्त हो गयीं और साधु-संतों की संगति में हरिकीर्तन करते हुए अपना समय व्यतीत करने लगीं। पति के परलोकवास के बाद इनकी भक्ति दिन-प्रतिदिन बढ़ती गई। ये मंदिरों में जाकर वहाँ मौजूद कृष्णभक्तों के सामने कृष्णजी की मूर्ति के आगे नाचती रहती थीं। मीराबाई का कृष्णभक्ति में नाचना और गाना राज परिवार को अच्छा नहीं लगा। उन्होंने कई बार मीराबाई को विष देकर मारने की कोशिश की। घर वालों के इस प्रकार के व्यवहार से परेशान होकर वह द्वारका और वृंदावन गईं। वह जहाँ जाती थीं, वहाँ लोगों का सम्मान मिलता था। लोग उनको देवियों के जैसा प्यार और सम्मान देते थे।

द्वारका में संवत 1558 ईस्वी में वो भगवान कृष्ण की मूर्ति में समा गईं।

कृष्ण से लगाव

मीराबाई के बालमन में कृष्ण की ऐसी छवि बसी थी कि यौवन काल से लेकर मृत्यु तक उन्होंने कृष्ण को ही अपना सब कुछ माना। जोधपुर के राठौड़ रतन सिंह की इकलौती पुत्री मीराबाई का मन बचपन से ही कृष्ण-भक्ति में रम गया था। उनका कृष्ण प्रेम बचपन की एक घटना की वजह से अपने चरम पर पहुँचा था। बाल्यकाल में एक दिन उनके पड़ोस में किसी धनवान व्यक्ति के यहाँ बारात आई थी। सभी स्त्रियाँ छत से खड़ी होकर बारात देख रही थीं। मीराबाई भी बारात देखने के लिए छत पर आ गईं। बारात को देख मीरा ने अपनी माता से पूछा कि मेरा दूल्हा कौन है?ÿ इस पर मीराबाई की माता ने उपहास में ही भगवान श्रीकृष्ण की मूर्ति की तरफ इशारा करते हुए कह दिया कि यही तुम्हारे दूल्हा हैंÿ। यह बात मीराबाई के बालमन में एक गाँठ की तरह समा गई और अब वे कृष्ण को ही अपना पति समझने लगीं।

विवाह

मीराबाई के अद्वितीय गुणों को देख कर ही मेवाड़ नरेश राणा संग्राम सिंह ने मीराबाई के घर अपने बड़े बेटे भोजराज के लिए विवाह का प्रस्ताव भेजा। यह प्रस्ताव स्वीकार कर लिया गया और भोजराज के साथ मीरा का विवाह हो गया। इस विवाह के लिए पहले तो मीराबाई ने मना कर दिया था, लेकिन परिवार वालों के अत्यधिक बल देने पर वह तैयार हो गईं। वह फूट-फूट कर रोने लगीं और विदाई के समय श्रीकृष्ण की वही मूर्ति अपने साथ ले गईं, जिसे उनकी माता ने उनका दूल्हा बताया था। मीराबाई ने लज्जा और परंपरा को त्याग कर अनूठे प्रेम और भक्ति का परिचय दिया।

पति की मृत्यु

विवाह के दस वर्ष बाद ही मीराबाई के पति भोजराज का निधन हो गया। सम्भवतः उनके पति की युद्धोपरांत घावों के कारण मृत्यु हो गई थी। पति की मृत्यु के बाद ससुराल में मीराबाई पर कई अत्याचार किए गए। सन् 1527 ई. में बाबर और सांगा के युद्ध में मीरा के पिता रत्नसिंह मारे गए और लगभग तभी श्वसुर की मृत्यु हुई। सांगा की मृत्यु के पश्चात भोजराज के छोटे भाई रत्नसिंह सिंहासनासीन हुए, अतएव निश्चित है कि अपने श्वसुर के जीवनकाल में ही मीरा विधवा हो गई थीं। सन 1531 ई. में राणा रत्नसिंह की मृत्यु हुई और उनके सौतेले भाई विक्रमादित्य राणा बने।

लौकिक प्रेम की अल्प समय में ही इतिश्री होने पर मीरा ने परलौकिक प्रेम को अपनाया और कृष्ण भक्त हो गई। वे सत्संग, साधु-संत-दर्शन और कृष्ण-कीर्तन के आध्यात्मिक प्रवाह में पड़कर संसार को निस्सार समझने लगीं। उन्हें राणा विक्रमादित्य और मंत्री विजयवर्गीय ने अत्यधिक कष्ट दिए। राणा ने अपनी बहन ऊदाबाई को भी मीरा को समझाने के लिए भेजा, पर कोई फल न हुआ। वे कुल मर्यादा को छोड़कर भक्त जीवन अपनाए रहीं। मीरा को स्त्री होने के कारण, चित्तौड़ के राजवंश की कुलवधू होने के कारण तथा अकाल में विधवा हो जाने के कारण अपने समाज तथा वातावरण से जितना विरोध सहना पड़ा उतना कदाचित ही किसी अन्य भक्त को सहना पड़ा हो। उन्होंने अपने काव्य में इस पारिवारिक संघर्ष के आत्मचरित-मूलक उल्लेख कई स्थानों पर किए हैं।

सन् 1533 ई. के आसपास मीरा को श्राव बीरमदेव ने मेड़ता बुला लिया। मीरा के चित्तौड़ त्याग के पश्चात सन् 1534 ई. में गुजरात के सुल्तान बहादुरशाह ने चित्तौड़

पर अधिकार कर लिया। विक्रमादित्य मारे गए तथा तेरह सहस्र महिलाओं ने जौहर किया। सन् 1538 ई. में जोधपुर के राव मालदेव ने बीरमदेव से मेड़ता छीन लिया। वे भागकर अजमेर चले गए और मीरा ब्रज की तीर्थ यात्रा पर चल पड़ीं। सन् 1539 ई. में मीरा वृंदावन में रूप गोस्वामी से मिलीं। वे कुछ काल तक वहां रहकर सन् 1546 ई. के पूर्व ही कभी द्वारिका चली गईं। उन्हें निर्गुण पंथी संतों और योगियों के सत्संग से ईश्वर भक्ति, संसार की अनित्यता तथा विरक्ति का अनुभव हुआ था। तत्कालीन समाज में मीराबाई को एक विद्रोहिणी माना गया। उनके धार्मिक क्रिया-कलाप राजपूत राजकुमारी और विधवा के लिए स्थापित नियमों के अनुकूल नहीं थे। वह अपना अधिकांश समय कृष्ण को समर्पित मंदिर में और भारत भर से आये साधुओं व तीर्थ यात्रियों से मिलने तथा भक्ति पदों की रचना करने में व्यतीत करती थीं।

मीराबाई का घर से निकाला जाना

मीराबाई का कृष्णभक्ति में नाचना और गाना राज परिवार को नहीं सुहाता था। उन्होंने कई बार मीराबाई को विष देकर मारने की कोशिश की। घर वालों के इस प्रकार के व्यवहार से दुःखी होकर वह द्वारका और वृंदावन गईं। वह जहाँ जाती थीं, वहाँ लोगों का सम्मान मिलता था। लोग इनको देवियों के जैसा प्यार और सम्मान देते थे। इसी दौरान उन्होंने तुलसीदास को पत्र लिखा था—

स्वस्ति श्री तुलसी कुलभूषण दूषन- हरन गोसाई।
बारहिं बार प्रनाम करहूँ अब हरहूँ सोक- समुदाई।।
घर के स्वजन हमारे जेते सबन्ह उपाधि बढ़ाई।
साधु- सग अरु भजन करत माहिं देत कलेस महाई।।
मेरे माता- पिता के समहौ, हरिभक्तन्ह सुखदाई।
हमको कहा उचित करिबो है, सो लिखिए समझाई।।

मीराबाई के पत्र का जबाव तुलसी दास ने इस प्रकार दियाज—

जाके प्रिय न राम बैदेही।
सो नर तजिए कोटि बैरी सम जद्यपि परम सनेहा।।
नाते सबै राम के मनियत सुह्मद सुसंख्य जहाँ लौ।
अंजन कहा आँखि जो फूटे, बहुतक कहो कहां लौ।।

मीरा द्वारा रचित ग्रंथ

मीरावाई द्वारा रचित चार प्रमुख ग्रंथ निम्नलिखित हैं—

- बरसी का मायरा
- गीत गोविंद टीका
- राग गोविंद
- राग सोरठ के पद

इसके अलावा मीराबाई के गीतों का संकलन मीराबाई की पदावली नामक ग्रन्थ में किया गया है।

मीराबाई की भक्ति

मीरा की भक्ति में माधुर्य- भाव काफी छलकता वह अपने इष्टदेव कृष्ण को प्रियतम या पति के रुप में देखती थी। उनका मानना था कि इस संसार में कृष्ण के अलावा कोई पुरुष है ही नहीं। कृष्ण के रुप की दीवानी थी--

बसो मेरे नैनन में नंदलाल।
मोहनी मूरति, साँवरि, सुरति नैना बने विसाल।।
अधर सुधारस मुरली बाजति, उर बैजंती माल।
क्षुद्र घंटिका कटि- तट सोभित, नूपुर शब्द रसाल।
मीरा प्रभु संतन सुखदाई, भक्त बछल गोपाल।।

रैदास को अपना गुरु मानते हुए मीराबाई कहती हैं कि–

गुरु मिलिया रैदास दीन्ही ज्ञान की गुटकी।

इनके बहुत से पदों की रचना राजस्थानी मिश्रित भाषा में हुई है। इसके अलावा कुछ विशुद्ध साहित्य ब्रजभाषा में भी लिखित है। इन्होंने जन्मजात कवियित्री न होने के बावजूद भक्ति की भावना में कवियित्री के रुप में प्रसिद्धि प्रदान की। मीरा के विरह गीतों में समकालीन कवियों की अपेक्षा अधिक स्वाभाविकता पाई जाती है। इन्होंने अपने पदों में श्रृंगार और शांत रस का प्रयोग विशेष रुप से किया है।

इनके एक पद–

मन रे पासि हरि के चरन।
सुभग सीतल कमल- कोमल त्रिविध - ज्वाला- हरन।
जो चरन प्रह्मलाद परसे इंद्र- पद्वी- हान।।
जिन चरन ध्रुव अटल कींन्हों राखि अपनी सरन।
जिन चरन ब्राह्मांड मेंथ्यों नखसिखौ श्री भरन।।
जिन चरन प्रभु परस लनिहों तरी गौतम धरनि।
जिन चरन धरथो गोबरधन गरब- मधवा- हरन।।
दास मीरा लाल गिरधर आजम तारन तरन।।

मीरा के आराध्य

आचार्य शुक्ल ने 'हिन्दी साहित्य के इतिहास' में पूर्वमध्यकाल या भक्तिकाल का समय संवत् 1375 से संवत् 1700 माना है। इस काल में उनके अनुसार भक्ति की दो प्रमुख शाखाएँ थीं- निर्गुण भक्ति तथा सगुण भक्ति। प्रत्येक शाखा में दो-दो काव्य-धाराएं प्रवाहित हुईं-निर्गुण शाखा की संत काव्यधारा और सूफियों से प्रभावित प्रेममार्गी काव्यधारा तथा सगुण शाखा की कृष्णभक्ति काव्य-धारा तथा रामभक्ति काव्य धारा। मीरा का समय सन् 1498-1545 ई0 माना जाता है। स्पष्ट है कि वह अपनी पूर्ववर्ती भक्ति-पद्धतियों से परिचित भी थी और उनके मन तथा काव्य पर थोड़ा-बहुत इन भक्ति-पद्धतियों का प्रभाव भी पड़ा था।

मीरा के जीवन से परिचित होने तथा उनकी रचनाओं का ध्यानपूर्वक अध्ययन करने के उपरांत स्पष्ट हो जाता है कि मीरा को किसी भक्ति-सम्प्रदाय या दर्शन ने भक्त-कवयित्री नहीं बनाया। जीवन की विषम परिस्थितियों के फलस्वरूप उनके हृदय में सहज रूप में भक्ति-भावना का अजस्र प्रवाह उमड़ता रहा।

उपास्य का स्वरूप- जहाँ तक उनके उपास्य का संबंध है उसके संबंध में विद्वानों में भले ही मतभेद हो परन्तु उनके प्रारंभिक जीवन का वातावरण और बाद की घटनाएं स्पष्ट संकेत देती हैं कि उनके आराध्य गिरधर गोपाल, नटनागर, कृष्ण थे। जिन पितामह राव दूदाजी की स्नेहछाया और संरक्षण में मातृविहीना मीरा बचपन में पली थीं वह परम वैष्णव भक्त थे, उन्हीं के वैष्णव संस्कारों से मीरा के व्यक्तित्व का निर्माण और विकास हुऔ कहा जाता है कि उसी समय उन्हें कृष्ण की एक मूर्ति मिली जिस के रूप-सौंदर्य पर वह मुग्ध हो उठीं। यह भी किंवदन्ती है कि माता ने उसी मूर्ति को उनका नाम बताकर उससे प्रेम करने को कहा था। इस प्रकार के प्रसंगों ने मीरा के बाल-हृदय में कृष्णभक्ति का अंकुर रोप दिया और बाद में जीवन की विषम स्थितियों-पति की अकाल मृत्यु, विधवा का दयनीय जीवन,, राणा और राजकुल के अत्याचार, पुरुषप्रधान सांमती समाज की क्रूरता ने उन्हें कृष्ण-भक्ति के मार्ग पर चलने की प्रेरणा दी। अनाथ, असहाय, बेसहारा, कुटुम्बी जनों द्वारा सतायी जाने वाली मीरा के लिए भक्तवत्सल, दीनबंधु, अशरण को शरण देने वाले भगवान के चरणों में आश्रय खोजने के अतिरिक्त कोई चारा न था। अतः उन्होंने भगवान कृष्ण की शरण ली।

मीरा ने अपने काव्य में अपने आराध्य को कई नामों से पुकारा है-हरि, स्याम, नंदलाल, मोहन, गोपाल, गोविन्द, ब्रजनाथ, गिरधरलाल, मनमोहन, जोगिया या जोगी। पर जो नाम उन्हें सर्वाधिक प्रिय है वह है गिरिधर गोपाल।

म्हारां ही गिरधर गोपाल, दूसरा जां कूया।

उनके आराध्य गिरधर में राम, कृष्ण, निर्गुण भक्त कवियों में ब्रह्म सभी के गुण हैं। वह राम की तरह शक्ति, शील और सौदंर्य की त्रिमूर्ति हैं। वह लोकरक्षक दैत्यों का संहार करते हैं, अत्याचारियों से अपने भक्तों की रक्षा करते हैं। वह लोकरंजक होने के नाते विभिन्न लीलाएं-रासलीला, जलक्रीड़ा, चीर हरण, माखन-चोरी, गोपियों के साथ वनविहार, ग्वालों के साथ गोचारण आदि करते हैं। उनकी सांवली सूरत तथा मोहिनी मूरत में सत्य, शील और कर्म का समन्वय है-

बसौ मोरे नैनन में नंदलाल
सांवली सूरत मोहिनी मूरत नैना बने विशाल।
अधर सुधारस मुरली राजति, उर बैजंती माल।
शुद्र घंटिका कटि तट सोहत नूपुर सबद रसाल।।

उनके सुन्दर मुख, कमल के समान नेत्र, दीर्घ नेत्रों की बांकी चितवन, मीठी वाणी, सम्मोहित करने वाले वंशी के स्वर ने मीरा को इतना मुग्ध कर दिया है, मन पर ऐसा जादू कर दिया है कि वह उनकी मूर्ति नैनों बसाकर अपने पलकों को अचल कर लेती हैं, वह उनके हृदय में बस जाते हैं।

भक्ति-पद्धिति–जैसा कि ऊपर कह आये हैं **डॉ पीताम्बर दत्त बड़श्वाल** और शबनम जैसे कुछ विद्वान मीरा को निर्गुण-निराकार ब्रह्य की उपासिका मानते हैं। यह सत्य है कि मीरा के समय में संत मत का पर्याप्त प्रचार और प्रभाव था और मीरा पर भी उसका थोड़ा-सा प्रभाव दिखाई देता है। कुछ पदों में उन्होंने अपने उपास्य को सर्वशक्तिमान, अनिर्वचनीय बताया है, गुरु की महिमा भी स्वीकार की है, अपने उपास्य के साथ एक हो जाने की इच्छा व्यक्त की है, उसके रंग में रंग जाने की बात कही है, कुछ पदों में संत काव्य की शब्दावली-जोगी, जोगिया, निर्गुण का सुरमा, प्रेमहटी का तेल, मनसा की बाती, सुरत-निरत का दिवला, अगम का देस, गगन-मंडल, त्रिकुटभ, निरंजन, अनहद नाद आदि का भी प्रयोग किया है परन्तु कृष्णभक्त परिवार में जन्म और पालन-पोषण तथा कृष्णभक्त परिवार में विवाह तथा उनके पदों में कृष्ण-भक्ति का स्वर, कृष्ण के गुणानुवाद, अवतार रूप में उनकी लीलाओं का वर्णन- यह सब सिद्ध करता है कि उन्होंने ईश्वर के सगुण स्वरूप श्रीकृष्ण को ही अपना आराध्य बनाकर उनके प्रति अपना अविचल प्रेम, पूर्ण समर्पण-भाव प्रकट किया था। भक्त के लिए जिस तन्मयता एवं सर्म्पण भाव आवश्यक होते हैं वे मीरा के काव्य में भरपूर मात्रा में विधमान हैं। उनका कृष्ण की जन्मभूमि एवं लीला-भूमि ब्रज प्रदेश, मथुरा, वृन्दावन, द्वारिका की यात्रा, वहाँ कुछ

दिन तक रहना और द्वारिका में रणछोड़ जी की मूर्ति की आराधना करते हुए प्राण-त्याग ये सब उन्हें पूर्णतः कृष्ण-भक्त सिद्ध करते हैं।

नारद भक्ति-सूत्र में कहा गया है कि भक्ति प्रेम रूपा होती है, फल की कामना के बिना जो प्रभु-सेवा की जाती है वही भक्ति है। उसमें अनन्य भाव, पूर्ण सर्म्पण भावना, आराध्य से एक रूप होने की कामना होती है। मीरा की भक्ति श्रीकृष्ण के सगुण स्वरूप के प्रति माधुर्य भाव, कान्ता भाव की, 'शुद्धा भक्ति' ही है। वह निष्काम भाव की भक्ति है। मीरा न मुक्ति चाहती है, न स्वर्ग। वह तो अपने प्रियतम कृष्ण का स्थायी सानिध्य, उनसे चरम एकात्म चाहती है। उनका कृष्ण के प्रति अनन्य भक्ति का भाव निम्नोक्त पंक्तियों में अंकित है-

मेरे तो गिरधर गोपाल दूसरों न कोई।
जाके सिर मोर मुकुट मेरो पति सोई।।
तात मात भ्रात बंधु अपनों नाहिं कोई।
छाँड़ि दई कुल की कानि कहा करि है मोई।।
अँसुवन जल सींचि सींचि प्रेम बेल बोई।।

सच्चा भक्त अपने उपास्य के प्रति पूर्णतः समार्पित होता है उसके लिए संसार में सब कुछ प्रभु का है, अतः प्रत्येक पदार्थ को प्रभु का मानकर वह उसे प्रभु के चरणों में अर्पित कर देता है।

त्वदीयं वस्तु गोविन्द

कबीर ने भी यही कहा था—

मेरा मुझ में कुछ नहीं जो कुछ है सो तोर तेरा
तुझको सौंपते क्या लागे है मोर।

भक्त भगवान पर पूरी तरह निर्भर है, उसका अनुचर है, मीरा यही मानकर कहती हैं-

जो पहिरावै सो ही पहिरूँ, जो दै सो ही खाऊँ।
जहाँ बैठावे तित ही बैठूं, बेचै तो बिक जाऊँ।।

पतिव्रता नारी का जो भाव पति के प्रति होता है उसी को अपनाते हुए रात-दिन अपने हृदयस्थ प्रतियतम का ध्यान करते हुए, उनकी आराधना में लीन रहते हुए वह मानती हैं कि प्रिय उनमें रसा हुआ है और वह स्वयं प्रिय के रंग में रंगी हुई हैं-

रमैया मैं थारे रंग राती
औरों के पिया परदेस भजत हैं, लिखि भेजे पाती

मेरे पिया मेरे हृदय बसत हैं, गूंज करत दिन राती।

सगुण भक्तों की तरह वह ईश्वर के अवतार लेने में विश्वास करती हैं। उनके प्रियतम कृष्ण अविनाशी, अलौकिक परम ब्रह्मा के ही अवतार हैं। अतः वह उनके रूप-सौंदर्य, वेशभूषा पर मुग्ध हैं और वल्लभाचार्य की तरह उनकी लीलाओं का, दिनचर्या का वर्णन करती हैं-

मोर मुकुट पीताम्बरी गल बैजंती माल
गउवन के संग डोलत हो जसुमति को लाल
सितल कदम की छैयां हो मुरली बजाय
जसुमति के दुलरवा हो ग्वालिन सब जाय
बरजहु आपन दुलरवा हो हम सौं अरूझाय
वृन्दावन क्रीड़ा करै गोपिन के साथ।

विरह को प्रेम का तप्त स्वर्ण कहा गया है। सच्चे प्रेम की पहचान प्रिय से बिछुड़ने पर ही होती है। मीरा को पति की मृत्यु के बाद लौकिक विरह झेलना पड़ा और जब उन्होंने अपनी प्रणय-भावना को उदात्त बनाकर लौकिक प्रिय के स्थान पर कृष्ण को अपना सर्वस्व, अपना पति मान लिया तो उनकी विरह भावना अपने चरम उत्कर्ष पर पहुँच गयी। मीरा प्रियतम कृष्ण की प्रेम-पीड़ा रात-दिन झेलती हैं, वह अपना दर्द किसी से कह भी नहीं सकतीं, अतः प्रेम दीवानी हो जाती हैं–

हों, री! मैं तो दरद दिवानी
मेरो दरद न जानै कोय
घायल की गति घायल जानै
की जिन लाई होय।

वे शरीर में बाण बिंधे मृग की तरह, पीड़ा की कसक लिए वन-वन भटकती हैं–

दरद की मारी वन वन डोलूँ
वैद मिल्या नहिं कोय।

वह जानती हैं कि इस पीड़ा का उपचार केवल कृष्ण कर सकते हैं 'वैद सांवलिया होय' पर उसकी सेज तो सूल पर है, उससे मिलना बड़ा कठिन है। अतः जब सारा संसार सोता है तो मीरा की पीड़ा उसकी नींद हर लेती है और वह रात-रात भर जागती है–

मैं विरहिन बैठी जागूँ
जगत सब सोवै री अली

अंसुवन माला पोवै
तारा गिन-गिन रैन बिहानी।

जब यह पीड़ा असह्य हो उठती है तो उनका हृदय चीत्कार कर उठता है–

प्यारे दरसन दीज्यौ आइ
तुम बिन रह्यौ न जाइ
आकुल-व्याकुल फिरुँ रैन दिन
विरह कलेजौ खाइ।

सूर की गोपियों की तरह वह भी अपने प्रिय को उलाहना देती हैं विशेष रूप से वर्षा ऋतु में जब बादल गरजते है, बिजली चमकती है, पपीहा-मोर बोलते हैं और न कृष्ण आते हैं और न उनका कोई संदेश मिलता है–

मतवारे बादर आये रे
हरि कौ सनेसौ कबहुं न लाए रे
इक कारी अंधियारी बिजरी चमकै
विरहिन अति डर जाए रे।

विरह-वेदना का तीव्र स्वर जितना मीरा के काव्य में मिलता है उतना सूरदास के 'भ्रमरगीत' को छोड़कर अन्यत्र नहीं मिलता। विरह की आग में उनका सम्पूर्ण व्यक्तित्व जल रहा है, विरह का कीट उनके शरीर में घुन की तरह लगा हुआ भीतर-ही-भीतर उसे क्षीण कर रहा है। उनकी पीड़ा की मार्मिक करुणोत्पादक स्थिति का चित्र निम्नलिखित पंक्तियों में साकार हो उठा है–

तेरे कारण वन वन डोलूँ
कर जोगण कौ भेस
अवधि बदी पर भजहुँ न आये
पंडर होइ गया केस।

कदाचित् इसी व्याकुलता के कारण कभी-कभी वह दास्य भक्ति वाले कवियों की तरह विनय करती हैं'

क्यौं तरसावौ अंतरजामी
आन मिलौ परिया कर स्वामी
मीरा दासी जनम जनम की
परी तुम्हारे पाय।

संसार को नश्वर, दुःखो का सागर मानकर तथा ईश्वर को शरणागतवत्सल मानकर उसकी शरण में जाती हैं।

मन रे परसि हरि के चरण
सुभग सीतल कंवल कोमल
त्रिविध ज्वाला हरण
दासि मीरा लाल गिरधर
भगय तारण तरण।

परन्तु कुल मिलाकर मीरा की भक्ति कान्ता भाव की या मधुरा भक्ति ही है। उनकी प्रेमा भक्ति की विशेषताएं हैं–

1. मीरा का दर्द लौकिक परिस्थितियों से पति की अकाल मृत्यु एवं राणा और राजकुल द्वारा दी गयी यातनाओं से उत्पन्न है। इस पीड़ा को वह कृष्ण के प्रति अलौकिक प्रेम में अभिव्यक्त करती हैं। इस प्रेम में डूब कर उनका हृदय लोक को भूलकर आध्यात्मिक विरह-मिलन के चित्र प्रस्तुत करता है। उनकी भक्ति-भावना सांसारिक दाम्पत्य प्रेम से अलौकिक दाम्पत्य की ऊँचाई तक जाती है।
2. उनकी भक्ति निष्काम है, वह स्वर्ग-मोक्ष नहीं चाहती केवल अपने प्रियतम के दर्शन कर उन्हीं में समा जानी चाहती हैं।
3. उनकी भक्ति किसी भी भक्ति-सम्प्रदाय से जुड़ी नहीं है। वह सहज, स्वाभाविक और उनके निर्मल, दुःखी हृदय की आर्त पुकार है।
4. उनके भक्ति- पदों में विनय भी है, प्रिय के रूप-सौंदर्य और लीलाओं का वर्णन भी है, काल्पनिक मिलन के चित्र भी हैं, परन्तु सबसे अधिक तीव्र स्वर है विरह-वेदना का।
5. उनकी माधुर्य भाव की भक्ति-सगुण-निर्गुण भक्ति की समूची परम्परा के सार को आत्मसात करने वाली है।
6. उसमें स्वानुभूति की ऐसी तीव्रता और सचाई है जिसके कारण हिन्दी भक्ति-काव्य में उनका अनूठा स्थान बन गया है।

मीरा के काव्य में विरह वेदना का स्वरूप

मीरा ने जीवन-भर भारतीय नारी की पीड़ा झेली थी। पति के निधन के बाद उनके देवर राणा विक्रमजीत, राजकुल के सदस्यों ने, पुरुषसतात्मक सांमती समाज ने उनके स्वच्छंद स्वभाव को असह्य एवं मर्यादा विहीन मानकर उनको अनेक यातनाएं दीं। नारी-जीवन की समस्त विडम्बनाओं और यातनाओं को सहने वाली, उनसे संघर्ष करने वाली मीरा के भाव-लोक में नारी की समस्त पीड़ा और वेदना साकार हो उठी है।

भक्तिकाल के अन्य कवियों के विरह-वर्णन से मीरा का विरह वर्णन अनेक बातों में भिन्न है। जहाँ अन्य भक्त पुरुष थे और नारी की वेदना का केवल अनुमान लगा सकते थे वहाँ मीरा नारी थीं और उन्होंने यातनाओं को स्वयं भोगा था, सहा था। अधिकांश भक्त कवियों की दृष्टि में नारी नरक की खान, माया, ठगिनी, सर्पिणी थी। रीतिकाल के कवि तो उसे भोग्या, रमणी एवं दासी ही समझते थे। उनका मन जितना संयोग रस के कामुक चित्रों में रमा है उतना वियोग के चित्रों में नहीं। उनका अधिकांश विरह-काव्य परिपाटी-परम्परा का पालन मात्र है। रीति-ग्रन्थों को आधार बनाकर या तो नायिका-भेद है या विरह की शास्त्रोक्त काम दशाओं का चित्रण। इन चित्रों में मार्मिकता का नितांत अभाव है। **आचार्य शुक्ल ने** ठीक ही लिखा है कि "ये चित्र या तो नाप-जोख करने वाले हैं या अपनी अतिशयोक्ति के कारण मज़ाक की हद तक पहुँच गये हैं।" यहाँ यह भी ध्यान रखना चाहिए कि मीरा का प्रियतम निर्गुण, निराकर, अलस्थ, अगम्य पराप्पर ब्रह्म न होकर उसके अवतार भगवान कृष्ण हैं जो गोपिका वल्लभ हैं, प्रेम की मूर्ति है, सौंदर्य के अपार भंडार हैं, उनका लौकिक स्वरूप परम रमणीय एवं मनमोहक है। अपनी लीलाओं से वह सारे ब्रजमंडल का मन मोहते रहते हैं।

कुटिल भृकुटि तिलक भाल चितवन में टौना
खंजन और मधुप मीन, भूले मृग छौना
सुन्दर अति नासिक, सुग्रीव तीन रेखा
नटवर प्रभु मेष धरैं रूप अति विसेखा
अधर बिम्ब अरुन नैन मधुर मंद हाँसी
दसन दमक दाड़िम दुत्रि चमके चपला-सी।

मीरा योग-साधिका नहीं हैं, वह श्रीकृष्ण के अवतारी स्वरूप की, उनकी मानसी मूर्ति की आराधना करने वाली एकनिष्ठ, पूर्णतः समर्पित भक्त हैं। एक अन्य बात यह है कि अन्य भक्त-कवियों की तरह वह लोक का, संसार का, समाज का तिरस्कार नहीं करती। वह समाज में रहते हुए, लोक-भूमि पर विचरण करते हुए भगवान से प्रेम का नाता जोड़ती हैं। अतः उनके संयोग चित्रों में भी तथा विरह वर्णन में भी लौकिक, सामाजिक आधार पुष्ट है जिसके कारण वह अधिक प्रामाणिक, विश्वसनीय और मानोज्ञ बन जाता है। वह नटनागर, गिरधर गोपाल के अंग-अंग पर। उसी प्रकार बलिहारी है जैसे कोई मुग्ध नायिका अपने युवा, सुन्दर प्रेमी पर। उनका मन मोर मुकुट धारण करने वाले, बंशी बजाने वाले, गले में बैजन्ती माला धारण करने वाले कृष्ण में डूब गया है, वह उनके प्रेम रंग में डूब गयी है। उनके

इसी रूप-यौवन, लीलाओं, शृंगार-चेष्टाओं, तिरछी चितवन, मादक मुस्कान ने उन्हें मंत्रमुग्ध कर उन्हें उनके प्रियतम की चेरी, दासी बना दिया है।

मैं तो होई रही चेरी तेरी
दरसन कारन भई बावरी

पति के आकस्मिक निधन से उनकी दशा अत्यन्त दयनीय हो उठी थी, अपनी वैधव्य की पीड़ा और राज-परिवार के क्रूर व्यवहार को भुलाने के लिए उन्होंने जिस कृष्ण की मनमोहक मूर्ति को अपने नेत्रों तथा हृदय में बसा लिया था और जो उनकी कल्पना में या स्वप्नों में मिलन का सुख पहुँचाता था, वह धरती पर उनके लिए अलभ्य था; अप्राप्य था, चाहे आज के फ्रायडवादी मनौवैज्ञानिक इसे मीरा की काम-कुंठा या अतृप्त वासना का प्रतिफल कहें और चाहे यह उनकी कृष्ण के प्रति पूर्ण समर्पण तथा अनवरत ध्यान करने का परिणाम हो। वह स्वम्न में कृष्ण से मिलने का सुख पाती थीं–

स्याम पधारत सेज में सूनी सैन जगाई हो
तुम हो पूरे साइयाँ, पूरा सुख दीजे हो
मीरा व्याकुल विरहिणी, अपनी कर लीजै हो।
अथवा
माई म्हाणे सुपणा मां पेख्या दीनानाथ
स्वप्न कोटां जणां पधार्‌या दूल्होसिरी ब्रजनाथ
सुपणा मां तोरण बंध्यारी सुपणां यां गह्‌या हाथ
सुपणां मां म्हारे परण गया पाया आंचल सोहाग।
अथवा
आबत मोरी गलियान में गिरधारी
मैं तो छिप गई लाज की मारी।

यही नटनागर, छबीले, रसिया, गोपियों के साथ रासलीला, जलक्रीड़ा, करने वाले कृष्ण मीरा के मन में बस गये। स्वपनों या कल्पना में उनके साथ संयोग का सुख उठाने वाली मीरा उनके दर्शनों को तरस गयी। इसी विरह की दशा में जो उन्होंने पद रचे वे मीरा काव्य के ही नहीं सम्पूर्ण हिन्दी काव्य की अद्‌भूत निधि बन गये।

विरह वेदना मीरा के भाव लोक की मूल भूमि है। उनके काव्य में संयोग शृंगार के चित्र संख्या में भी कम है और पाठकों के मर्म को छूने में भी इतने सशक्त नहीं जितने विरह के चित्र। उनकी माधुर्य भक्ति में सबसे प्रगाढ़ और मार्मिक स्वर विरह का है। उनका प्रियतम लौकिक जगत् में प्राप्त नहीं हो सकता, अतः उनके प्रेम की

परिणति विरह में होती है। उनकी यह प्रणयानुभूति जितनी आध्यात्मि है उतनी ही लौकिक भी। उसकी समानता या तो जायसी की नागमती की पीड़ा से या फिर सूरदास की गोपियों की विरह-पीड़ा से की जा सकती है। प्रणयानुभूति का यह लौकिक, सामाजिक, चिरपरिचित रूप ही उनके विरह को गहराई और विश्वसनीयता प्रदान करता है। उनके विरह में स्वानुभूति का वह उत्कट रंग है जिसे परम्परागत विरह-वर्णन के शास्त्रीय रूप-स्वरूप या कामदशाओं में बांध कर नहीं देखा जा सकता है।

चिन्तक, दार्शनिक, साहित्कार, कलाकार अपनी परम्परा से कट कर सृजन नहीं कर सकता। पाश्चात्य विद्वान **टी0 एस0 इलियट** ने साहित्य-सृजन में परम्परा के महत्त्व पर बहुत बल दिया है और वह ठीक भी है। कवि परम्परा से जुड़ा रहता है, समय और परिस्थितियों के अनुरूप परम्परा में परिवर्तन कर उसका विकास करता है। मीरा भी इसका अपवाद नहीं है। उन्होंने पूर्ववतों कवियों तथा लोक-विश्वासों का सहारा लेकर अपनी विरह-पीड़ा को वाणी दी है। कबीर की तरह वह विरह को सर्प या भुजंग कहती हैं। जैसे कबीर कहती हैं। जैसे कबीर कहते हैं कि विरह रूपी भुजंग ने शरीर में पैठ कर विष की ज्वाला जला दी है।

विरह भुजंगय तन बसै मंत्र न लागै कोइ।
राम वियोगी ना जियै जियै तो बौरा होइ।।

उसी प्रकार मीरा कहती हैं–

'विरह नागण मोरी काया डसी है, लहर जिव जावै' कबीर के समान मीरा का शरीर भी विरह की ज्वाला में जल रहा है, वह भी बौरा गयी हैं। वह भी प्रिय की प्रतीक्षा करते-करते, पंथ निहारते-निहारते थक गयी हैं, उनका शरीर श्रीविहीन हो गया है, केश पांडुर हो गये हैं। जायसी के पदमावत् में जिस प्रकार नागमती का विरह वर्णन करने के लिए बारहमासा पद्धति का आश्रय लिया गया है वैसे ही मीरा भी प्रत्येक ऋतु में अपनी विरह-पीड़ा का अलग-अलग वर्णन करती हैं-

जेठ महीने जल विणा पंछी दुःख होई, हो
मोर असाढ़ा कुरलहे, धन चातक सोई, हो
सावण में झड़ लागियो, सखि तीजा खेले, हो
भादवै नदिया बहै, दूरी जिन मेले हो।

प्रकृति के उद्दीपक रूप के चित्र भी परम्परागत हैं; वर्षा ऋतु विशेष रूप से विरहिणी के लिए कष्टदायक होती है। मेघों का गर्जन, बिजली का चमकना, मूसलाधार वर्षा, रात का अंधकार, मोर, दादुर, पपीहों का स्वर आदि सब विरहिणी

की पीड़ा को उद्दीप्त करते हैं। मीरा पपीहे को पिय-पिय की रट लगाने से रोकती हैं–

पपइया रे पिव की वाणी न बोल।

अथवा

दादुर, मोर पपिहरा बोलै
कोयल सबद सुनाई
घुमड घटा ऊलर होइ आई
दामिनि दमकि डरावै
नैना झर लावैं।

मीरा को वर्षा ऋतु में बादलों को देखकर लगता है कि उनका प्रिय भी आयेगा। वह महल के ऊपर चढ़कर प्रतीक्षा करती हैं, पर प्रिय नहीं आता और प्रकृति का उद्दीपक रूप उन्हें विरह के अथाह सागर में डुबा देता है। उन्हें लगता है मेघ और दामिनी मिल रहे हैं, इन्द्र से मिलने के लिए धरत ने शृंगार किया है। यह विषमता उनकी पीड़ा को और भी तीव्र कर देती हैं–

उमग्यौ इन्द्र चहू दिसि बरसै
दामिनि छोड़ी लाज
धरती रूप नवा नवा धरिया
इन्द्र मिलन के काज
मीरा के प्रभु गिरधर नागर
बेगि मिलौ महाराज।

तीज- त्यौहार, उत्सव, पर्व आते हैं, पर प्रिय की अनुपस्थिति में वह अन्यों को उल्लसित रंग में डूबा देख तीव्र कष्ट अनुभव करती हैं–

होली पिया बिनु लागै खारी
सुनौ री सखी मोरी प्यारी
सूनौ गाँव देस सब सूनौ
सूनी सेज कटारी
सूनी विरहिन पिव बिन डोलै
तजि दइ पीव पियारी
भई हूँ या दुखकारी।

होली के अवसर पर गाँव में हर्षोल्लास का वातावरण है, गाँव वाले झांझ, मृदंग, ढोल, ढोलक आदि बाजे बजा रहे हैं, बसंत ऋतु का मादक वातावरण है, फागुन को

मतवाला बना देने वाली वायु बह रही है, पर मीरा विवश है, मन मार कर उदास बैठी है।

बाजत झांझ मृदंग मुरलिया
बज रही इकतारी
आई बसंत कंत घर नाहीं
मन में ज्वर भया भारी
स्या मन कहा विचारी।

लोक विश्वास और परम्परा के अनुरूप मीरा भी प्रिय को संदेश भेजती है, कौए को उड़ाती है–

प्रीतम कूं पतिया लिखूँ, कउवा तू ले जाइ
जाइ प्रतिम सूं यो कहै रे, थारी विरहिन धान न खाइ
बेगि मिलो प्रभु अंतरजामी, तुम बिन रहयौ न जाइ।

सूरदास की गोपियों की तरह वह भी पत्र लिखना चाहती है, पर लिख नहीं पाती। हाथ कांपने लगते हैं, आँखों से आँसुओं की झड़ी लग कर कागज गीला कर देते हैं। रीतिकाल के कवियों की तरह वह भी एक ऐसी सखी की खोज में है जो प्रियतम को लाकर मिलन करा दे।

को है सखी सहेली सजनी
पिया को आन मिलावै।

सूर भी गोपियों की तरह प्रियतम की निष्ठुरता पर रुष्ट होकर कभी-कभी उलाहने भी देती है, कृष्ण को अत्यंत कठोर हृदय वाला और निर्मोही बताती हैं। विरह के चित्रों में मीरा ने अपनी पीड़ा का चित्रण करते समय जिन उपमानों का प्रयोग किया है, वे भी परम्परागत हैं। वह अपनी तुलना पतंगे, मछली, चकोर, चातक से करती है और कृष्ण की तुलना, दीपक, जल, चन्द्रमा तथा मेघ से करती हैं–

चंद को चकोर दीपक पतंग दहै
जल बिना मीन जैसे तैसे प्रीत प्यागी है।

इस प्रकार मीरा ने अपने काव्य में विरह-वर्णन की पारंपरिक शैली का भी उपयोग किया है परन्तु उनके विरण-वर्णन की विशेषता है स्वयं अपनी करुण दशा, मन के विभिन्न भावों का विरह की पीड़ा की तीव्रता का बेलौस, अकृत्रिम सहज-स्वाभाविक वर्णन जिससे सामान्य भारतीय विरहिणी नारी की पीड़ा साकार हो उठी है।

प्रतीक्षा करते समय की 'बचैनी देखिए–

पंथ निहारूँ डगर बुहारूँ
ऊबी मारग जोय
मीरा के प्रभु कब रे मिलौगे
तुम मिलिया सुख होय।

अथवा

दरस बिन दूखन लागे नैन
जबसे तुम बिछुरे मेरे प्रभु जी
कबहुँ न पायो चैन
एक टकटकी पंथ निहारूँ भई छमासी रैन
विहर विथा कासूँ कहुं सजनी, बह गई करवत चैन।

विरह के कारण शरीर के क्षीण होने का संकेत–

मैं हरि बिनु क्यों जिऊँ री माय
पिय कारन बौरी भई जस काठहि घुन खाय
औषध मूल न संचरै, मोहि लागो बैराय।

वस्तुतः मीरा प्रिय के बिछोह में बौरा गयी है, दीवानी हो गयी है। तभी तो लोक-मर्यादा, कुल की कानि, राणा के अत्याचारों की चिंता किये बिना दीवानों की तरह आचरण करती हैं, पग में घुंघरू बांधकर नाचती हैं। उन्हें ऐसा करने में न कोई भय है, न कोई संकोच। भले ही सम्भ्रान्त समाज, सांमती व्यवस्था के कुलगुरु, राज परिवार उन्हें कुलकलंकिनी, कुल नासनी कहे। विरह बाणों से क्षत-विक्षत हो वह घायल-मृग की तरह वन-वन में घूमती हैं, उनकी पीड़ा को न कोई जानता है, न कोई समझता है–

धान न भावै नींद न भावै बिरह सतावै मोय
घायल सी घूमत फिरूँ, मेरा दरद न जाणे कोय
घायल की गति घायल जानै की जिन लाइ होय।

वियोग की पीड़ा में दीवानगी इस हद तक पहुँच जाती है कि वह ढिंढोरा पीट कर अपने प्रेम-दीवानी होने की बात सबको सुनाना वह ढिंढोरा पीट कर अपने प्रेम-दीवानी होने की बात सबको सुनाना चाहती है। कोई लाज, कोई शर्म, कोई संकोच नहीं। यह स्थिति प्रेम की पीर की अतिशयता की ही द्योतक है।

सारांश यह कि मीरा के भावलोक में विरह-वेदना के पीछे नारी की मर्मभेदी पीड़ा है जिसके लिए समाज कम उत्तरदायी नहीं है। साथ ही उनमें अपने आराध्य

देवता के प्रतिं गहरी आस्था, निश्छल अडिग, अपरिमित प्रेम है। उनका काव्य प्रिय वियोगजन्य पीड़ा की सघन, मार्मिक अनुभूतियों की बड़ी सशक्त, विश्वसनीय एवं वैविध्यपूर्ण अभिव्यक्ति है।

मीरा के काव्य में प्रेमानुभूति की अभिव्यक्ति का स्वरूप

मीराबाई की पदावली का आज तक कोई पाठ ऐसा नहीं मिला है जिसे पूर्णतः प्रामाणिक कहा जा सके। अतः उनकी भाषा के संबंध में मतभेद है। उनके पदों की भाषा राजस्थानों और ब्रज तो है ही उसमें गुजराती, पंजाबी, खड़ी बोली एवं पूर्वी तक का थोड़ा- बहुत सम्मिश्रण पाया जाता है। राजस्थानी से विद्वान शोधकर्त्ता **डा. मोतीलाल मेनारिया, डा. श्रीकृष्ण लाल** गुजराती के विद्वान **फबरेचन्द मेघाड़ी, डा. जगदीश गुप्त** उनकी भाषा राजस्थानी मानते है। डा0 मेनारिया तथा डा. श्रीकृष्ण लाल का मत है कि मीरा ने राजस्थानी तथा ब्रजभाषा दोनों में कविता लिखी- कुछ पद ब्रजभाषा में और कुछ राजस्थानी में। **फबरेचन्द मेघाणी** मीरा की भाषा शुद्ध राजस्धानी बताते हैं जो लोकप्रियता एवं पदों की कण्ठ- परम्परा के कारण परिवर्तित होती गई। **डा. जगदीश गुप्त** डाकोर की प्रति (रचना काल सवंत् 1642) के आधार पर उनकी भाषा राजस्थानी मानते हैं जिसमें ब्रजभाषा के शब्द मिल गये हैं। कुछ विद्वान जैसे **डा. रामगोपाल शर्मा'दिनेश'** उनकी काव्य-भाषा ब्रज मानते हैं।

मीरा का जन्म राजस्थान के मेड़ता हुआ और उनका अधिकांश जीवन भी राजस्थान में बीता। उनकी मातृभाषा राजस्थानी थी। मीरा का काव्य उनकी सघन अनुभूतियों की सहज अभिव्यक्ति है। उन्होंने कविता लिखने के लिए, कवि का यश पाने के लिए अपने पदों की रचना नहीं की, उनकी काव्य-साधना के पीछे कोई प्रयास नहीं है, उनकी वाणी सहज-स्वाभाविक गति से जल की निर्मल धारा की तरह प्रवाहित होती है। जो भाव जिस समय उमड़ा उसे उसी क्षण अभिव्यक्त कर दिया और कंठ से निकली वह वाणी ही पद बन गयी। अपनी उपास्य का ध्यान करते हुए अथवा उनकी मूर्ति के सम्मुख उपास्य की मुद्रा में अथवा साधु-संतों के समाज में गाते हुए जो भी पद उनके मुख से निकले वे ही कविता बन गये। ऐसी मनोदशा में काव्य लिखने वाले कवि की वाणी उसकी मातृभाषा ही हो सकती है, कोई अन्य भाषा नहीं। अतः हम राजस्थानी को ही मीरा का काव्यभाषा मानते हैं। उनके समय में, सम्पूर्ण भक्तिकाल में ही नहीं आगे चलकर रीतिकाल में मध्य देश की काव्यभाषा ब्रज रही। मीरा कृष्णभक्त थी कृष्णभक्त कवियों और उनके काव्य से परिचित थी। कुछ दिन ब्रजप्रदेश में रही भी थी। अतः उनके पदों में ब्रजभाषा का प्रयोग होना भी स्वाभाविक

है। उनका कुछ समय गुजरात में भी बीता था, अतः यदि गुजराती के शब्द उनके काव्य में पाये जाते हैं तो आश्चर्य नहीं। परन्तु उनकी जीवन-परिस्थितियाँ, उनका स्वभाव, उनके काव्य की प्रकृति, काव्य-रचना का उद्देश्य देखकर यही लगता है कि उनके काव्य की मूल भाषा राजस्थानी है। मीरा का बल सहज भावों या मार्मिक अनुभूतियों को व्यक्त करने पर था और वह मातृभाषा में ही संभव हो सकता है। उसक पर ब्रंजभाषा का भी पर्याप्त प्रभाव है, गुजराती, पंजाबी, खड़ी बोली, पूर्वी के शब्द प्रथम तो संख्या में कम हैं, और उनके प्रयोग का कारण उनका सत्संग हो सकता है।

शब्दभंडार की दृष्टि से' उनके पदों में संस्कृत के तत्सम और ग्रामीण शब्द भी हैं–

सुभग शीतल कमल कोमल विविध ज्वाला हरण

तद्भव भी हैं–परसे, सीतल, कूड़ो, कीन्हे, सरण, लीने, पावेली, राखैली, पपइया, थारा।

कहीं-कहीं उर्दू शब्द भी पाये जाते हैं-सिरताज।

मीरा की काव्य-भाषा का सबसे बड़ा गुण है–सहजता, सरलता, माधुर्य एवं प्रवाहपूर्ण होना। इसका एक कारण तो यह है कि उनका सम्पूर्ण काव्य आत्म-निवेदन है, उसमें निजी भावों की, तीव्र अनुभूति की अभिव्यक्ति है। जहाँ सूर के काव्य में कवि और कृष्ण के बीच गोपियाँ हैं, वहाँ मीरा और कृष्ण का संबंध सीधा और प्रत्यक्ष है। दूसरा कारण यह है कि सृजन-प्रक्रिया के पीछे आयास, पांडित्य प्रदर्शन या चमत्कारपूर्ण कथन की प्रवृत्ति नहीं है। तीसरा कारण है लोक-जीवन से उनकी गहरी निकटता। अतः उनकी भाषा अकृत्रिम, आडम्बर से पूर्णतः मुक्त है। उनकी भाषा का स्त्रोत लोक-वर्णन है। अपने राग और विराग दोनों को व्यक्त करने के लिए उन्होंने लोक-प्रचलित भाषा का प्रयोग किया है। अतः उनकी भाषा सहज, सादी और मार्मिक है। प्रिय के द्वारा वचन न निभाने और उसके कारण होने वाली पीड़ा का वर्णन बड़ी ही सहज भाषा में किया गया हैं–

आषण कह गया, अजा ण आया, कर म्हारे कोल गया
रवाणा पाणा सुध बुध सब बिसर्‌या, काई म्हारे प्राण जिया।

कृष्ण के प्रति अपना अन्य प्रेम भी इसी सहज स्वाभाविक भाषा में व्यक्त किया गया हैं-

मेरे तो गिरधर गोपाल
दूसरो न कोई

जाके सिर मोर-मुकुट
मेरो पति सोई।

अपने प्रियतम के रूप- सौंदर्य के मन पर पड़ने वाले प्रभाव का वर्णन भी सरल-सहज रूप में किया गया हैं।

आली री! मेरे नैना बान परी
चित्त चढ़ी मेरे माधुरी मूरति
उर विच आन गाड़ी
कब की ठाड़ी पंथ निहारूँ
अपने भवन खड़ी।

मीरा जानती हैं कि भाषा भावानुरूपिणी होने पर ही सशक्त और संप्रेषणीय होती है। अतः विभिन्न प्रसंगों में उनकी भाषा का तेवर बदलता रहता है। विरह-वेदना का वर्णन करते हुए जिस भाषा का प्रयोग किया गया हैं वह विरहिणी की पीड़ा को साकार कर पाठक के मन में करूणा उत्पन्न करती है, पाठक का हृदय भी दर्द से कराह उठता हैं-

हे री मैं तो दरद दिवाणी
मेरो दरद न जाणै कोय
घायल की गति घायल जाने
की जिन लाई होय।

तीसरी पंक्ति लोकगीत है और सहज ही समझ में आ जाती हैं। इसी प्रकार निम्नलिखित पंक्तियों में विरहिणी की वेदना को व्यक्त किया गया है और रूपक की योजना के पीछे आयास नहीं लोक-भाषा का प्रयोग हैं–

अजुवन जल सींचि-सींचि प्रेम बेलि बोई
अव तो बेलि फैलि गई, आनन्द फल होई।।

चाहे कृष्ण की लीलाओं का वर्णन हो या फिर चाहे उनका रूप-वर्णन सर्वत्र सरल, सहज भाषा का प्रयोग किया गया है। शब्द-चित्रों (बिम्बों) के माध्यम से दृश्य को साकार बना दिया गया हे। सत्य सामान्य है, अनुभूति जानी-पहचानी है पर वह उसे नाटकीय वक्रता या गहरी व्यंजन प्रदांन करती हैं- प्रिय मिलन की उत्सुकता, न मिलने पर दीवानगी, या तड़प की धारणाएँ पूर्व प्रचलित हैं पर उनकी भाषा उन्हें अनूठा बना देती हैं–

तुम बिन देखया कल न पड़त है, तलफ तलफ जिय जायी।

जहाँ कोमल, सिनग्ध भावों और प्रणयानुभूति का वर्णन करना होता है वहाँ भसृण, माधुर्य गुण सम्पन्न प्रवाहपूर्ण भाषा का प्रयोग करती हैं और जहाँ पुरुष भावों का वर्णन करना होता हैं वहाँ भाषा का तेवन तिरस्कारपूर्ण हो उठता है–

दुरजन जलो ना अंगीठी

अथवा

यह संसार कुबुधि से भांड़ो

अथवा

थारे देस राणा साध नहीं छै लोग वसै सब कूडौ

आत्म- निवेदन, विनय तथा आर्तपुकार में उनकी भाषा का रूप अन्य भक्त कवियों के समान है। यहाँ रूपक अलंकार भी हैं–

यहि विधि भक्ति कैसे होय
मन को मैल हिय तैं न छूटी
दियो तिलक सिर धोय
काम-कूकर लोभ चोरी
बांधि मोह चंडाल
क्रोध कसाई रहत घर में
कैसे मिलैं गोपाल।

इन पंक्तियों को पढ़कर सूरदास का प्रसिद्ध पद याद आ जाता हैं–

अब हौं नाच्यौ बहुत गोपाल
काम क्रोध को पहिरि चोलना कंठ विषय की माल।

मीरा के चित्र स्थिर ही नहीं गतिशील हैं। कृष्ण रूप-राशि का वर्णन यदि स्थिर चित्र का उदाहरण है, तो उनकी गति और मुद्राओं के चित्र गतिशील हैं–

म्हां ठाडी घर पणे मोहन निकल्यां आय
बदन चंद परगासतां, मंद मंद मुस्काय।

अथवा

गहे द्रुम डारि कदम की ठाड़ो मूदु मुस्काय म्हारी ओर हंसो

वर्षा ऋतु के वर्णन में जहाँ एक ओर वर्षा का चाक्षुष एवं ध्वनि बिम्ब मन को मुग्ध करता है तो दूसरी ओर उसके उद्दीपनकारी प्रभाव का भी संकेत देता हैं-

झुकि आई बदरिया सावन की
सावन की मन भावन की
सावन में उमग्यो मेरो मनवा

भनक सुनी हरि आवन की
उमड़ि घुमड़ि चहुँ दिसि सै आयौ
दामिनि दमकि झर लावन की
नन्हीं नन्हीं बूंदन मेघा बरसै
शीतल पवन सुहावन की।

मीरा के भाषा में लोकभाषा के प्रयोग के कारण नाद-सौंदर्य और संगीत का माधुर्य स्वतः आ गया है- नाना ऋतुएँ, तीज-त्यौहार, पर्व-उत्सव, पशु-पक्षी आदि अनूठे ध्वनि-सौंदर्य का विधान करते हैं। दादुर, मोर, पपीहा के स्वर, वर्षा की रिमझिम बूंदे, मेघों का गर्जन, दामिनि का तड़कना सब में ध्वनि-बिम्ब देखे जा सकते हैं।

मीरा ने शब्दों को अपनी भावनाओं के अनुरूप तराशा भी है, उनके प्रचलित रूप से भिन्न दिया है। इससे कविता में संगीत की माधुरी भी आयी हैं, लोकतत्व के कारण भाषिक सौंदर्य बढ़ा है तथा अर्थ गंभीर्य भी आया है। इस तराश से शब्द खंडित या विकृत न होकर अधिक काव्यात्मक और सटीक हो गये हैं।

हे माँ बड़ी-बड़ी आंखियन वारो सांवरो मोतन हेरत हंसि कै
भौंह कमान बान बांके लोचन मारत हियरे कसिके।।

उनकी भाषा में यदा-कदा व्यंग्य की पैनी धार भी है विशेषतः दो स्थलों पर। एक तो राणा के दुर्व्यहार और अत्याचार का उद्घाटन करने के लिए, पुरुषसत्तात्मक सांमती समाज की धूर्तता, निष्ठुरता, छलछद्म, झूठी कुल मर्यादा के प्रति क्षोम व्यक्त करने के लिए राणा की दुर्बुद्धि को धिकारती हुई वह कहती हैं–

अपणे घर कर परदा कर ले, मैं अबा बौराणी

तथा दूसरे अपने प्रियतम के निष्ठुर व्यवहार पर या विधि की विडम्बना पर–

विध विधणा री प्यारां
दीरघ नेण मिरग कूं देखा कणलण फिरता मारा

अपने प्रियतम जोगिया की खूब खबर लेती हैं-मीरा की रचनाएँ उनके अंतर्मन की व्याकुलता की सहज अभिव्यक्ति हैं, अतः उन्होंने अलंकार- योजना की ओर ध्यान नहीं दिया है। भावों के प्रवाह में या अनुभूति की समानता में उपमा, उत्प्रेक्षा, रूपक स्वतः आ गये हैं। इन अलंकारों के प्रयोग ने उनके काव्य को वैसी ही कलात्मकता प्रदान की है जैसे भक्तिकाल के सूर तथा तुलसी के काव्य में मिलती हैं।

मीरा ने लोकपक्तियों, मुहावरों और दृष्टान्तों का भी प्रयोग कर अपनी भाषा को अर्थ-गरिमा प्रदान की है, लोकचित्त पर चढ़े होने के कारण ये सहज ग्राहय हैं

और सामान्य पाठकों को मुग्ध करते हैं–

मुहावरे- साध संत हिरदै बसै
हथलेवा को लाग्यो पाप
अथवा
आपु तो जाय विदेसा छाये
हमको पड़ गयी झोल।
लोकपक्तियाँ - गंजसू उतरि गधे नहीं चढ़ना
या तो बात न होई
अथवा
नाचन लागी तब घूंघट कैसो
लोक लाज तिनका ज्यूँ तोर्यौ।
लोक-प्रचलित उक्तियाँ-
आंबा की डालि कोइल इक बोले,
मेरो चरण असजग केरी हाँसी
अथवा
एकै थाणे रोपिया रे, इक आबो इक बूल
वाकौ रस नीकौ लगै रे, बाकी लागै सूल।।

इस प्रकार मीरा के भाषा सहज, लोकभाषा से संप्रक्त होते हुए भी नाटकीयता, माधुर्य, चित्र-विधान करने के कारण भावों की सूक्ष्मता को उजागर करने में पूर्ण समर्थ है। उसमें प्रवाह है, माधुरी है, सहज, अकुंठ जीवननुभूति को अभिव्यक्त करने की क्षमता है। अपनी सहजता, प्रवाहमयता, निरलंकृति और लोकचित्त में बसी भाषा का प्रयोग कर उन्होंने राजस्थानी भाषा को काव्य के मान-चित्र पर उसी तरह प्रतिष्ठित कर दिया है। जैसे जायसी ने अवधी भाषा को तथा सूरदास ने ब्रजभाषा को।

मीरा का काव्य सौंदर्य

मीराबाई ने पद-शैली में काव्य-रचना की है। पद-शैली गेय होती है। प्रतीक का सर्वाधिक महत्त्वपूर्ण तत्त्व है आत्मानुभूति। मीरा का काव्य आत्मनिवेदन का काव्य है, उनकी समस्त रचनाशीलता का प्राण-तत्त्व ही आत्मानुभूति है। आत्मपरकता, तीव्र भावनात्मकता इस आत्मानुभूति के अभिन्न अंग हैं। लयात्मकता प्रगीत का नियामक तत्त्व है। इस लय का संबंध भाव और भाषा दोनों से है। मीरा इस लयात्मक

अन्विति के प्रति अत्यंत सावधान हैं। मीरा ने अपने पितामह के संरक्षण में संगीत की शिक्षा पायी थीं और कृष्ण-भक्ति के पद वह बचपन से ही गाने लगी थीं। उन्हें लोक-संगीत का भी ज्ञान था और प्रायः लोक गीतों का माधुर्य उनके कानों में अमृत की वर्षा करता था। बाद में वह साधु- संतों की मंडली में अपने पद गाया करती थीं जिनमें ताल और वाद्य का संयोग भी होता था। अतः उन्होंने अपने भावों और मनोदशाओं के चित्र संगीत के माध्यम से प्रस्तुत किये हैं। सफल गीतकाव्य के लक्षण हैं- तीव्र भावाननुभूति, गायता, संक्षिप्ता, अन्विति। मीरा के प्रत्येक पद में ये गुण मिलते हैं। उनका प्रत्येक पद एक अखंड इकाई है, जिसमें तीव्र अनुभूति है, जो संगीत में लिपट कर पाठक-श्रोता को मंत्रमुग्ध कर देती हैं। मीरा की अनुभूतियों का संबंध अपने प्रियतम कृष्ण की रूपासक्ति, अनुराग, भक्ति और अपने जीवन-संघर्ष से है। मीरा के पदों में प्रथम पंक्ति प्रायः टेक के रूप में होती है जिसकी गाते समय आवृत्ति होती है। इसी पंक्ति में उनका मुख्य वक्तव्य या मूल कथन होता है। अन्य पंक्तियों या तो उसके अर्थ का विस्तार करती हैं या उसका अनुगमन। अंतिम पंक्ति में मीरा पूरे पद में विन्यस्त कथ्य या भाव को सचम पर ले जाकर उसे अभीष्ट परिणति देती हैं। उनका आत्मनिवेदन अंतिम पंक्ति तक आकर संकेन्द्रित और प्रत्यक्ष हो जाता है। अपना नामोल्लेख कर वह गिरधर नागर के प्रति पूर्ण समर्पित हो जाती हैं।

मीरा के प्रभु गिरधर नागर चरण कमल चित्त लाई
अथवा
मीरा के प्रभु गिरधर नागर आस बही गुरु सरनन की
अथवा
मीरा के प्रभु गिरधर नागर बाट जोऊँ धारी कद म्हारा खड़ी

पद- शैली का प्रयोग और राग-रागनियों का अनुसरण ही मीरा के काव्य में गीति- तत्त्व के सफल निर्वाह का कारण है। मीरा ने सफलतापूर्वक विभिन्न रागों में पदों की रचना की है। इन रागों में उल्लेखनीय हैं- तिलंग, कान्हरा, गूजरी, काचोर, झिझोट, मालकोस पूरिया कल्याण, खम्हाच, मल्हार, विहाग, जोगिया, होली, श्याम कल्याण। कहीं कहीं उन्होंने भावों के आग्रह पर इन रागों में परिवर्तन कर उन पर अपनी मौलिक छाप लगा दी है। मल्हार राग को उन्होंने राग अड़ाना में मिलाकर नया रूप दिया है जो 'मीरा की मल्हार' नाम से जाना जाता है। रागों का प्रयोग भावानुकूल तो है ही समय (प्रातः सन्ध्या, रात्रि) का भी ध्यान रखा गया है। यही कारण है कि उनके पद भावों को आंदोलित कर आनन्द की नई-नई तरंग उठाते हैं। पदों की

शब्दावली भी राग विशेष के अनुरूप है। उनमें राग और भाव का बेजोड़ संतुलन है। करुणा की भावना व्यक्त करते समय वह जोगिया राम का प्रयोग करती हैं।

जोगिया तू कब रे मिलैगो आइ

इस प्रकार गीत काव्य की दृष्टि से मीरा की रचनाएँ अत्यंत सफल हैं। उनमें गायता है, अनुभूति की तीव्रता है, अन्विति है, संक्षिप्त है। प्रत्येक पद अनुभूति के अखंड संहन की क्षमता रखता है। उनके पदों की भाषा सुर-संगीत के साथ भावना को पाठक तक सहज ही सम्प्रेषित कर देती हैं।

मीरा के पद अन्य भक्त कवियों-सूर, तुलसी, कबीर आदि की तरह चिन्तन के बोझ या अध्यात्म के भार से दबे हुए नहीं हैं। मीरा की पदावली केवल अनुभूति की सहज भूमि पर विचरण करती है, उसमें भाववेश अधिक हैं, अनुभूति की तीव्रता अधिक हैं।

मीरा के काव्य को सरस बनाने का एक कारण है शब्द-शिल्प। उन्होंने शब्दों का प्रयोग इस प्रकार किया है, शब्दों को इस तरह तराशा है कि उनके पदों की संगीत-माधुरी द्विगुणित हो जाती है। वे शब्दों को भावानुकूल बनाने के लिए उन्हें तोड़ती-मरोड़ती हैं, उन्हें नये ढंग से उच्चरित करती हैं जिससे शब्द की काया, उसका प्रभाव निखर आता है। राजस्थानी और ब्रजभाषा के शब्दों को मूल रूप में प्रयोग न कर वह उनका इस प्रकार प्रयोग करती हैं कि भाषा का तेवर ही बदल जाता है–

नहिं भावै थारो देसलड़ो रंगरुड़ो
थाराँ देसाँ में राणा साँच नहीं है
लोग बसै सब कूड़ो।

आचार्य शुक्ल ने कहा था कि कविता का कार्य अर्थग्रहण कराना नहीं बिम्ब ग्रहण कराना हैं। पाश्चात्य विद्वान **आई0 ए0 रिचर्ड्स** भी काव्य भाषा को रिफरेंशनल न मानकर इमोटिव अर्थात् वह भाषा जो कवि के भावों का संहन करने वाली भी हो और पाठकों को भावान्दोलित करने वाली हों। इसके लिए आज के विद्वान आलोचक बिम्ब-सृष्टि पर बल देते है, चित्रमय भाषा की बात कहते हैं।

मीरा के काव्य में बिम्ब-योजना अत्यंत मोहक, सटीक और दृश्य को साकार कर देने वाली है। चाहे कृष्ण की अंगों की शोभा हो, या उनकी वेषभूषा अथवा उनकी मुस्कान, तिरछी चितवन, मुरली-वादन की मुद्रा सब साकार हो उठते हैं। इस बिम्ब-योजना के पीछे कोई आयास नहीं है, वह तो कृष्ण की रूप-माधुरी में डूबी भक्त की सहज वाणी है। ये बिम्ब दो प्रकार के हैं-स्थूल तथा सूक्ष्म। स्थूल बिम्बों में ऐन्द्रियता है- कहीं चाक्षुष है, कहीं श्रौत, कहीं घ्राण, प्रमुखता है चाक्षुष बिम्बों की।

बिम्बों के माध्यम से मीरा अपने उपास्य कृष्ण के बहुविध रूपों, लीलाओं और गुणों का चित्रण करती हैं।

मोहनी मूरति सांवली सूरति नैना बने बिसाल
अधर सुधा रस मुरली राजति, उर बैजंती माल
क्षुद्र घंटिका कटि तल सोहति, नूपुर सबद रसाल
अथवा
बाँको मुकुट काछनी सुन्दर
ऊपर जरद किनारी
गल मुतियन की माल विराजै
कुण्डल की छवि न्यारी
बांकी भौं कजरारे नैना
अलकैं छुट रही कारी
मंद मंद मुरली धुन बाजत
मोही ब्रज की नारी।

सूक्ष्म बिम्बों में भावों की गहरी और स्पष्ट छायाएं दृष्टव्य हैं।

मीरा का काव्य उसके भावों की अभिव्यक्ति है। उसने कविता लिखने के उद्देश्य से पदों की रचना नहीं की है, वे केवल उसकी सघन, तीव्र अनुभूति को अभिव्यक्त करने के माध्यम हैं। उन्होंने रीतिकाल के कवियों की तरह सायास काव्य-रचना नहीं की है, अतः उन्हें काव्य-कला की विशेष चिंता नहीं है। उनके काव्य में अलंकारों का प्रयोग हुआ भी है तो भावों की तीव्रता के कारण; वे काव्य-धारा में उसी तरह आ गये हैं जैसे बहती जल धारा में तट के पत्ते-फूल गिरकर बहने लगते हैं, वे सहज रूप में आ गये हैं। जो अलंकार उनके भावों को स्पष्ट करने के लिए आये हैं वे परम्परागत अलंकार-उपमा, उत्प्रेक्षा, रूपक ही है। उनके उपमान भी परम्परागत हैं–

जल बिन कमल चंद बिन रजनी
ऐसे तुम देख्या बिन सजनी

भक्त कवियों की तरह भक्ति में बाधक तत्त्वों की चर्चा करते हुए भी वह परम्परागत उपमानों का ही आश्रय लेती हैं–

मन की मैल हिये तैं न छूटी, दियो तिलक सिर धोय
काम कूकर लोभ डोरी, बांधि मोह चाण्डाल
क्रोध कसाई रहत घट में, कैसे मिले गोपाल
बिलार विषया लालची रे, ताहि सोजन देत।

उत्प्रेक्ष अलंकार में प्रयुक्त उपमान भी परम्परागत हैं–

कुण्डल की झलक-झलक
कपोलन पर छाई
मनो मीन सरवर तजि
मकर मिलन आई

विभावना, अर्थान्तरन्यास अलंकार भी कहीं-कहीं आ गये हैं; शब्दालंकारों पर उनकी दृष्टि नहीं गयी हैं। अनुप्रास और श्लेष यदि आया भी हैं तो वाणी के सहज स्फुरण के रूप में।

उक्ति-चमत्कार उनकी कविता को रमणीय बना देता है, उससे कथन मार्मिक हो उठता है। ये उक्तियाँ जितनी सुन्दर हैं, उतनी ही स्वाभाविक। कही वचन की वक्रता पाठक के चित्त को चमत्कृत करती है तो कही वचन की स्वाभाविकता मन को मुग्ध करती हैं–

पायो जी मैं तो राम रतन धन पायो
वस्तु अमोलक दी मोरे सतगुरु
किरपा कर अपनायौ
जनम जनम की पूंजी पाई
जग में सभी खोवायो।

ऐसी उक्तियाँ हृदय पर सीधी चोट करती है, मन को द्रवित कर देती हैं।

मीरा सगुण ईश्वर की उपासिका थीं। अतः उनके काव्य में प्रतीकों का प्रयोग नहीं हुआ। जिन पदों में प्रतीकों का संधान किया भी गया है, प्रथम तो उनकी प्रामण्किता के विषय में संदेह है और यदि वे उनके रचे हुए हैं भी तो प्रतीकों का प्रयोग परिपाटी मात्र हैं-

बरसाने से चली गुजरिया
नन्दगाम को जाना
आगे केसव धेनु चराई
लगे प्रेम के बाना
सागर सूख कमल मुरझाना
हंसा कियो पयाना भौरा रह गए प्रीत के धोखे
फेर मिलन को जाना

यहाँ सागर, कमल, हंस, आदि प्रतीकात्मक प्रयोग परम्परा का पालन मात्र हैं। राग-रागनियों में बंधे मीरा के काव्य में छन्दों के शास्त्रीय नियामों का उल्लंघन नहीं

हुआ है। हाँ, उन्होंने छंद के परम्परागत शास्त्रीय बंधनों को पूरी तरह स्वीकार न कर उनका संगीत-माधुरी के लिए स्वच्छंद प्रयोग किया है, उनमें परिवर्तन किया है, उन्हें नवीन रूप दिया है। पदों में टेक और अंतरा का प्रयोग किया हैं- कुछ पदों मेंछंद की अनुसारिणी टेक का प्रयोग किया है तो कुछ ऐसे पद भी लिखे हैं जिनमें टेक का छंद भिन्न है और शेष पद का छंद भिन्न हैं। जहाँ तक अंतरा का संबंध हैं, मीरा ने कहीं एक ही छंद के पादों की अनेक बार आवृत्ति के पद लिखे हैं और कहीं-कहीं वे छंद की अवहेलना करती हैं। मीरा के छंद राग का चोला ओढ़ कर ही पद बन गये हैं। सार छंद का उन्होंने अनेक बाद पद बनाकर प्रयोग किया है। सरसी छंद का प्रयोग भी टेक जोड़कर पद के रूप में किया गया हैं–

तनक हरि चितवौ मेरी ओर
हम चितवत तुम चितवत नाहीं
दिल के बड़े कठोर।

कुछ पदों में दो छंदों को मिलाकर राग पूरा किया गया है। कुछ पद ऐसे हैं जिन्हें हम नई छंद-रचना कह सकते हैं।

सारांश यह कि मीरा की पद-रचना का स्वरूप उनकी सघन आत्मानुभूति पर आधारित हैं। इस आत्मानुभूति का विषय है कृष्ण- भक्ति, कृष्ण के प्रति एकनिष्ठ प्रेम, आत्म-निवेदन, अपने सुख-दुःख की गठरी खोल कर रख देना। इस उद्देश्य की पूर्ति के लिए उन्होंने प्रगीत और संगीत का सम्मिश्रण कर अपने पदों की रचना की हैं। नाद, ताल और स्वर के द्वारा रचे गये वातारण में उनके आत्मनिवेदन के ये पद अपनी भावानुभूति, भाषा-प्रयोग एवं अनूठी उक्तियों के कारण विशिष्ट बन गये हैं।

मृत्यु

मीराबाई अपने युग से लेकर आज तक लोकप्रियता के शिखर पर आरूढ हैं। उनके गीत या भजन आज भी हिन्दी-अहिन्दी भाषी भारतवासियों के होठों पर विराजमान हैं। मीरा के कई पद हिन्दी फिल्मी गीतों का हिस्सा भी बने। वे बहुत दिनों तक वृन्दावन (मथुरा, उत्तर प्रदेश) में रहीं और फिर द्वारिका चली गईं। जहाँ संवत 1560 ई. में वे भगवान श्रीकृष्ण की मूर्ति में समा गईं। जब उदयसिंह राजा बने तो उन्हें यह जानकर बहुत निराशा हुई कि उनके परिवार में एक महान भक्त के साथ कैसा दुर्व्यवहार हुआ। तब उन्होंने अपने राज्य के कुछ ब्राह्मणों को मीराबाई को वापस लाने के लिए द्वारका भेजा। जब मीराबाई आने को राजी नहीं हुईं तो ब्राह्मण जिद करने लगे कि वे भी वापस नहीं जायेंगे। उस समय द्वारका में श्कृष्ण

जन्माष्टमी आयोजन की तैयारी चल रही थी। मीराबाई ने कहा कि वे आयोजन में भाग लेकर चलेंगी। उस दिन उत्सव चल रहा था। भक्तगण भजन में मग्न थे। मीरा नाचते-नाचते श्री रणछोड़राय जी के मन्दिर के गर्भग्रह में प्रवेश कर गईं और मन्दिर के कपाट बन्द हो गये। जब द्वार खोले गये तो देखा कि मीरा वहाँ नहीं थी। उनका चीर मूर्ति के चारों ओर लिपट गया था और मूर्ति अत्यन्त प्रकाशित हो रही थी। मीरा मूर्ति में ही समा गयी थीं। मीराबाई का शरीर भी कहीं नहीं मिला। उनका उनके प्रियतम प्यारे से मिलन हो गया था।

जिन चरन धरथो गोबरधन गरब- मधवा- हरन।।
दास मीरा लाल गिरधर आजम तारन तरन।।

आध्यात्म स्तम्भ

संत कवयित्री मीराबाई ने अपने हृदय-मन्दिर में इष्ट श्रीकृष्ण की मूरत स्थापित कर बचपन से ही उनकी पूजा-अराधना और अर्चना आरंभ कर दी थी। यहीं से उनके भाव-विह्वल भक्ति के गीत फूटे और बहे, जिसमें युग-युग की मानवता अपनी आत्मिक प्यास बुझाती रही है। कृष्ण के प्रति प्रेम-भक्ति उनके नारी-सुलभ स्वभाव एवं वृत्तियों के अति अनुकूल भी थी और दैव-योग से मीरा इसी दिशा में प्रवृत्त होती गईं। भौतिक जीवन और घटनाक्रमों ने इस वेग को और भी बढ़ाया तथा दिशा को साधा। वह पारिवारिक संबन्धों से मुक्त होकर उन्मुक्त हुई महाभाव-हिलोरों पर उनमत्त हो झूलती रहीं। मीराबाई ने स्वयं मुक्त होकर अपने समय और युग की नारी को भी और देश-समाज के मानव एवं मानवता को भी मुक्त किया। मध्य युग में ही आधुनिक मानव की मुक्ति का बिगुल बजाने वाली स्त्री संत, आधुनिकता के नारी-विमर्श का बीज-वपन करने वाली मीराबाई अपने जीवन में तथा मृत्यु में भी मुक्त रहीं। वास्तव में मीरा वर्तमान भौतिक अंधकार के विरुद्ध भारतीय महाभाव-प्रेम एवं अध्यात्म का दीप स्तंभ हैं। भौतिक वैश्वीकरण एवं बाजारीकरण के विपरीत मानव की मुक्ति, समानता, गरिमा के आग्रहों को भावनात्मक सार्वभौमिकता देने वाली मीराबाई आध्यात्मिक वैश्वीकरण एवं विश्वमानवता का अलख जगाने वाली महान मानवी है।

7

नंददास के काव्य में लोक जीवन

नंददास 16 वीं शती के अंतिम चरण में विद्यमान थे। इनके विषय में 'भक्तमाल' में लिखा हैरू 'चन्द्रहास-अग्रज सुहृद परम प्रेम में पगे' इससे इतना ही सूचित होता है कि इनके भाई का नाम चंद्रहास था। 'दो सौ बावन वैष्णवन की वार्ता' के अनुसार ये तुलसीदास के भाई थे, किन्तु अब यह बात प्रामाणिक नहीं मानी जाती. उसी वार्ता में यह भी लिखा है कि द्वारका जाते हुए नंददास सिंधुनद ग्राम में एक रूपवती खत्रानी पर आसक्त हो गए। ये उस स्त्री के घर में चारो ओर चक्कर लगाया करते थे। घरवाले हैरान होकर कुछ दिनों के लिए गोकुल चले गए। वहाँ भी वे जा पहुँचे। अंत में वहीं पर गोसाईं विट्ठलनाथ जी के सदुपदेश से इनका मोह छूटा और ये अनन्य भक्त हो गए। इस कथा में ऐतिहासिक तथ्य केवल इतना ही है कि इन्होंने गोसाईं विट्ठलनाथ जी से दीक्षा ली. इनके काव्य के विषय में यह उक्ति प्रसिद्ध हैरू 'और कवि गढ़िया, नंददास जड़िया' इससे प्रकट होता है कि इनके काव्य का कला-पक्ष महत्त्वपूर्ण है। इनकी रचना बड़ी सरस और मधुर है। इनकी सबसे प्रसिद्ध पुस्तक 'रासपंचाध्यायी' है जो रोला छंदों में लिखी गई है। इसमें जैसा कि नाम से ही प्रकट है, कृष्ण की रासलीला का अनुप्रासादियुक्त साहित्यिक भाषा में विस्तार के साथ वर्णन है।

वृन्दावन आगमन

एक बार काशी से एक वैष्णव-समाज भगवान रणछोर के दर्शन के लिये द्वारका जा रहा था। नंददास ने तुलसीदास जी से आज्ञा मांगी। उन्होंने पहले तो जाने की मनाही कर दी, पर बाद में नंददास ने उनको पर्याप्त अनुनय-विनय से प्रसन्न कर लिया। मथुरा में उन्होंने वैष्णव समाज का साथ छोड़ दिया। वे वहां से द्वारका के लिये

स्वयं आगे बढ़े। दैवयोग से वे रास्ता, भूल गये। कुरुक्षेत्र के सन्निकट सीहनन्द नामक गांव में आ पहुंचे और वहां से किसी कारणवश पुनरू श्रीवृन्दावन को लौट पड़े। नंददास भगवती कालिन्दी के तट पर पहुंच गये। यमुना दर्शन से उनका लौकिक माया-मोह का बन्धन टूट गया।

दीक्षा

वृन्दावन आने के बाद नंददास ने यमुना के उस पार वृन्दावन के बड़े-बड़े मन्दिर देखे। अपने जन्म-जन्म के सखा का प्रेम-निकुंज देखा। प्रियतम की मुसकान यमुना तट की धवल और परमोज्ज्वल बालुका में बिखर रही थी। उन्हें ब्रजदेवता प्रेमालिंगन के लिये बुला रहे थे। वैष्णव-परिवार से गोसाईं विट्ठलनाथ ने पूछा कि- ब्राह्मण देवता कहां रह गये?ष लोग आश्चर्यचकित हो उठे। नंददास को अपने शिष्य भेजकर उन्होंने बुलाया। वे गोसोईं जी के परम पवित्र दर्शन से धन्यघ हो उठे। गोसाईं जी ने उनको श्नवनीतप्रिय का दर्शन कराया। नंददास जी को दीक्षित किया, उन्हें देहानुसन्धान नहीं रह गया। चेत होने पर नंददास की काव्यवाणी ने भगवान की लीला रसानुभूति का मांगलिक गान गाया। वे भागवत हो उठे। उनके हृदय में शुद्ध भगवत्प्रेम की भागीरथी बहने लगी। श्रीगोसाईं विट्ठलनाथ ने उन्हें गले लगाया। नंददास ने गुरु-चरण की वन्दना की, स्तुति की। उनकी भारती के स्वरमय सरस कण्ठ ने गुरुकृपा के माधुर्य से उपस्थित वैष्णव मण्डली को कृतार्थ कर दिया। वे गाने लगे-

श्रीबिट्ठल मंगल रूप निधान।
कोटि अमृत सम हंस मृदु बोलन, सब के जीवन प्रान।।
करुनासिंधु उदार कल्पतरु देत अभय पद दान।
सरन आये की लाज चहुं दिसि बाजे प्रकट निसान।।
तुमरे चरन कमल के मकरंद मन मधुकर लपटान।
श्नंददास प्रभु द्वारे रटत है, रुचत नहीं कछु आन।।

काव्य्य-साधना

नंददास ने गोसाईं जी के चरण-कमल के स्थायी आश्रय के लिये उत्कट इच्च्छा प्रकट की। श्रीवल्लभनन्दन दास कहलाने में उन्होंने परम गौरव अनुभव किया। नंददास ने उनके चरण-कमलों पर सर्वस्व निछावर कर दिया। उनका मन भगवान श्रीकृष्ध्ण में पूर्ण आसक्त हो गया। उन्होंने गोवर्धन में श्रीनाथ जी का दर्शन किया।

वे भगवान की किशोर-लीला के सम्बन्ध में पद रचना करने लगे। श्रीकृष्ण लीला का प्राणधन रासरस ही उनकी काव्य-साधना का मुख्य विषय हो गया। वे कभी गोवर्धन और कभी गोकुल में रहते थे।

उच्च्च कोटि के कवि

नंददास उच्च्च कोटि के कवि थे। उन्होंने सम्पूर्ण भागवत को भाषा का रूप दिया। कथावाचकों और ब्राह्मणों ने गोसाईं विट्ठलनाथ से कहा कि- हम लोगों की जीविका चली जायगीष। गुरु के आदेश से महाकवि नंददास ने केवल ब्रजलीला-सम्बन्धी पदों के और प्रधान रूप से रासरस के वर्णन को बचा रखा, शेष भाषा भागवत को यमुना में बहा दिया। नंददास ऐसे निरूस्पृह और रसिक श्रीकृष्ण भक्त का गौरव इस घटना से बढ़ गया।

सूरदास से घनिष्ठता

नंददास की सूरदास से बड़ी घनिष्ठता थी। महाकवि सूर ने उनके बोध के लिये अपने प्रसिद्ध ग्रन्थ श्साहित्य-लहरी की रचना की थी। एक दिन महात्मा सूर ने उनसे स्पष्ट कह दिया था कि- अभी तुम में वैराग्य का अभाव है। अतः महाकवि सूर की आज्ञा से वे घर चले आये। कमला नामक कन्या से उन्होंने विवाह कर लिया। अपने ग्राम का नाम श्यामपुर रखा। श्यामसर नामक एक तालाब बनवाया। वे आनन्द से घर पर रहकर भगवान की रसमयी लीला पर काव्य लिखने लगे, पर उनका मन तो श्रीनाथ जी के चरणों पर न्योछावर हो चुका था। कुछ दिनों के बाद वे गोवर्धन चले आये। वे स्थायी रूप से मानसी गंगा पर रहने लगे तथा शेष जीवन श्रीनाथ जी की सेवा में समर्पित कर दिया।

कृष्ण का यश-चिन्ध्तन

भगवान श्रीकृष्ण का यश-चिन्तन ही नंददास के काव्य का प्राण था। वह कहा करते थे कि- जिस कविता में श्हरि के यश का रस न मिले, उसे सुनना ही नहीं चाहिये।ष भगवान श्रीकृष्ण की रूप-माधुरी के वर्णन में उन्होंने जिस योग्यता का परिचय दिया, वह अपने ढंग की एक ही वस्तु है। नंददास ने गोपी प्रेम का अत्यन्त उत्कृष्ट आदर्श अपने काव्य में निरूपित किया है। ब्रज-काव्य साहित्य में रासरस का पारावार ही उनकी लेखनी से उमड़ उठा। नित्य नवीन रासरस, नित्य गोपी और नित्य श्रीकृष्ण के सौन्दर्य-माधुर्य में वे रात-दिन सराबोर रहते थे। रसिकों के संग में रहकर

हरि-लीला गाते रहने को ही वे जीवन का परमानन्द समझते थे। उनकी दृढ़ मान्यता थी–

रूप प्रेम आनन्द रस जो कछु जग में आहि।
सो सब गिरिधर देव को, निधरक बरनौं ताहि।।

गोलोक प्राप्ति

नंददास जी ने संवत 1640 (1583 ई.) विक्रमी में गोलोक प्राप्त्त किया। वे उस समय मानसी गंगा पर रहते थे। एक बार अकबर की राजसभा में तानसेन नंददास का प्रसिद्ध पद देखौ देखौ री नागर नट निरतत कालिन्दी तट७ गा रहे थे। उसका अन्तिम चरण था- नंददास तहं गावै निपट निकट।७ बादशाह आश्चर्य में पड़ गये कि नंददास किस तरह श्निपट निकट थे। वे बीरबल के साथ उनसे मिलने के लिये मानसी गंगा पर गये। अकबर ने नंददास से अपनी शंका का समाधान चाहा। नंददास के प्राण प्रेमविह्वल हो गये, उनकी कामना ने उनको अनुप्राणित किया।

मोहन पिय की मुसकनि, ढलकनि मोरमुकुट की।
सदा बसौ मन मेरे फरघ्कनि पियरे पट की।।

उनके नेत्र सदा के लिये बंद हो गये। गोसाईं विट्ठलनाथ ने उनके सौभाग्यपूर्ण लीला-प्रवेश की सराहन की। नंददास महारसिक प्रेमी भक्त थे।

कृतियाँ

नंददास जी की निम्नलिखित मुख्य रचनाएँ हैं–

पद्य रचना–रासपंचाध्यायी, भागवत दशमस्कंध, रुक्मिणीमंगल, सिद्धांत पंचाध्यायी, रूपमंजरी, मानमंजरी, विरहमंजरी, नामचिंतामणिमाला, अनेकार्थनाममाला, दानलीला, मानलीला, अनेकार्थमंजरी, ज्ञानमंजरी, श्यामसगाई, भ्रमरगीत, सुदामाचरित्र।

गद्यरचना–हितोपदेश, नासिकेतपुराण।

8

रैदास के काव्य में लोक जीवन

दलित संत कवि रैदास उन महान् सन्तों में अग्रणी थे जिन्होंने अपनी रचनाओं के माध्यम से समाज में व्याप्त बुराइयों को दूर करने में महत्वपूर्ण योगदान किया। इनकी रचनाओं की विशेषता लोक-वाणी का अद्भुत प्रयोग रही है जिससे जनमानस पर इनका अमिट प्रभाव पड़ता है। मधुर एवं सहज संत रैदास की वाणी ज्ञानाश्रयी होते हुए भी ज्ञानाश्रयी एवं प्रेमाश्रयी शाखाओं के मध्य सेतु के समान है।

प्राचीन काल से ही भारत में विभिन्न धर्मों तथा मतों के अनुयायी निवास करते रहे हैं। इन सबमें मेल-जोल और भाईचारा बढ़ाने के लिए सन्तों ने समय-समय पर महत्वपूर्ण योगदान दिया है। ऐसे सन्तों में रैदास का नाम अग्रगण्य है। वे सन्त कबीर के गुरुभाई थे क्योंकि उनके भी गुरु स्वामी रामानन्द थे।

जीवन

लगभग छः सौ वर्ष पहले भारतीय समाज अनेक बुराइयों से ग्रस्त था। उसी समय रैदास जैसे समाज-सुधारक सन्तों का प्रादुर्भाव हुआ। रैदास का जन्म काशी में एक चर्मकार परिवार में हुआ था। उनके पिता का नाम रग्घु और माता का नाम घुरविनिया बताया जाता है। रैदास ने साधु-सन्तों की संगति से पर्याप्त व्यावहारिक ज्ञान प्राप्त किया था। जूते बनाने का काम उनका पैतृक व्यवसाय था और उन्होंने इसे सहर्ष अपनाया। वे अपना काम पूरी लगन तथा परिश्रम से करते थे और समय से काम को पूरा करने पर बहुत ध्यान देते थे।

उनकी समयानुपालन की प्रवृति तथा मधुर व्यवहार के कारण उनके सम्पर्क में आने वाले लोग भी बहुत खुश रहते थे।

रैदास के समय में स्वामी रामानन्द काशी के बहुत प्रसिद्ध प्रतिष्ठित सन्त थे। रैदास उनकी शिष्य-मण्डली के महत्वपूर्ण सदस्य थे।

शुरू से ही रैदास बहुत परोपकारी तथा दयालु थे और दूसरों की सहायता करना उनका स्वभाव बन गया था। साधु-सन्तों की सहायता करने में उनको विशेष आनन्द मिलता था। वे उन्हें प्रायः मूल्य लिये बिना जूते भेंट कर दिया करते थे। उनके स्वभाव के कारण उनके माता-पिता उनसे अप्रसन्न रहते थे। कुछ समय बाद उन्होंने रैदास तथा उनकी पत्नी को अपने घर से अलग कर दिया। रैदास पड़ोस में ही अपने लिए एक अलग झोपड़ी बनाकर तत्परता से अपने व्यवसाय का काम करते थे और बाकी समय ईश्वर-भजन तथा साधु-सन्तों के सत्संग में व्यतीत करते थे।

स्वभाव

उनके जीवन की छोटी-छोटी घटनाओं से समय तथा वचन के पालन सम्बन्धी उनके गुणों का पता चलता है। एक बार एक पर्व के अवसर पर पड़ोस के लोग गंगा-स्नान के लिए जा रहे थे। रैदास के शिष्यों में से एक ने उनसे भी चलने का निवेदन किया तो वे बोले, गंगा-स्नान के लिए मैं अवश्य चलता किन्तु एक व्यक्ति को जूते बनाकर आज ही देने का मैंने वचन दे रखा है। यदि मैं उसे आज जूते नहीं दे सका तो वचन भंग होगा। गंगा स्नान के लिए जाने पर मन यहाँ लगा रहेगा तो पुण्य कैसे प्राप्त होगा ? मन जो काम करने के लिए अन्तःकरण से तैयार हो वही काम करना उचित है। मन सही है तो इसे कठौते के जल में ही गंगास्नान का पुण्य प्राप्त हो सकता है। कहा जाता है कि इस प्रकार के व्यवहार के बाद से ही कहावत प्रचलित हो गयी कि—*मन चंगा तो कठौती में गंगा।*

रैदास ने ऊँच-नीच की भावना तथा ईश्वर-भक्ति के नाम पर किये जाने वाले विवाद को सारहीन तथा निरर्थक बताया और सबको परस्पर मिलजुल कर प्रेमपूर्वक रहने का उपदेश दिया। वे खुद मधुर तथा भक्तिपूर्ण भजनों की रचना करते थे और उन्हें भाव-विभोर होकर सुनाते थे। उनका विश्वास था कि राम, रहीम, कृष्ण, करीम, राघव आदि सब एक ही परमेश्वर के विविध नाम हैं। वेद, कुरान, पुराण आदि धर्म पुस्तकों में एक ही परमेश्वर का गुणगान किया गया है।

करीम, राम, हरि, राघव, जब लग एक न पेखा।
वेद कतेब कुरान, पुरानन, सहज एक नहिं देखा।।

उनका विश्वास था कि ईश्वर की भक्ति के लिए सदाचार, परहित-भावना तथा सद्व्यवहार का पालन करना अत्यावश्यक है। अभिमान छोड़ कर दूसरों के साथ

व्यवहार करने और विनम्रता तथा शिष्टता के गुणों का विकास करने पर उन्होंने बहुत बल दिया। अपने एक भजन में उन्होंने कहा है—

कह रैदास तेरी भगति दूरि है, भाग बड़े सो पावै।
तजि अभिमान मेटि आपा पर, पिपिलक हवै चुनि खावै।

उनके विचारों का तात्पर्य यही है कि ईश्वर की भक्ति बड़े भाग्य से हासिल होती है। अभिमान शून्य रहकर काम करने वाला व्यक्ति जीवन में सफल रहता है जैसे कि विशालकाय हाथी शक्कर के कणों को चुनने में असमर्थ रहता है जबकि लघु शरीर की पिपीलिका (चींटी) इन कणों को सरलतापूर्वक चुन लेती है। इसी प्रकार अभिमान तथा बड़प्पन का भाव त्याग कर विनम्रतापूर्वक आचरण करने वाला मनुष्य ही ईश्वर की प्राप्ति कर सकता है।

रैदास का काव्य भक्ति की सच्ची भावना, समाज के व्यापक हित की चेतना तथा मानव प्रेम से ओत-प्रोत है। इसलिए उसका श्रोताओं के मन पर गहरा प्रभाव पड़ता था। उनके भजनों तथा उपदेशों से लोगों को ऐसी शिक्षा मिलती थी जिससे उनकी शंकाओं का सन्तोषजनक समाधान हो जाता था और लोग स्वतः उनके अनुयायी बन जाते थे।

उनकी वाणी का इतना व्यापक प्रभाव पड़ा कि समाज के सभी वर्गों के लोग उनके प्रति श्रद्धालु बन गये। कहा जाता है कि मीराबाई उनकी भक्ति-भावना से बहुत प्रभावित हुईं और उनकी शिष्या बन गयी थीं।

वर्णाश्रम अभिमान तजि, पद रज बंदहिजासु की।
सन्देह-ग्रन्थि खण्डन-निपन, बानि विमुल रैदास की।।

वर्तमान में सन्त रैदास के उपदेश समाज के कल्याण तथा उत्थान के लिए काफी महत्वपूर्ण हैं। उन्होंने अपने आचरण तथा व्यवहार से यह प्रमाणित कर दिया है कि मनुष्य अपने जन्म तथा व्यवसाय के आधार पर महान नहीं होता है। विचारों की श्रेष्ठता, समाज के हित की भावना से प्रेरित कार्य तथा सद्व्यवहार जैसे गुण ही मनुष्य को महान बनाने में सहायक होते हैं। इन्हीं गुणों के कारण सन्त रैदास को अपने समय के समाज में खूब सम्मान मिला और इसी कारण आज भी लोग इन्हें श्रद्धापूर्वक याद करते हैं।

सत्संग

शैशवावस्था से ही सत्संग के प्रति उनमें तीव्र अभिरूचि थी। अतः रामजानकी की मूर्ति बनाकर पूजन करने लगे थे। पिता ने किसी कारणवश उन्हें अपने से अलग

कर दिया था और वे घर के पिछवाड़े छप्पर डालकर रहने लगे। ये परम संतोषी और उदार व्यक्ति थे। वे अपने बनाये हुये जूते बहुधा साधु-सन्तो में बांट दिया करते थे। इनकी विरक्ति के सम्बन्ध में एक प्रसंग मिलता है कि एक बार किसी महात्मा ने उन्हें पारस पत्थर दिया जिसका उपयोग भी उसने बता दिया। पहले तो सन्त् रैदास ने उसे लेना ही अस्वीकार कर दिया। किन्तु बार - बार आग्रह करने पर उन्होंने ग्रहण कर लिया और अपने छप्पर में खोंस देने के लिये कहा। तेरह दिन के बाद लौटकर उक्त साधु ने जब पारस पत्थर के बारे में पूछा तो संत रैदास का उत्तर था कि जहां रखा होगा, वहीं से उठा लो और सचमुच वह पारस पत्थर वहीं पड़ा मिला।

सत्य

सन्त रैदास ने सत्य को अनुपम और अनिवर्चनीय कहा है। वह सर्वत्र एक रस है। जिस प्रकार जल में तरंगे है उसी प्रकार सारा विश्व उसमें लक्षित होता है। वह नित्य, निराकार तथा सबके भीतर विद्यमान है। सत्य का अनुभव करने के लिये साधक को संसार के प्रति अनासक्त होना पड़ेगा। संत रैदास के अनुसार प्रेममूलक भक्ति के लिये अहंकार की निवृत्ति आवश्यक है। भक्ति और अहंकार एक साथ संभव नहीं है। जब तक साधक अपने साध्य के चरणों में अपना सर्वस्व अर्पण नहीं करता तब तक उसे लक्ष्य की सिद्धि नहीं हो सकती।

साधना

सन्त रैदास मध्ययुगीन इतिहास के संक्रमण काल में हुए थे। ब्राह्मणों की पैशाविक मनोवृत्ति से दलित और उपेक्षित पशुवत जीवन व्यतीत करने के लिये बाध्य थे। यह सब उनकी मानसिकता को उद्वेलित करता था। सन्त रैदास की समन्वयवादी चेतना इसी का परिणाम है। उनकी स्वानुभूतिमयी चेतना ने भारतीय समाज में जागृति का संचार किया और उनके मौलिक चिन्तन ने शोषित और उपेक्षित शूद्रो में आत्मविश्वास का संचार किया। परिणामतः वह ब्राह्मणवाद की प्रभुता के सामने साहसपूर्वक अपने अस्तित्व की घोषणा करने में सक्षम हो गये। सन्त रैदास ने मानवता की सेवा में अपना सर्वस्व समर्पित कर दिया। सन्त रैदास के मन में इस्लाम के लिए भी आस्था का समान भाव था। कबीर की वाणी में जहाँ आक्रोश की अभिव्यक्ति है, वहीं दूसरी ओर सन्त रैदास की रचनात्मक दृष्टि दोनो धर्मो को समान भाव से मानवता के मंच पर लाती है। सन्त रैदास वस्तुतः मानव धर्म के संस्थापक थे।

धर्म

वर्णाश्रम धर्म को समूल नष्ट करने का संकल्प, कुल और जाति की श्रेष्ठता की मिथ्या सिद्धि सन्त रैदास द्वारा अपनाये गये समन्वयवादी मानवधर्म का ही एक अंग है जिसे उन्होंने मानवतावादी समाज के रूप में संकल्पित किया था। जन्म जात मत पूछिये, का जात अरू पात। रविदास पूत सभ प्रभ के कोउ नहि जात कुजात।

भक्ति

उपनिषदों से लेकर महर्षि नारद और शाण्डिल्य ने भक्ति तत्व की अनेक प्रकार से व्याख्या की है। रैदास ने भक्ति में रागात्मिका वृत्ति को ही महत्व दिया है। नाम मार्ग और प्रेम भक्ति उनकी अष्टांग साधना में ही है। रैदास की अष्टांग साधना पद्धति उनकी स्वतंत्र व स्वछंद चेतना का प्रवाह है। यह साधना पूर्णतः मौलिक है।

समाज पर प्रभाव

रैदास की वाणी, भक्ति की सच्ची भावना, समाज के व्यापक हित की कामना तथा मानव प्रेम से ओत-प्रोत होती थी। इसलिए उनकी शिक्षाओं का श्रोताओं के मन पर गहरा प्रभाव पड़ता था। उनके भजनों तथा उपदेशों से लोगों को ऐसी शिक्षा मिलती थी जिससे उनकी शंकाओं का सन्तोषजनक समाधान हो जाता था और लोग स्वतः उनके अनुयायी बन जाते थे। उनकी वाणी का इतना व्यापक प्रभाव पड़ा कि समाज के सभी वर्गों के लोग उनके प्रति श्रद्धालु बन गये। कहा जाता है कि मीराबाई उनकी भक्ति-भावना से बहुत प्रभावित हुईं और उनकी शिष्या बन गयी थीं।

"वर्णाश्र अभिमान तजि, पद रज बंदहिजासु की।
सन्देह-ग्रन्थि खण्डन-निपन, बानि विमुल रैदास की।।"

रचनाएँ

रैदास अनपढ़ कहे जाते हैं। संत-मत के विभिन्न संग्रहों में उनकी रचनाएँ संकलित मिलती हैं। राजस्थान में हस्तलिखित ग्रंथों में रूप में भी उनकी रचनाएँ मिलती हैं। रैदास की रचनाओं का एक संग्रह बेलवेडियर प्रेस, प्रयाग से प्रकाशित हो चुका है। इसके अतिरिक्त इनके बहुत से पद गुरु ग्रंथ साहिब में भी संकलित मिलते हैं। यद्यपि दोनों प्रकार के पदों की भाषा में बहुत अंतर है तथापि प्राचीनता के कारण गुरु ग्रंथ साहब में संगृहीत पदों को प्रमाणिक मानने में कोई आपत्ति नहीं

होनी चाहिए। रैदास के कुछ पदों पर अरबी और फारसी का प्रभाव भी परिलक्षित होता है। रैदास के अनपढ़ और विदेशी भाषाओं से अनभिज्ञ होने के कारण ऐसे पदों की प्रामाणिकता में सन्देह होने लगता है। अतः रैदास के पदों पर अरबी-फारसी के प्रभाव का अधिक संभाव्य कारण उनका लोकप्रचलित होना ही प्रतीत होता है।

महत्व

आज भी सन्त रैदास के उपदेश समाज के कल्याण तथा उत्थान के लिए अत्यधिक महत्त्वपूर्ण हैं। उन्होंने अपने आचरण तथा व्यवहार से यह प्रमाणित कर दिया है कि मनुष्य अपने जन्म तथा व्यवसाय के आधार पर महान नहीं होता है। विचारों की श्रेष्ठता, समाज के हित की भावना से प्रेरित कार्य तथा सदव्यवहार जैसे गुण ही मनुष्य को महान बनाने में सहायक होते हैं। इन्हीं गुणों के कारण सन्त रैदास को अपने समय के समाज में अत्याधिक सम्मान मिला और इसी कारण आज भी लोग इन्हें श्रद्धापूर्वक स्मरण करते हैं। संत कवि रैदास उन महान सन्तों में अग्रणी थे, जिन्होंने अपनी रचनाओं के माध्यम से समाज में व्याप्त बुराइयों को दूर करने में महत्त्वपूर्ण योगदान किया। इनकी रचनाओं की विशेषता लोक-वाणी का अद्भुत प्रयोग रही हैं जिससे जनमानस पर इनका अमिट प्रभाव पड़ता है।

मधुर एवं सहज संत रैदास की वाणी ज्ञानाश्रयी होते हुए भी ज्ञानाश्रयी एवं प्रेमाश्रयी शाखाओं के मध्य सेतु की तरह है। गृहस्थाश्रम में रहते हुए भी रैदास उच्च-कोटि के विरक्त संत थे। उन्होंने ज्ञान-भक्ति का ऊंचा पद प्राप्त किया था। उन्होंने समता और सदाचार पर बहुत बल दिया। वे खंडन-मंडन में विश्वास नहीं करते थे। सत्य को शुद्ध रूप में प्रस्तुत करना ही उनका ध्येय था। रैदास का प्रभाव आज भी भारत में दूर-दूर तक फैला हुआ है। इस मत के अनुयायी रैदासी या रविदासी कहलाते हैं।

रैदास की विचारधारा और सिद्धांतों को संत-मत की परम्परा के अनुरूप ही पाते हैं। उनका सत्यपूर्ण ज्ञान में विश्वास था। उन्होंने भक्ति के लिए परम वैराग्य अनिवार्य माना जाता है। परम तत्त्व सत्य है, जो अनिवर्चनीय है - यह परमतत्त्व एकरस है तथा जड़ और चेतन में समान रूप से अनुस्यूत है। वह अक्षर और अविनश्वर है और जीवात्मा के रूप में प्रत्येक जीव में अवस्थित है। संत रैदास की साधनापद्धति का क्रमिक विवेचन नहीं मिलता है। जहाँ-तहाँ प्रसंगवश संकेतों के रूप में वह प्राप्त होती है। विवेचकों ने रैदास की साधना में अष्टांग योग आदि को खोज निकाला है। संत रैदास अपने समय के प्रसिद्ध महात्मा थे। कबीर ने संतनि

में रविदास संत कहकर उनका महत्त्व स्वीकार किया इसके अतिरिक्त नाभादास, प्रियादास, मीराबाई आदि ने रैदास का ससम्मान स्मरण किया है। संत रैदास ने एक पंथ भी चलाया, जो रैदासी पंथ के नाम से प्रसिद्ध है। इस मत के अनुयायी पंजाब, गुजरात, उत्तर प्रदेश आदि में पाये जाते हैं।

समाज के सच्चे पथ प्रदर्शक के रूप में

हमारे भारत देश की पावन भूमि पर अनेक साधु-सन्तों, ऋषि-मुनियों, योगियों-महर्षियों और दैवीय अवतारों ने जन्म लिया है और अपने अलौकिक ज्ञान से समाज को अज्ञान, अधर्म एवं अंधविश्वास के अनंत अंधकार से निकालकर एक नई स्वर्णिम आभा प्रदान की है। चौदहवीं सदी के दौरान देश में जाति-पाति, धर्म, वर्ण, छूत-अछूत, पाखण्ड, अंधविश्वास का साम्राज्य स्थापित हो गया था। हिन्दी साहित्यिक जगत में इस समय को मध्यकाल कहा जाता है। मध्यकाल को भक्तिकाल कहा गया। भक्तिकाल में कई बहुत बड़े सन्त एवं भक्त पैदा हुए, जिन्होंने समाज में फैली कुरीतियों एवं बुराईयों के खिलाफ न केवल बिगुल बजाया, बल्कि समाज को टूटने से भी बचाया। इन सन्तों में से एक थे, सन्त कुलभूषण रविदास, जिन्हें रैदास के नाम से भी जाना जाता है।

सन्त रविदास का जन्म सन् 1398 में माघ पूर्णिमा के दिन काशी के निकट माण्डूर नामक गाँव में एक चर्मकार परिवार में हुआ था। उनके पिता का नाम संतोखदास (रग्घु) और माता का नाम कर्मा (घुरविनिया) था। सन्त कबीर उनके गुरु भाई थे, जिनके गुरु का नाम रामानंद था। सन्त रविदास बचपन से ही दयालू एवं परोपकारी प्रवृति के थे। उनका पैतृक व्यवसाय चमड़े के जूते बनाना था। लेकिन उन्होंने कभी भी अपने पैतृक व्यवसाय अथवा जाति को तुच्छ अथवा दूसरों से छोटा नहीं समझा। वे अपने व्यवसाय एवं जाति से बेहद लगाव रखते थे और सम्मान करते थे। उन्होंने अपनी रचनाओं में भी अपनी जाति का उल्लेख इस प्रकार गौरवमयी अन्दाज में किया है–

ऐसी मेरी जाति भिख्यात चमारं।
हिरदै राम गौब्यंद गुन सारं।।

सन्त रविदास पूरी मेहनत एवं निष्ठा के साथ जूते बनाते और समय मिलते ही प्रभु-भक्ति में तल्लीन हो जाते। इसके साथ ही जब मौका मिलता तो सन्तों का सत्संग भी जरूर करते। अपनी दयालूता एवं परोपकारिता की प्रवृति के कारण वे गरीबों व असहायों को बिना पैसे लिए मुफ्त में ही जूते दे देते थे। इससे उनके

माता-पिता बहुत क्रोधित होते थे और रविदास को खूब बुरा-भला कहते थे। लेकिन इसके बावजूद रविदास अपनी इस प्रवृति का त्याग नहीं कर पाते थे। अंत में उन्हें माता-पिता ने खिन्न होकर अलग कर दिया। तब सन्त रविदास ने पड़ौस में ही एक झोंपड़ी डाली और अपनी पत्नी लोना के साथ रहने लगे और चर्मकार का काम बराबर करते रहे। उनकी भक्ति-साधना भी निरन्तर जारी थी। सन्त रविदास परमात्मा के सच्चे भक्त, समाज सुधारक, दार्शनिक तथा सच्चे एवं उच्च कोटि के भक्त कवि थे।

सन्त रविदास अपने काम के प्रति हमेशा समर्पित रहते थे। वे बाहरी आडम्बरों में विश्वास नहीं करते थे। एक बार उनके पड़ौसी गंगा स्नान के लिए जा रहे थे तो उन्होंने सन्त रविदास को भी गंगा-स्नान के लिए चलने के लिए कहा। इसपर सन्त रविदास ने कहा कि मैं आपके साथ गंगा-स्नान के लिए जरूर चलता लेकिन मैंने आज शाम तक किसी को जूते बनाकर देने का वचन दिया है। अगर मैं तुम्हारे साथ गंगा-स्नान के लिए चलूंगा तो मेरा वचन तो झूठा होगा ही, साथ ही मेरा मन जूते बनाकर देने वाले वचन में लगा रहेगा। जब मेरा मन ही वहां नहीं होगा तो गंगा-स्नान करने का क्या मतलब। इसके बाद सन्त रविदास ने कहा कि यदि हमारा मन सच्चा है तो इस कठौती में भी गंगा होगी अर्थात् 'मन चंगा तो कठौती में गंगा'। कहते हैं कि पड़ौसी ने जब इस बात का मजाक उड़ाया तो सन्त रविदास ने अपने प्रभु का स्मरण किया और चमड़ा भिगोने वाले पानी के बर्तन को छुआ और पड़ौसी को उसमें झांकने को कहा। जब पड़ौसी ने उस कठौती में झांका तो उसकी आँखें फटी की फटी रह गईं, क्योंकि उसे कठौती में साक्षात् गंगा प्रवाहित होती दिखाई दे रही थी। उसने सन्त रविदास के चरण पकड़ लिए और उसका शिष्य बन गया। धीरे-धीरे सन्त रविदास की भक्ति की चर्चा दूर-दूर तक फैल गई और उनके भक्ति के भजन व ज्ञान की महिमा सुनने लोग जूटने लगे और उन्हें अपना आदर्श एवं गुरु मानने लगे।

सन्त रविदास समाज में फैली जाति-पाति, छुआछूत, धर्म-सम्प्रदाय, वर्ण विशेष जैसी भयंकर बुराईयों से बेहद दुःखी थे। समाज से इन बुराईयों को जड़ से समाप्त करने के लिए सन्त रविदास ने अनेक मधुर व भक्तिमयी रसीली कालजयी रचनाओं का निर्माण किया और समाज के उद्धार के लिए समर्पित कर दिया। सन्त रविदास ने अपनी वाणी एवं सदुपदेशों के जरिए समाज में एक नई चेतना का संचार किया। उन्होंने लोगों को पाखण्ड एवं अंधविश्वास छोड़कर सच्चाई के पथ पर आगे बढ़ने के लिए प्रेरित किया।

सन्त रविदास के अलौकिक ज्ञान ने लोगों को खूब प्रभावित किया, जिससे समाज में एक नई जागृति पैदा होने लगी। सन्त रविदास कहते थे कि राम, कृष्ण,

करीम, राघव आदि सभी नाम परमेश्वर के ही हैं और वेद, कुरान, पुरान आदि सभी एक ही परमेश्वर का गुणगान करते हैं।

कृष्ण, करीम, राम, हरि, राघव, सब लग एकन देखा।
वेद कतेब, कुरान, पुरानन, सहज एक नहिं देखा।।

सन्त रविदास का अटूट विश्वास था कि ईश्वर की भक्ति के लिए सदाचार, परोपकार तथा सद्व्यवहार का पालन करना अति आवश्यक है। अभिमान त्यागकर दूसरों के साथ व्यवहार करने और विनम्रता तथा शिष्टता के गुणों का विकास करके ही मनुष्य ईश्वर की सच्ची भक्ति कर सकता है। सन्त रविदास ने अपनी एक अनूठी रचना में इसी तरह के ज्ञान का बखान करते हुए लिखा है–

कह रैदास तेरी भगति दूरी है, भाग बड़े सो पावै।
तजि अभिमान मेटि आपा पर, पिपिलक हवै चुनि खावै।।

अर्थात् ईश्वर की भक्ति बड़े भाग्य से प्राप्त होती है। अभिमान शून्य रहकर काम करने वाला व्यक्ति जीवन में सफल रहता है। जैसे कि विशासलकाय हाथी शक्कर के कणों को चुनने में असमर्थ रहता है, जबकि लघु शरीर की पिपीलिका (चींटी) इन कणों को सरतापूर्वक चुन लेती है। इसी प्रकार अभिमान तथा बड़प्पन का भाव त्यागकर विनम्रतापूर्वक आचरण करने वाला मनुष्य ही ईश्वर का भक्त हो सकता है।

एक ऐतिहासिक उल्लेख के अनुसार, चित्तौड़ की कुलवधू राजरानी मीरा रविदास के दर्शन की अभिलाषा लेकर काशी आई थीं। सबसे पहले उन्होंने रविदास को अपनी भक्तमंडली के साथ चौक में देखा। मीरा ने रविदास से श्रद्धापूर्ण आग्रह किया कि वे कुछ समय चित्तौड़ में भी बिताएं। संत रविदास मीरा के आग्रह को ठुकरा नहीं पाए। वे चित्तौड़ में कुछ समय तक रहे और अपनी ज्ञानपूर्ण वाणी से वहां के निवासियों को भी अनुग्रहीत किया। सन्त रविदास की भक्तिमयी व रसीली रचनाओं से बेहद प्रभावित हुईं और वो उनकीं शिष्या बन गईं। इसका उल्लेख इस पद में इस तरह से है–

वर्णाश्रम अभिमान तजि, पद रज बंदहिजासु की।
सन्देह-ग्रन्थि खण्डन-निपन, बानि विमुल रैदास की।।

संत रविदास मानते थे कि हर प्राणी में ईश्वर का वास है। इसलिए वे कहते थे–

सब में हरि है, हरि में सब है, हरि आप ने जिन जाना।
अपनी आप शाखि नहीं दूजो जानन हार सयाना।।

इसी पद में सन्त रविदास ने कहा है–

मन चिर होई तो कोउ न सूझै जानै जीवनहारा।
कह रैदास विमल विवेक सुख सहज स्वरूप संभारा।

सन्त रविदास जी कहते थे कि मनुष्य अपने जन्म तथा व्यवसाय के आधार पर महान् नहीं होता है। विचारों की श्रेष्ठता समाज के हित की भावना से प्रेरित कार्य तथा सद्व्यवहार जैसे गुण ही मनुष्य को महान् बनाती है।

जाति-जाति में जाति है, जो केतन के पात।
रैदास मनुष्य ना जुड़ सके, जब तक जाति न जात।।

सन्त रविदास ने मथुरा, प्रयाग, वृन्दावन व हरिद्वार आदि धार्मिक एवं पवित्र स्थानों की यात्राएं कीं। उन्होंने लोगों से सच्ची भक्ति करने का सन्देश दिया। सच्ची भक्ति का उल्लेख करता उनका यह भजन बेहद लोकप्रिय हुआ–

प्रभुजी तुम चंदन हम पानी।
जाकी अंग अंग वास समानी।।
प्रभुजी तुम धनबन हम मोरा।
जैसे चितवत चन्द्र चकोरा।।
प्रभुजी तुम दीपक हम बाती।
जाकी जोति बरै दिन राती।।
प्रभुजी तुम मोती हम धागा।
जैसे सोनहि मिलत सुहागा।।
प्रभुजी तुम स्वामी हम दासा।
ऐसी भक्ति करै रैदासा।।

सन्त रविदास ने मनुष्य की मूर्खता पर व्यंग्य कसते हुए कहा कि वह नश्वर और तुच्छ हीरे को पाने की आशा करता है। लेकिन जो हरि हरि का सच्चा सौदा है, उसे प्राप्त करने की चेष्टा नहीं करता है।

हरि सा हीरा छांड कै, करै आन की आस।
ते नर जमपुर जाहिंगे, सत आषै रविदास।।

कुलभूषण रविदास ने सामाजिक, धार्मिक एवं राष्ट्रीय एकता के लिए भी समाज में जागृति पैदा की। उन्होंने कहा–

रैदास कनक और कंगन माहि जिमि अंतर कछु नाहिं।
तैसे ही अंतर नहीं हिन्दुअन तुरकन माहि।।
हिन्दु तुरक नहीं कछु भेदा सभी मह एक रक्त और मासा।

दोऊ एकऊ दूजा नाहीं, पेख्यो सोइ रैदासा।।

सन्त रविदास ने इसी सन्दर्भ में ही कहा है-

मुसलमान सो दास्ती हिन्दुअन सो कर प्रीत।
रैदास जोति सभी राम की सभी हैं अपने मीत।।

सन्त रविदास ने लोगों को समझाया कि तीर्थों की यात्रा किए बिना भी हम अपने हृदय में सच्चे ईश्वर को उतार सकते हैं।

का मथुरा का द्वारिका का काशी हरिद्वार।
रैदास खोजा दिल आपना तह मिलिया दिलदार।।

सन्त रविदास ने जाति-पाति का घोर विरोध किया। उन्होंने कहा–

रैदास एक बूंद सो सब ही भयो वित्थार।
मूरखि है जो करति है, वरन अवरन विचार।।

सन्त रविदास ने समाज में व्याप्त पाखण्डों पर भी डटकर कटाक्ष किए।

थोथा पंडित, थोथी बानी, थोथी हरि बिन सवै कहानी।
थोथा मंदिर भोग विलासा, थोथी आन देव की आसा।।
थोथा सुमिरन नाम बिसाना, मन वच कर्म कहे रैदासा।

सन्त रविदास अपने उपदेशों में कहा कि मनुष्य को साधुओं का सम्मान करना चाहिए, उनका कभी भी निन्दा अथवा अपमान नहीं करना चाहिए। वरना उसे नरक भोगना पड़ेगा। वे कहते हैं–

साध का निंदकु कैसे तरै।
सर पर जानहु नरक ही परै।।

सन्त रविदास ने जाति-पाति और वर्ण व्यवस्था को व्यर्थ करार दिया और कहा कि व्यक्ति जन्म के कारण ऊँच या नीच नहीं होता। सन्त ने कहा कि व्यक्ति के कर्म ही उसे ऊँच या नीच होता है।

रैदास जन्म के कारणों, होत न कोई नीच।
नर को नीच करि डारि है, ओहे कर्म की कीच।।

इस प्रकार कुलभूषण रविदास ने समाज को हर बुराई, कुरीति, पाखण्ड एवं अंधविश्वास से मुक्ति दिलाने के लिए ज्ञान का प्रचार-प्रसार किया और असंख्य मधुर भक्तिमयी कालजयी रचनाएं रचीं। उनकीं भक्ति, तप, साधना व सच्चे ज्ञान ने समाज को एक नई दिशा दी और उनके आदर्शों एवं शिक्षाओं का मानने वालों का बहुत बघ वर्ग खघ हो गया, जोकि 'रविदासी' कहलाते हैं। सन्त रविदास की महिमा का बखान करना, सूर्य को दीपक दिखाने के समान है, अर्थात् उनकीं जितना गुणगान किया जाए, उतना ही कम है।

क्रांतिकारी विचारधारा के पृष्ठपोषक

रैदासजी प्रारम्भ से ही क्रांतिकारी विचारधारा के थे उन्होंने ब्राह्मणों के चारों वेदो का खण्डन किया तथा उन्हें व्यर्थ कि किताबें बताया साथ ही गुरु कबीर ने इन्ही वेदो को अधर्म के वेद बताया। उन्होंने ब्राह्मण धर्म के सभी रीति-रिवाजों यज्ञ, श्राद्ध, मंदिरों में पूजा पाठ, आदि हर ब्राह्मणी कर्मकाण्ड का तर्क के साथ खण्डन किया। उन्होंने दलित समाज को चेताया की केवल दलित समाज के लोग ही असल में भारत के शासक रहे है, सिन्धु सभ्यता अर्थात् दलित सभ्यता से लेकर मोर्य काल तक भारत पर केवल और केवल दलितों का शासन ही रहा है।

उन्होंने दलितों को शिक्षा देना शुरू किया तथा उन्होंने उप अक्षरों की गुरुमुखी लिपी बनाई तथा उसी लिपि में अपनी बाणी की रचना की। रैदास की बाणियो से ही ऐसा आभास होता है कि रैदास ने ऐसे राज्य की स्थापना करना चाही जहा ऊचँ-नीच, शोषण आदि का कोई नाम नहीं हो।

गुरु रैदास ने उस जमाने में विधवा मीरा को दीक्षा दी, जब भारत भर में खासकर राजस्थान में विधवा को पति की लाश के साथ जिन्दा जला दिया जाता था, इस सामाजिक कुरीति को ब्राह्मण धर्म का पूरा समर्थन हासिल था, तथा उस समय विधवा हो जाना सबसे बघ गुनाह था, चाहे इसमे पत्नि का कोई दोष नहीं हो।

गुरु रैदास ने उन अटकलों को भी खारिज किया, जिसमे उनके राम को दशरथ पुत्र राम कहा गया, उन्होंने स्पष्ट रूप से कहा कि उनके राम वह राम नहीं है, जो दशरथ का पुत्र है। उनका राम तो उनकी अन्तर आत्मा है।

गुरु रैदास के वास्तव में कोई गुरु नहीं थे, क्योकि किसी दलित को आज तक, इस भारत में किसी ने अपना शिष्य नहीं माना, न ही शिक्षा दी, उन्हें हमेशा गुलाम बनाये रखने के लिए शिक्षा से दुर रखा, इतिहास गवाह है कि लगभग किसी भी दलित संत का कोई गुरु नहीं रहा।

वाल्मिकी से लेकर डॉ. अम्बेडकर तक किसी भी दलित संत ने गुरु धारण नहीं किया। शरीरधारी गुरु धारण करने कि परम्परा मात्र ब्राह्मणो में थी, जिस प्रकार भगवान बुद्ध ने किसी को गुरु नहीं बनाया, उसी प्रकार दलित संतो ने भी किसी को गुरु नहीं बनाया।

गुरु रैदास की वाणी में बोद्ध धर्म का प्रभाव स्पष्ट दिखाई देता है। उनकी बाणी में हिन्दू धर्म या उससे सम्बन्धित किसी भी वेदों का उपयोग नहीं मिलता है। उन्होंने स्पष्ट कहा की किसी भी जाति या वर्ण विशेष में जन्म लेने से कोई छोटा या बघ

नहीं हो जाता है और उन्होंने मंदिरों, अवतारो, त्रिमूर्ति, सभी को झूठ और धोखा बताया।

गुरु रैदास कहते है कि "बिन देखे उपजे नहीं आशा, जो देखू सो होय विनाशा" अर्थात जो दिखाई नहीं देता उसके प्रति भावना पैदा नहीं होती तथा जो दिखाई देता है वह नश्वर है, उसका अन्त होना निश्चित है, गुरु रैदास का यह श्लोक उन्हें भगवान बुद्ध के नजदीक ला देता है।

भगवान बुद्ध ने भी सृष्टिकर्ता ईश्वर के अस्तित्व से इंकार किया। गुरु रैदास के समकालीन तथा सहमित्र रहे गुरु कबीर कुछ ज्यादा ही मुखर शब्दों में बोले कि "अगर ईष्ट देव का नाम जपने से ही कुल फल मिलता हो तो रोटी-रोटी करने से पेट भर जाना चाहिये।" उन्होंने कहा कि केवल शुभ काम करने से ही भला होगा।

गुरु कबीर ने ब्राह्मणवादी व्यवस्था को चुनोती देते हुए कुछ ज्यादा ही स्पष्ट कहा कि "जो तू बामण बामणी जाया, तो आण बाट क्यों नहीं आया" अर्थात् तू अगर बामणी के पैदा होने के कारण ही ब्राह्मण होने का दावा करता है तो तुझे आम आदमी की तरह माँ के गर्भ से पैदा नहीं होना चाहिये या बल्कि किसी अन्य रास्ते से पैदा होना चाहिये था।

गुरु रैदास और गुरु कबीर ने साथ मिलकर ब्राह्मणवादी सता के विरूद्ध आंदोलन चलाया और उनकी प्रखर आलोचना की, और दलित लोगों में चेतना जागृत करने का कार्य किया।

गुरुनानक भी गुरु रैदास के समकालीन थे, वे गुरु रैदास से मिले भी थे तथा उनकी वाणी को साथ लेकर भी गये, वे गुरु रैदास से इतने अधिक प्रभावित थे, कि वे उनकी वाणी को स्वयं गाते भी थे। दशम् गुरु गोबिन्द सिंह ने अपने कार्यकाल में समस्त भारत के सन्तों की वाणी को "गुरु ग्रन्थ साहिबा" में संकलन किया। जिसमे गुरु रैदास के 41 पद को शामिल किया गया।

यह आम मान्यता है कि गुरु रैदास 100 वर्षो से भी ज्यादा जीए। अतः प्रश्न यह उठता है कि उन्होंने सम्पूर्ण जीवनकाल में क्या मात्र 41 पद ही रच पायें। यह बात पूर्णत अविश्वसनीय लगता है कि, ऐसा माना जाता है कि गुरु नानक जब गुरु रैदास से मिले तब वे 41 पद को उनकी हत्या से पूर्व ही अपने साथ ले गये जिसका संकलन लगभग 150 वर्षो बाद "गुरु ग्रन्थ साहिबा" में किया गया।

प्रश्न यह उठता है कि शेष बाणियाँ कहा गई। माननीय चन्द्रिका प्रसाद का मानना है की गुरु रैदास की हत्या करके उनकी चिता में उनकी समस्त बाणीया उनके शरीर के साथ आग की भेंट चढ़ा दी गई। अगर उनकी हत्या नहीं की गई होती तो उनकी बाणीया अवश्य मिलती।

प्रश्न यह भी है की यह नीच काम किसने किया, सीधा सा उत्तर है ऐसा काम उन्हीं लोगों ने किया जिन्होंने उनके शरीर से "जनेऊ" निकाले थे। यह ब्राह्मणों व सामंतों ने बड़ी चतुराई से मिलकर एक डयन्त्र के तहत जनेऊ दिखाने के बहाने उनके शरीर को राणा विक्रम सिंह चितोड़ग के भरे दरबार में गुरु रैदास का सीना चीर कर उनकी जीवन लीला समाप्त कर दी और उनके पार्थिव शरीर को मेघवालों कि बस्ती में भिजवा दिया गया, और यह कहलवा कर कि तुम्हारे गुरु ने भीतर का जनेऊ दिखाकर सभी को चकित कर दिया और स्वेच्छा से शरीर छोड़ दिया है। उनकी हत्या की खबर सुनते ही उनकी धर्मपत्नी लोना जी सदमे को बर्दाश्त न कर सकी और यह समाचार सुनते ही उनका देहान्त हो गया।

गुरु रैदास की हत्या के बारे में लेखक सतनाम सिंह ने अपनी पुस्तक में प्रमाणिक दस्तावेजों के साथ उल्लेख करते हुए कुछ महत्वपूर्ण कारण बताये है जिसमे गुरु रैदास द्वारा ब्राह्मणवादी व्यवस्था को चुनोती देना, मीरा को दीक्षा देना, वेदो का खण्डन करना, दलितों में राजनैतिक चेतना जाग्रत करना, राजमहल में ब्राह्मणो के वर्चस्व को चुनोती देना आदि प्रमुख कारण रहे थे। साथ ही लेखक सतनाम सिंह ने गुरु रैदास की हत्या के घटनाक्रम का विस्तार से वर्णन किया है।

वर्तमान समय में गुरु रैदास के विचारो को अमली जामा पहनाने का कार्य करने वाले आधुनिक भारत के पितामाह डॉ. अम्बेडकर ने किया, जिसकी झलक आज के इस आधुनिक भारत के संविधान में साफ दिखाई देता है।

मूल्यांकन

प्राचीनकाल से ही भारत में विभिन्न धर्मों तथा मतों के अनुयायी निवास करते रहे हैं। इन सबमें मेल-जोल और भाईचारा बढ़ाने के लिए सन्तों ने समय-समय पर महत्वपूर्ण योगदान दिया है। ऐसे सन्तों में रैदास का नाम अग्रगण्य है। वे सन्त कबीर के गुरुभाई थे क्योंकि उनके भी गुरु स्वामी रामानन्द थे। लगभाग छः सौ वर्ष पहले भारतीय समाज अनेक बुराइयों से ग्रस्त था। उसी समय रैदास जैसे समाज-सुधारक सन्तों का प्रादुर्भाव हुआ। रैदास का जन्म काशी में चर्मकार कुल में हुआ था। उनके पिता का नाम रग्घु और माता का नाम घुरविनिया बताया जाता है। रैदास ने साधु-सन्तों की संगति से पर्याप्त व्यावहारिक ज्ञान प्राप्त किया था। जूते बनाने का काम उनका पैतृक व्यवसाय था और उन्होंने इसे सहर्ष अपनाया। वे अपना काम पूरी लगन तथा परिश्रम से करते थे और समय से काम को पूरा करने पर बहुत ध्यान देते थे।

उनकी समयानुपालन की प्रवृति तथा मधुर व्यवहार के कारण उनके सम्पर्क में आने वाले लोग भी बहुत प्रसन्न रहते थे। रैदास के समय में स्वामी रामानन्द काशी के बहुत प्रसिद्ध प्रतिष्ठित सन्त थे। रैदास उनकी शिष्य-मण्डली के महत्वपूर्ण सदस्य थे।

प्रारम्भ में ही रैदास बहुत परोपकारी तथा दयालु थे और दूसरों की सहायता करना उनका स्वभाव बन गया था। साधु-सन्तों की सहायता करने में उनको विशेष आनन्द मिलता था। वे उन्हें प्रायः मूल्य लिये बिना जूते भेंट कर दिया करते थे। उनके स्वभाव के कारण उनके माता-पिता उनसे अप्रसन्न रहते थे। कुछ समय बाद उन्होंने रैदास तथा उनकी पत्नी को अपने घर से अलग कर दिया। रैदास पघेस में ही अपने लिए एक अलग झोपघि बनकार तत्परता से अपने व्यवसाय का काम करते थे और शेष समय ईश्वर-भजन तथा साधु-सन्तों के सत्संग में व्यतीत करते थे।

उनके जीवन की छोटी-छोटी घटनाओं से समय तथा वचन के पालन सम्बन्धी उनके गुणों का पता चलता है। एक बार एक पर्व के अवसर पर पघेस के लोग गंगा-स्नान के लिए जा रहे थे। रैदास के शिष्यों में से एक ने उनसे भी चलने का आग्रह किया तो वे बोले, 'गंगा-स्नान के लिए मैं अवश्य चलता किन्तु एक व्यक्ति को जूते बनाकर आज ही देने का मैंने वचन दे रखा है। यदि आज मैं जूते नहीं दे सका तो वचन भंग होगा। गंगा स्नान के लिए जाने पर मन यहाँ लगा रहेगा तो पुण्य कैसे प्राप्त होगा? मन जो काम करने के लिए अन्तरूकरण से तैयार हो वही काम करना उचित है। मन सही है तो इसे कठौते के जल में ही गंगास्नान का पुण्य प्राप्त हो सकता है।' कहा जाता है कि इस प्रकार के व्यवहार के बाद से ही कहावत प्रचलित हो गयी कि मन चंगा तो कठौती में गंगा।

रैदासे ने ऊँच-नीच की भावना तथा ईश्वर-भक्ति के नाम पर किये जाने वाले विवाद को सारहीन तथा निरर्थक बताया और सबको परसम्पर मिलजुल कर प्रेमपूर्वक रहने का उपदेश दिया। वे स्वयं मधुर तथा भक्तिपूर्ण भजनों की रचना करते थे और उन्हें भाव-विभोर होकर सुनाते थे। उनका विश्वास था कि राम, कृष्ण, करीम, राघव आदि सब एक ही परमेश्वर के विविध नाम हैं। वेद, कुरान, पुराण आदि ग्रन्थों में एक ही परमेश्वर का गुणगान किया गया है।

''कृस्न, करीम, राम, हरि, राघव, जब लग एक न पेखा।
वेद कतेब कुरान, पुरानन, सहज एक नहिं देखा।।''

उनका विश्वास था कि ईश्वर की भक्ति के लिए सदाचार, परहित-भावना तथा सदव्यवहार का पालन करना अत्यावश्यक है। अभिमान त्याग कर दूसरों के साथ व्यवहार करने और विनम्रता तथा शिष्टता के गुणों का विकास करने पर उन्होंने बहुत बल दिया। अपने एक भजन में उन्होंने कहा है–

कह रैदास तेरी भगति दूरि है, भाग बड़े सो पावै।
तजि अभिमान मेटि आपा पर, पिपिलक हवै चुनि खावै।

उनके विचारों का आशय यही है कि ईश्वर की भक्ति बड़े भाग्य से प्राप्त होती है। अभिमान शून्य रहकर काम करने वाला व्यक्ति जीवन में सफल रहता है जैसे कि विशालकाय हाथी शक्कर के कणों को चुनने में असमर्थ रहता है जबकि लघु शरीर की पिपीलिका (चींटी) इन कणों को सरलतापूर्वक चुन लेती है। इसी प्रकार अभिमान तथा बड़प्पन का भाव त्याग कर विनम्रतापूर्वक आचरण करने वाला मनुष्य ही ईश्वर का भक्त हो सकता है।

रैदास की वाणी भक्ति की सच्ची भावना, समाज के व्यापक हित की कामना तथा मानव प्रेम से ओत-प्रोत होती थी। इसलिए उसका श्रोताओं के मन पर गहरा प्रभाव पड़ता था। उनके भजनों तथा उपदेशों से लोगों को ऐसी शिक्षा मिलती थी जिससे उनकी शंकाओं का सन्तोषजनक समाधान हो जाता था और लोग स्वतः उनके अनुयायी बन जाते थे।

उनकी वाणी का इतना व्यापक प्रभाव पड़ा कि समाज के सभी वर्गों के लोग उनके प्रति श्रद्धालु बन गये। कहा जाता है कि मीराबाई उनकी भक्ति-भावना से बहुत प्रभावित हुईं और उनकी शिष्या बन गयी थीं।

वर्णाश्र अभिमान तजि, पद रज बंदहिजासु की।
सन्देह-ग्रन्थि खण्डन-निपन, बानि विमुल रैदास की।।

आज भी सन्त रैदास के उपदेश समाज के कल्याण तथा उत्थान के लिए अत्यधिक महत्वपूर्ण हैं। उन्होंने अपने आचरण तथा व्यवहार से यह प्रमाणित कर दिया है कि मनुष्य अपने जन्म तथा व्यवसाय के आधार पर महान नहीं होता है। विचारों की श्रेष्ठता, समाज के हित की भावना से प्रेरित कार्य तथा सदव्यवहार जैसे गुण ही मनुष्य को महान बनाने में सहायक होते हैं। इन्हीं गुणों के कारण सन्त रैदास को अपने समय के समाज में अत्याधिक सम्मान मिला और इसी कारण आज भी लोग इन्हें श्रद्धापूर्वक स्मरण करते हैं। संत कुलभूषण कवि रैदास उन महान् सन्तों में अग्रणी थे जिन्होंने अपनी रचनाओं के माध्यम से समाज में व्याप्त बुराइयों को दूर करने में महत्वपूर्ण योगदान किया। इनकी रचनाओं की विशेषता लोक-वाणी का अद्‌भुत प्रयोग रही है जिससे जनमानस पर इनका अमिट प्रभाव पड़ता है। मधुर एवं सहज संत रैदास की वाणी ज्ञानाश्रयी होते हुए भी ज्ञानाश्रयी एवं प्रेमाश्रयी शाखाओं के मध्य सेतु की तरह हैं।

9

चैतन्य महाप्रभु के काव्य में लोक जीवन

चौतन्य महाप्रभु भक्तिकाल के प्रमुख कवियों में से एक हैं। इन्होंने वैष्णवों के गौड़ीय संप्रदाय की आधारशिला रखी। भजन गायकी की एक नयी शैली को जन्म दिया तथा राजनैतिक अस्थिरता के दिनों में हिंदू मुस्लिम एकता की सद्भावना को बल दिया, जाति-पांत, ऊंच-नीच की भावना को दूर करने की शिक्षा दी तथा विलुप्त वृंदावन को फिर से बसाया और अपने जीवन का अंतिम भाग वहीं व्यतीत किया।

चौतन्य महाप्रभु का जन्म सन 1486 की फाल्गुन शुक्ल पूर्णिमा को पश्चिम बंगाल के नवद्वीप (नादिया) नामक उस गांव में हुआ, जिसे अब मायापुर कहा जाता है। यपि बाल्यावस्था में इनका नाम विश्वंभर था, परंतु सभी इन्हें निमाई कहकर पुकारते थे। गौरवर्ण का होने के कारण लोग इन्हें गौरांग, गौर हरि, गौर सुंदर आदि भी कहते थे। चौतन्य महाप्रभु के द्वारा गौड़ीय वैष्णव संप्रदाय की आधारशिला रखी गई। उनके द्वारा प्रारंभ किए गए महामंत्र नाम संकीर्तन का अत्यंत व्यापक व सकारात्मक प्रभाव आज पश्चिमी जगत तक में है। इनके पिता का नाम जगन्नाथ मिश्र व मां का नाम शचि देवी था। निमाई बचपन से ही विलक्षण प्रतिभा संपन्न थे। साथ ही, अत्यंत सरल, सुंदर व भावुक भी थे। इनके द्वारा की गई लीलाओं को देखकर हर कोई हतप्रभ हो जाता था। बहुत कम उम्र में ही निमाई न्याय व व्याकरण में पारंगत हो गए थे। इन्होंने कुछ समय तक नादिया में स्कूल स्थापित करके अध्यापन कार्य भी किया। निमाई बाल्यावस्था से ही भगवद्चिंतन में लीन रहकर राम व कृष्ण का स्तुति गान करने लगे थे। 15-16 वर्ष की अवस्था में इनका विवाह लक्ष्मीप्रिया के साथ हुआ। सन 1505 में सर्प दंश से पत्नी की मृत्यु हो गई। वंश चलाने की विवशता के कारण इनका दूसरा विवाह नवद्वीप के राजपंडित सनातन की

पुत्री विष्णुप्रिया के साथ हुआ। जब ये किशोरावस्था में थे, तभी इनके पिता का निधन हो गया। सन 1509 में जब ये अपने पिता का श्राद्ध करने गया गए, तब वहां इनकी मुलाकात ईश्वरपुरी नामक संत से हुई। उन्होंने निमाई से कृष्ण-कृष्ण रटने को कहा। तभी से इनका सारा जीवन बदल गया और ये हर समय भगवान श्रीकृष्ण की भक्ति में लीन रहने लगे।

भगवान श्रीकृष्ण के प्रति इनकी अनन्य निष्ठा व विश्वास के कारण इनके असंख्य अनुयायी हो गए। सर्वप्रथम नित्यानंद प्रभु व अद्वैताचार्य महाराज इनके शिष्य बने। इन दोनों ने निमाई के भक्ति आंदोलन को तीव्र गति प्रदान की। निमाई ने अपने इन दोनों शिष्यों के सहयोग से ढोलक, मृदंग, झाँझ, मंजीरे आदि वाद्य यंत्र बजाकर व उच्च स्वर में नाच-गाकर हरि नाम संकीर्तन करना प्रारंभ किया। 'हरे-कृष्ण, हरे-कृष्ण, कृष्ण-कृष्ण, हरे-हरे। हरे-राम, हरे-राम, राम-राम, हरे-हरे' नामक अठारह शब्दीय कीर्तन महामंत्र निमाई की ही देन है। जब ये कीर्तन करते थे, तो लगता था मानो ईश्वर का आह्वान कर रहे हैं। सन 1510 में संत प्रवर श्री पाद केशव भारती से संन्यास की दीक्षा लेने के बाद निमाई का नाम कृष्ण चौतन्य देव हो गया। बाद में ये चौतन्य महाप्रभु के नाम से प्रख्यात हुए। चौतन्य महाप्रभु संन्यास लेने के बाद नीलांचल चले गए। इसके बाद दक्षिण भारत के श्री रंग क्षेत्र व सेतु बंध आदि स्थानों पर भी रहे। इन्होंने देश के कोने-कोने में जाकर हरिनाम की महत्ता का प्रचार किया। सन 1515 में वृंदावन आए। यहां इन्होंने इमली तला और अक्रूर घाट पर निवास किया। वृंदावन में रहकर इन्होंने प्राचीन श्रीधाम वृंदावन की महत्ता प्रतिपादित कर लोगों की सुप्त भक्ति भावना को जागृत किया। यहां से फिर ये प्रयाग चले गए। इन्होंने काशी, हरिद्वार, शृंगेरी (कर्नाटक), कामकोटि पीठ (तमिलनाडु), द्वारिका, मथुरा आदि स्थानों पर रहकर भगवद्नाम संकीर्तन का प्रचार-प्रसार किया।

चौतन्य महाप्रभु ने अपने जीवन के अंतिम वर्ष जगन्नाथ पुरी में रहकर बिताए। यहीं पर सन 1533 में 47 वर्ष की अल्पायु में रथयात्रा के दिन उनका देहांत हो गया। चौतन्य महाप्रभु ने लोगों की असीम लोकप्रियता और स्नेह प्राप्त किया कहते हैं कि उनकी अद्भुत भगवद्भक्ति देखकर जगन्नाथ पुरी के राजा तक उनके श्रीचरणों में नत हो जाते थे। बंगाल के एक शासक के मंत्री रूपगोस्वामी तो मंत्री पद त्यागकर चौतन्य महाप्रभु के शरणागत हो गए थे। उन्होंने कुष्ठ रोगियों व दलितों आदि को अपने गले लगाकर उनकी अनन्य सेवा की। वे सदैव हिंदू-मुस्लिम एकता का संदेश देते रहे। साथ ही, उन्होंने लोगों को पारस्परिक सद्भावना जागृत करने की प्रेरणा दी। वस्तुतः उन्होंने जातिगत भेदभाव से ऊपर उठकर समाज को मानवता के

सूत्र में पिरोया और भक्ति का अमृत पिलाया। वे गौडीय संप्रदाय के प्रथम आचार्य माने जाते हैं।

चौतन्य महाप्रभु के द्वारा कई ग्रंथ भी रचे गए। उन्होंने संस्कृत भाषा में भी तमाम रचनाएं की। उनका मार्ग प्रेम व भक्ति का था। वे नारद जी की भक्ति से अत्यंत प्रभावित थे, क्योंकि नारद जी सदैव 'नारायण-नारायणृ जपते रहते थे। उन्होंने विश्व मानव को एक सूत्र में पिरोते हुए यह समझाया कि ईश्वर एक है। उन्होंने लोगों को यह मुक्ति सूत्र भी दिया-

'कृष्ण केशव, कृष्ण केशव, कृष्ण केशव, पाहियाम। राम राघव, राम राघव, राम राघव, रक्षयाम।

हिंदू धर्म में नाम जप को ही वैष्णव धर्म माना गया है और भगवान श्रीकृष्ण को प्रधानता दी गई है। चौतन्य ने इन्हीं की उपासना की और नवद्वीप से अपने छह प्रमुख अनुयायियों (षड गोस्वामियों), गोपाल भट्ट गोस्वामी, रघुनाथ भट्ट गोस्वामी, सनातन गोस्वामी, रूप गोस्वामी, जीव गोस्वामी, रघुनाथ दास गोस्वामी को वृंदावन भेजकर वहां गोविंददेव मंदिर, गोपीनाथ मंदिर, मदन मोहन मंदिर, राधा रमण मंदिर, राधा दामोदर मंदिर, राधा श्यामसुंदर मंदिर और गोकुलानंद मंदिर नामक सप्त देवालयों की आधारशिला रखवाई।

लोग चौतन्य को भगवान श्रीकृष्ण का अवतार मानते हैं।

चौतन्य महाप्रभु का जन्म काल

चौतन्य के जन्मकाल के कुछ पहले सुबुद्धि राय गौड़ के शासक थे। उनके यहाँ हुसैन खघँ नामक एक पठान नौकर था। राजा सुबुद्धिराय ने किसी राजकाज को सम्पादित करने के लिए उसे रुपया दिया। हुसैन खघँ ने वह रकम खा पीकर बराबर कर दी। राजा सुबुद्धिराय को जब यह पता चला तो उन्होंने दंड स्वरूप हुसैन खघँ की पीठ पर कोड़े लगवाये। हुसैन खघँ चिढ़ गया। उसने षड्यन्त्र रच कर राजा सुबुद्धिराय को हटा दिया। अब हुसैन खघँ पठान गौड़ का राजा था और सुबुद्धि राय उसका कैदी। हुसैन खघँ की पत्नी ने अपने पति से कहा कि पुराने अपमान का बदला लेने के लिए राजा को मार डालो। परन्तु हुसैन खघँ ने ऐसा न किया। वह बहुत ही धूर्त था, उसने राजा को जबरदस्ती मुसलमान के हाथ से पकाया और लाया हुआ भोजन करने पर बाध्य किया। वह जानता था कि इसके बाद कोई हिन्दू सुबुद्धि राय को अपने समाज में शामिल नहीं करेगा। इस प्रकार सुबुद्धि राय को जीवन्मृत ढंग से अपमान भरे दिन बिताने के लिए 'एकदम मुक्त' छोड़कर हुसैन खघँ हुसैनशाह बन गया।

इसके बाद तो फिर किसी हिन्दू राज-रजवाड़े में चूँ तक करने का साहस नहीं रह गया था। वे साधारण-से-साधारण मुसलमान से भी घबराने लगे। फिर भी हारे हुए लोगों के मन में दिन-रात साँप लोटते ही रहा करते थे। निरन्तर यत्र-तत्र विस्फोट हुआ ही करते थे। इसीलिए राजा और प्रजा में प्रबल रूप से एक सन्देहों भरा नाता पनप गया। सन 1480 के लगभग नदिया (नवद्वीप) के दुर्भाग्य से हुसैनशाह के कानों में बार-बार यह भनक पड़ी कि नदिया के ब्राह्मण अपने जन्तर-मन्तर से हुसैनशाह का तख्ता पलटने के लिए कोई बड़ा भारी अनुष्ठान कर रहे हैं। सुनते-सुनते एक दिन हुसैनशाह चिढ़ उठा। उसने एक प्रबल मुसलमान सेना नदिया का धर्मतेज नष्ट करने के लिए भेज दी। नदिया और उसके आस-पास ब्राह्मण के गाँव-के-गाँव घेर लिये गये। उन्होंने उन पर अवर्णनीय अत्याचार किये। उनके मन्दिर, पुस्तकालय और सारे धार्मिक एवं ज्ञान-मूलक संस्कारों के चिह्न मिटाने आरम्भ किये। स्त्रियों का सतीत्व भंग किया। परमपूज्य एवं प्रतिष्ठित ब्राह्मणों की शिखाएँ पकड़-पकड़ कर उन पर लातें जमाईं, थूकाय तरह-तरह से अपमानित किया। हुसैनशाह की सेना ने झुण्ड के झुण्ड ब्राह्मण परिवारों को एक साथ कलमा पढ़ने पर मजबूर किया। बच्चे से लेकर बूढ़े तक नर-नारी को होठों से निषिद्ध मांस का स्पर्श कराकर उन्हें अपने पुराने धर्म में पुनः प्रवेश करने लायक न रखा। नदिया के अनेक महापंडित, बड़े-बड़े विद्वान समय रहते हुए सौभाग्यवश इधर-उधर भाग गये। परिवार बँट गये, कोई कहीं, कोई कहीं। धीरे-धीरे शांति होने पर कुछ लोग फिर लौट आये और जस-तस जीवन निर्वाह करने लगे। धर्म अब उनके लिए सार्वजनिक नहीं गोपनीय-सा हो गया था। तीज-त्योहारों में वह पहले का-सा रस नहीं रहा। पता नहीं कौन कहाँ कैसे अपमान कर दे। नकटा जीये बुरे हवाल। पाठशालाएँ चलती थीं, नदिया के नाम में अब भी कुछ असर बाकघे था, मगर सब कुछ फीका पड़ चुका था। लोग सहमी खिसियाई हुई जिन्दगी बसर कर रहे थे। अनास्था की इस भयावनी मरुभूमि में भी हरियाली एक जगह छोटे से टापू का रूप लेकर संजीवनी सिद्ध हो रही थी।

जन्म तथा प्रारंभिक जीवन

चौतन्य चरितामृत के अनुसार चौतन्य महाप्रभु का जन्म सन 1486 की फाल्गुन शुक्ला पूर्णिमा को पश्चिम बंगाल के नवद्वीप (नादिया) नामक गांव में हुआ, जिसे अब मायापुर कहा जाता है। इनका जन्म संध्याकाल में सिंह लग्न में चंद्र ग्रहण के समय हुआ था। उस समय बहुत से लोग शुद्धि की कामना से हरिनाम जपते हुए गंगा स्नान को जा रहे थे। तब विद्वान ब्राह्मणों ने उनकी जन्मकुण्डली के ग्रहों और

उस समय उपस्थित शगुन का फलादेश करते हुए यह भविष्यवाणी की, कि यह बालक जीवन पर्यन्त हरिनाम का प्रचार करेगा। यद्यपि बाल्यावस्था में इनका नाम विश्वंभर था, परंतु सभी इन्हें निमाई कहकर पुकारते थे, क्योंकि कहते हैं, कि ये नीम के पेड़ के नीचे मिले थे। गौरवर्ण का होने के कारण लोग इन्हें गौरांग, गौर हरि, गौर सुंदर आदि भी कहते थे।

इनके पिता का नाम जगन्नाथ मिश्र व मां का नाम शचि देवी था। निमाई बचपन से ही विलक्षण प्रतिभा संपन्न थे। साथ ही, अत्यंत सरल, सुंदर व भावुक भी थे। इनके द्वारा की गई लीलाओं को देखकर हर कोई हतप्रभ हो जाता था। बहुत कम आयु में ही निमाई न्याय व व्याकरण में पारंगत हो गए थे। इन्होंने कुछ समय तक नादिया में स्कूल स्थापित करके अध्यापन कार्य भी किया। निमाई बाल्यावस्था से ही भगवद्चिंतन में लीन रहकर राम व कृष्ण का स्तुति गान करने लगे थे। 15-16 वर्ष की अवस्था में इनका विवाह लक्ष्मीप्रिया के साथ हुआ। सन 1505 में सर्प दंश से पत्नी की मृत्यु हो गई। वंश चलाने की विवशता के कारण इनका दूसरा विवाह नवद्वीप के राजपंडित सनातन की पुत्री विष्णुप्रिया के साथ हुआ। जब ये किशोरावस्था में थे, तभी इनके पिता का निधन हो गया।

धार्मिक दीक्षा

सन 1509 में जब ये अपने पिता का श्राद्ध करने गया गए, तब वहां इनकी भेंट ईश्वरपुरी नामक संत से हुई। उन्होंने निमाई से कृष्ण-कृष्ण रटने को कहा। तभी से इनका सारा जीवन बदल गया और ये हर समय भगवान श्रीकृष्ण की भक्ति में लीन रहने लगे। भगवान श्रीकृष्ण के प्रति इनकी अनन्य निष्ठा व विश्वास के कारण इनके असंख्य अनुयायी हो गए। सर्वप्रथम नित्यानंद प्रभु व अद्वैताचार्य महाराज इनके शिष्य बने। इन दोनों ने निमाई के भक्ति आंदोलन को तीव्र गति प्रदान की। इन्होंने अपने इन दोनों शिष्यों के सहयोग से ढोलक, मृदंग, झाँझ, मंजीरे आदि वाद्य यंत्र बजाकर व उच्च स्वर में नाच-गाकर हरि नाम संकीर्तन करना प्रारंभ किया।

हरे-कृष्ण, हरे-कृष्ण, कृष्ण-कृष्ण, हरे-हरे। हरे-राम, हरे-राम, राम-राम, हरे-हरेघ

यह अठारह शब्दीय (32 अक्षरीय) कीर्तन महामंत्र निमाई की ही देन है। इसे तारकब्रह्ममहामंत्र कहा गया, व कलियुग में जीवात्माओं के उद्धार हेतु प्रचारित किया गया था। जब ये कीर्तन करते थे, तो लगता था मानो ईश्वर का आह्वान कर रहे हैं। सन 1510 में संत प्रवर श्री पाद केशव भारती से संन्यास की दीक्षा लेने के बाद निमाई का नाम कृष्ण चौतन्य देव हो गया। मात्र 24 वर्ष की आयु में ही इन्होंने गृहस्थ

आश्रम का त्याग कर सन्यास ग्रहण किया। बाद में ये चौतन्य महाप्रभु के नाम से प्रख्यात हुए। सन्यास लेने के बाद जब गौरांग पहली बार जगन्नाथ मंदिर पहुंचे, तब भगवान की मूर्ति देखकर ये इतने भाव-विभोर हो गए, कि उन्मत्त होकर नृत्य करने लगे, व मूर्छित हो गए। संयोग से तब वहां उपस्थित प्रकाण्ड पण्डित सार्वभौम भट्टाचार्य महाप्रभु की प्रेम-भक्ति से प्रभावित होकर उन्हें अपने घर ले गए। घर पर शास्त्र-चर्चा आरंभ हुई, जिसमें सार्वभौम अपने पाण्डित्य का प्रदर्शन करने लगे, तब श्रीगौरांग ने भक्ति का महत्त्व ज्ञान से कहीं ऊपर सिद्ध किया व उन्हें अपने षड्भुजरूपका दर्शन कराया। सार्वभौम तभी से गौरांग महाप्रभु के शिष्य हो गए और वह अन्त समय तक उनके साथ रहे। पंडित सार्वभौम भट्टाचार्य ने गौरांक की शत-श्लोकी स्तुति रची जिसे आज चौतन्य शतक नाम से जाना जाता है।उड़ीसा के सूर्यवंशी सम्राट, गजपति महाराज प्रताप रुद्रदेव ने इन्हें श्रीकृष्ण का अवतार माना और इनका अनन्य भक्त बन गया।

चौतन्य महाप्रभु संन्यास लेने के बाद नीलांचल चले गए। इसके बाद दक्षिण भारत के श्रीरंग क्षेत्र व सेतु बंध आदि स्थानों पर भी रहे। इन्होंने देश के कोने-कोने में जाकर हरिनाम की महत्ता का प्रचार किया। सन 1515 में विजयादशमी के दिन वृंदावन के लिए प्रस्थान किया। ये वन के रास्ते ही वृंदावन को चले। कहते हैं, कि इनके हरिनाम उच्चारण से उन्मत्त हो कर जंगल के जानवर भी इनके साथ नाचने लगते थे। बड़े बड़े जंगली जानवर जैसे शेर, बाघ और हाथी आदि भी इनके आगे नतमस्तक हो प्रेमभाव से नृत्य करते चलते थे। कार्तिक पूर्णिमा को ये वृंदावन पहुंचे। वृंदावन में आज भी कार्तिक पूर्णिमा के दिन गौरांग का आगमनोत्सव मनाया जाता है। यहां इन्होंने इमली तला और अक्रूर घाट पर निवास किया। वृंदावन में रहकर इन्होंने प्राचीन श्रीधाम वृंदावन की महत्ता प्रतिपादित कर लोगों

नदिया में कुछ इतने इने-गिने लोग ऐसे भी थे जो ईश्वर और उसकी बनाई हुई दुनिया के प्रति अपना अडिग, उत्कट और अपार प्रेम अर्पित करते ही जाते थे। खिसियाने पण्डितों की नगरी में ये कुछ इने-गिने वैष्णव लोग चिढ़ा-चिढ़ा कर विनोद के पात्र बना दिये गये थे। चारों ओर मनुष्य के लिए हर कहीं अंधेरा-ही-अंधेरा छाया हुआ था। लोक-लांछित वैष्णव जन तब भी हरि-भक्ति थे। यह संयोग की बात है कि श्री गौरांग (चौतन्य महाप्रभु) का जन्म पूर्ण चन्द्रग्रहण के समय हुआ था। उस समय नदी में स्नान, करते दबे-दबे हरे राम, हरे कृष्ण जपते, आकाशचारी राहुग्रस्त चन्द्र की खैर मनाते सर्वहारा नर-नारी जन यह नहीं जानते थे कि उन्हीं के नगर की एक गली में वह चन्द्र उदय हो चुका है, जिसकी प्रेम चाँदनी में वर्षों से छिपा खोया

हुआ विजित समाज का अनन्त श्रद्धा से पूजित, मनुष्य के जीने का एकमात्र सहारादृईश्वर उन्हें फिर से उजागर रूप में मिल जायगा। अभी तो वह घुट-घुट कर रह रहा है, वह अपने धर्म को धर्म और ईश्नर को ईश्वर नहीं कह पाता है, यानी अपने अस्तित्व को खुलकर स्वीकार नहीं कर पाता है। श्री चौतन्य ने एक ओर तो ईश्वर को अपने यहाँ के कर्मकाण्ड की जटिलताओं से मुक्त करके जन-जन के लिए सुलभ बना दिया था, और दूसरी ओर शासक वर्ग की धमकियों से लोक-आस्था को मुक्त किया।की सुप्त भक्ति भावना को जागृत किया। यहां से फिर ये प्रयाग चले गए। इन्होंने काशी, हरिद्वार, शृंगेरी (कर्नाटक), कामकोटि पीठ (तमिलनाडु), द्वारिका, मथुरा आदि स्थानों पर रहकर भगवद्नाम संकीर्तन का प्रचार-प्रसार किया। चौतन्य महाप्रभु ने अपने जीवन के अंतिम वर्ष जगन्नाथ पुरी में रहकर बिताएं। यहीं पर सन 1533 में 47 वर्ष की अल्पायु में रथयात्रा के दिन उन्होंने श्रीकृष्ण के परम धाम को प्रस्थान किया।

विरासत

चौतन्य महाप्रभु ने लोगों की असीम लोकप्रियता और स्नेह प्राप्त किया कहते हैं कि उनकी अद्भुत भगवद्भक्ति देखकर जगन्नाथ पुरी के राजा तक उनके श्रीचरणों में नत हो जाते थे। बंगाल के एक शासक के मंत्री रूपगोस्वामी तो मंत्री पद त्यागकर चौतन्य महाप्रभु के शरणागत हो गए थे। उन्होंने कुष्ठ रोगियों व दलितों आदि को अपने गले लगाकर उनकी अनन्य सेवा की। वे सदैव हिंदू-मुस्लिम एकता का संदेश देते रहे। साथ ही, उन्होंने लोगों को पारस्परिक सद्भावना जागृत करने की प्रेरणा दी। वस्तुतः उन्होंने जातिगत भेदभाव से ऊपर उठकर समाज को मानवता के सूत्र में पिरोया और भक्ति का अमृत पिलाया। वे गौड़ीय संप्रदाय के प्रथम आचार्य माने जाते हैं। उनके द्वारा कई ग्रंथ भी रचे गए। किंतु आज एक शिक्षाष्टक के सिवाय अन्य कोई ग्रन्थ उपलब्ध नहीं है। उन्होंने संस्कृत भाषा में भी तमाम रचनाएं कीं। उनका मार्ग प्रेम व भक्ति का था। वे नारद जी की भक्ति से अत्यंत प्रभावित थे, क्योंकि नारद जी सदैव श्नारायण-नारायणृ जपते रहते थे।

उन्होंने विश्व मानव को एक सूत्र में पिरोते हुए यह समझाया कि ईश्वर एक है। उन्होंने लोगों को यह मुक्ति सूत्र भी दिया—

कृष्ण केशव, कृष्ण केशव, कृष्ण केशव, पाहियाम। राम राघव, राम राघव, राम राघव, रक्षयाम।

षण्गोस्वामी

हिंदू धर्म में नाम-जप को ही वैष्णव धर्म माना गया है और भगवान श्रीकृष्ण को प्रधानता दी गई है। चौतन्य ने इन्हीं की उपासना की और नवद्वीप से अपने छः प्रमुख अनुयायियों को वृंदावन भेजकर वहां सप्त देवालयों की आधारशिला रखवाई। गौरांग ने जिस गौड़ीय संप्रदाय की स्थापना की थी। उसमें षड्गोस्वामियों की अत्यंत अहम भूमिका रही। इन सभी ने भक्ति आंदोलन को व्यवहारिक स्वरूप प्रदान किया। साथ ही वृंदावन के सप्त देवालयों के माध्यम से विश्व में आध्यात्मिक चेतना का प्रसार किया। रसिक कवि कुल चक्र चूडामणि श्री जीव गोस्वामी महराज षण्गोस्वामी गणों में अन्यतम थे। उन्होंने परमार्थिक निरूस्वार्थ प्रवृत्ति से युक्त होकर सेवा व जन कल्याण के जो अनेकानेक कार्य किए वह स्तुत्य हैं। चौतन्य महाप्रभु के सिद्धान्त अनुसार हरि-नाम में रुचि, जीव मात्र पर दया एवं वैष्णवों की सेवा करना उनके स्वभाव में था। वह मात्र 20 वर्ष की आयु में ही सब कुछ त्याग कर वृंदावन में अखण्ड वास करने आ गए थे। ये षड्गोस्वामी थे—

श्री गोपाल भट्ट गोस्वामी, बहुत कम आयु में ही गौरांग की कृपा से यहां आ गए थे। दक्षिण भारत का भ्रमण करते हुए गौरांग चार माह इनके घर पर ठहरे थे। बाद में इन्होंने गौरांग के नाम संकीर्तन में प्रवेश किया।

श्री रघुनाथ भट्ट गोस्वामी, सदा हरे कृष्ण का अन्वरत जाप करते रहते थे और श्रीमद भागवत का पाठ नियम से करते थे। राधा कुण्ड के तट पर निवास करते हुए, प्रतिदिन भागवत का मीठा पाठ स्थानीय लोगों को सुनाते थे और इतने भावविभोर हो जाते थे, कि उनके प्रेमाश्रुओं से भागवत के पन्ने भी भीग जाते थे।

श्री रूप गोस्वामी (1493 दृ 1564), का जन्म 1493 ई (तदनुसार 1415 शक. सं.) को हुआ था। इन्होंने 22 वर्ष की आयु में गृहस्थाश्रम त्याग कर दिया था। बाद के 51 वर्ष ये ब्रज में ही रहे।

श्री सनातन गोस्वामी (1488-1558), चौतन्य महाप्रभु के प्रमुख शिष्य थे। उन्होने गौड़ीय वैष्णव भक्ति सम्प्रदाय की अनेकों ग्रन्थोंकी रचना की। अपने भाई रूप गोस्वामी सहित वृन्दावन के छरू प्रभावशाली गोस्वामियों में वे सबसे ज्येष्ठ थे।

श्री जीव गोस्वामी(1533-1540), का जन्म श्री वल्लभ अनुपम के यहां 1533 ई0(तद.1455 शक. भाद्रपद शुक्ल द्वादशी को हुआ था। श्री जीव के चेहरे पर सुवर्ण आभा थी, इनकी आंखें कमल के समान थीं, व इनके अंग-प्रत्यंग में चमक न्रिकलती थी। श्री रूप गोस्वामी ने इन्हें श्रीमद्भाग्वत का पाठ कराया। और अन्ततः ये वृंदावन पहुंचे। वहां इन्होंने एक मंदिर भी बनवाया।

श्री रघुनाथ दास गोस्वामी, ने युवा आयु में ही गृहस्थी का त्याग किया और गौरांग के साथ हो लिए थे। ये चौतन्य के सचिव स्वरूप दामोदर के निजी सहायक रहे। उनके संग ही इन्होंने गौरांग के पृथ्वी पर अंतिम दिनों में दर्शन भी किये।

इन्होंने वृंदावन में सात वैष्णव मंदिरों की स्थापना की। वे इस प्रकार हैंरू-गोविंददेव मंदिर, गोपीनाथ मंदिर, मदन मोहन मंदिर, राधा रमण मंदिर, राधा दामोदर मंदिर, राधा श्यामसुंदर मंदिर और गोकुलानंद मंदिर। इन्हें सप्तदेवालय कहा जाता है।

अध्यात्म

लोग चौतन्य को भगवान श्रीकृष्ण का अवतार मानते हैं। इसके कुछ सन्दर्भ प्राचीन हिन्दू ग्रन्थों में भी मिलते हैं। श्री गौरांग अवतार की श्रेष्ठता के प्रतिपादक अनेक ग्रन्थ हैं। इनमें श्री चौतन्य चरितामृत, श्री चौतन्य भागवत, श्री चौतन्य मंगल, अमिय निमाइ चरित और चौतन्य शतक, आदि विशेष रूप से उल्लेखनीय हैं। गौरांग की स्तुति में अनेक महाकाव्य भी लिखे गए हैं।

इनका लिखा कोई ग्रन्थ या पाठ नहीं उपलब्ध है। मात्र आठ श्लोक ही उपलब्ध हैं। इसे शिक्षाष्टक कहते हैं। किंतु गौरांग के विचारों को श्रीकृष्णदास ने 'चौतन्य-चरितामृत में संकलित किया है। बाद में भी समय समय पर रूप जीव और सनातन गोस्वामियों ने अपने-अपने ग्रन्थों में चौतन्य-चरित-प्रकाश किया है। इनके विचारों का सार यह है किरू-

श्रीकृष्ण ही एकमात्र देव हैं। वे मूर्तिमान सौन्दर्य हैं, प्रेमपरक है। उनकी तीन शक्तियाँ- परम ब्रह्म शक्ति, माया शक्ति और विलास शक्ति हैं। विलास शक्तियाँ दो प्रकार की हैं- एक है प्राभव विलास-जिसके माध्यम से श्रीकृष्ण एक से अनेक होकर गोपियों से क्रीड़ा करते हैं। दूसरी है वैभव-विलास- जिसके द्वारा श्रीकृष्ण चतुर्वूयूह का रूप धारण करते है। चौतन्य मत के व्यूह-सिद्धान्त का आधार प्रेम और लीला है। गोलोक में श्रीकृष्ण की लीला शाश्वत है। प्रेम उनकी मूल शक्ति है और वही आनन्द का कारण है। यही प्रेम भक्त के चित्त में स्थित होकर महाभाव बन जाता है। यह महाभाव ही राधा है। राधा ही कृष्ण के सर्वोच्च प्रेम का आलम्बन हैं। वही उनके प्रेम की आदर्श प्रतिमा है। गोपी-कृष्ण-लीला प्रेम का प्रतिफल है।

चौतन्य महाप्रभु के सिद्धांत

चौतन्य महाप्रभु अपने मत की शास्त्रीय व्याख्याओं में अधिक नहीं उलझे, फिर भी उनके प्रवचनों के आधार पर उनके अनुयायियों ने उनके सम्प्रदाय की मान्यताओं

का जो विश्लेषण किया, उसके अनुसार श्अचिन्त्य भेदाभेदवाद में निर्दिष्ट प्रमुख तत्वों का स्वरूप निम्नलिखित रूप से समझा जा सकता है—

ब्रह्म

चौतन्य के अनुसार ब्रह्म का स्वरूप विशुद्ध आनन्दात्मक है। ब्रह्म विशेष है और उसकी अन्य शक्तियाँ विशेषण हैं। शक्तियों से विशिष्ट ब्रह्म को ही भगवान कहा जाता है। ब्रह्म, ईश्वर, भगवान और परमात्मा ये संज्ञाएं एक ही तत्व की हैं। अचिन्त्य भेदाभेदवादी आचार्यों ने अपने ग्रन्थों में जिस तत्व को ईश्वर कहा है, वह ब्रह्म ही है। ईश्वर एक और बहुभाव से अभिन्न होने पर भी गुण और गुणों तथा देह और देही भाव से भिन्न भी है। गुण और गुणी का परस्पर अभेद भी माना जाता है, इसलिए ब्रह्म गुणात्मा भी कहलाता है। भेद जल और उसकी तरंगों की भिन्नता के समान है। जगत की उत्पत्ति, स्थिति और लय का आधार भी ब्रह्म ही है। वही जगत का उपादान तथा निमित्त कारण है। ब्रह्म की तीन शक्तियाँ मानी गई हैं। परा, अपरा और अविद्या। परा शक्ति के कारण ब्रह्म जगत का निमित्त कारण है तथा अपरा और अविद्या (माया) शक्ति के कारण ब्रह्म जगत का उपादान कारण माना जाता है। अभिव्यक्ति की दृष्टि से ब्रह्म की शक्ति के तीन रूप हैं- सेविद, संघिनी और ह्लादिनी। चौतन्य के अनुसार ब्रह्म ऐश्वर्य और माधुर्य दोनों से ही युक्त है। यही कारण है कि श्षट्सन्दर्भ के लेखक ने कृष्ण के विग्रह को भी ब्रह्म से अभिन्न मानने का प्रयास किया और कृष्ण को ही परमशक्ति बताया। जीव गोस्वामी के कथनानुसार ब्रह्म जगत के स्रष्टा के रूप में भगवान कहलाता है। बलदेव विद्याभूषण सत्ता, महत्ता और स्नेह की अवस्थिति के कारण ब्रह्म को ही श्हरिश, श्नारायण या श्कृष्ण कहते हैं।

जगत

चौतन्य के अनुसार जगत की सृष्टि ब्रह्म की अविद्या अथवा माया शक्ति के द्वारा होती है। जगत ईश्वर से भिन्न होते हुए भी उसके अधीन होने के कारण अभिन्न है। जगत श्भ्रम नहीं अपितु श्सत्य है। प्रकृति और माया को चौतन्य सम्प्रदाय में अभिन्न माना गया है। अतः प्रकृति को ब्रह्म की शक्ति कहा गया है। प्रलय काल में भी प्रकृति की स्थिति सूक्ष्म रूप में बनी रहती है। अतः प्रपंच ब्रह्म से न तो पूर्णतया भिन्न है और न ही अभिन्न। वस्तुतः इनकी भिन्नाभिन्नतात्मकता अचिन्त्य हैं—

स्वरूपाधभिन्नत्वेन चिन्तयितुमशक्यत्वाद भेदरू, भिन्नत्वेन चिन्तयितुमशक्यत्वादभेदश्च प्रतीयते इति शक्तिमतोभेदाभेददांवंर्गीकृतो तौ च अचिन्त्यौ।

चौतन्य जगत को न तो शाश्वत मानते हैं और न ही मिथ्या। यदि जगत नित्य माना जाये तो कार्यकारण सम्बन्धों की अवस्थिति नहीं मानी जा सकती। यदि जगत को मिथ्या माना जाये तो मिथ्या से मिथ्या की उत्पत्ति मानना असंगत ही है। अतः चौतन्य का यह विचार है कि जगत अपने मूल (निमित्त कारण) में अव्यक्त रूप से रहता है, उस अवस्था में वह नित्य है किन्तु व्यक्तावस्था में वह अनित्य है।

जीव

चौतन्य के अनुसार जीव ब्रह्म से पृथक है। यह अणु परिणाम है। जीव में सत्व, रजस् तथा तमस् ये तीनों गुण विद्यमान रहते हैं। ब्रह्म प्रलय के अनन्तर श्एकोऽहं बहुस्याम् की इच्छा से जीव की पुष्टि करता है। जीव अपने स्वरूप को माया के कारण भूल जाता है। जिस प्रकार सूर्य की किरणें सूर्य से पृथक नहीं हैं, उसी प्रकार जीव भी वास्तव में ब्रह्म से पृथक नहीं है, किन्तु अभिव्यक्ति के समय जीव की पृथक सत्ता से इन्कार नहीं किया जा सकता। चौतन्य के अनुसार जीव ब्रह्म की अभिव्यक्ति है, आभास नहीं। भक्ति के द्वारा जीव अपने मूल स्वरूप को प्राप्त कर सकता है। जीव भी अणु चौतन्य है, वह नित्य है। बलदेव विद्याभूषण के अनुसार ईश्वर, जीव, प्रकृति और काल ये चार पदार्थ नित्य हैं और इन चारों में से अन्तिम तीन प्रथम के अधीन हैं। इसी कारण जीव को ईश्वर की श्शक्ति और ब्रह्म को श्शक्तिमान भी कहा जा सकता है। चौतन्य ने जीवतत्व को शक्ति और कृष्ण तत्व को शक्तिमान कहा है। जीव दो प्रकार के होते हैं, नित्यमुक्त और नित्य संसारी।

माया

चौतन्य मतानुयायियों ने माया को ब्रह्म की परिणाम शक्ति कहा और उसके दो भेद बताए—

तत्र सा मायाख्या परिणाम शक्तिश्च द्विविधा वर्णूयते,
निमित्ताशो माया उपादानांशरू प्रधानम् इति। तत्र केवला
शक्तिर्निमित्तम्, तद व्यूहमयी तूपादानमिति विवेकरू।

ब्रह्म की परिणाम शक्ति के निमित्तांश को निमित्त माया और उपादानांश को उपादानमाया भी कहा गया है। निमित्त माया के काल, दैव, कर्म और स्वभाव के चार भेद बताये गए हैं और उपादान भाषा में द्रव्य, क्षेत्र, प्राण, आत्मन् और विकार का समावेश माना गया है।

मोक्ष

चौतन्य के मतानुसार भक्ति ही मुक्ति का साधन है। जीव दो प्रकार के होते हैं, नित्य मुक्त और नित्य संसारी। नित्य मुक्त जीवों पर माया का प्रभाव नहीं पड़ता और ब्रह्म की स्वरूप शक्ति के अधीन वे सदा मुक्त रहते हैं। नित्य संसारी जीव माया के अधीन रहते हैं। ऐसे जीवों के दो भेद होते हैं, बहिर्मुख और विद्वेषी। बहिर्मुख जीवों के दो भेद हैं- अरुचिग्रस्त और वैकृत्यग्रस्त। माया ग्रस्त जीवों का मोक्ष अनेक योनियों में भ्रमण करने के अनन्तर सत्संग से संभव होता है। ज्योंहि माया ग्रस्त जीव माया के बन्धन से छूटने का उपक्रम करता है, त्यौंहि भगवान भी उस पर अपनी कृपा न्यौछावर कर देते हैं। चौतन्य मतानुयायियों के अनुसार मुक्ति पांच प्रकार होती है—

1. सालोक्य,
2. सार्ष्टि,
3. सारूप्य,
4. सामीप्य और
5. सायुज्य।

इन सब मुक्तियों में से सायुज्य को सर्वाधिक महत्त्वपूर्ण माना गया है। अद्वैतवादियों के अनुसार तो यह (सायुज्य मुक्ति) मोक्ष ही है, यानी जीव की पृथक सत्ता का इस अवस्था में अवसान हो जाता है। किन्तु चौतन्य मतानुयायियों के अनुसार जीव का कभी ब्रह्म में विलय नहीं होता, सायुज्य मुक्ति में भी ब्रह्म और जीव का नित्य सहअस्तित्व बना रहता है। यद्यपि गौड़ीय वैष्णव मतानुसार जीव के ब्रह्म में शाश्वत विलय का सर्वथा निषेध नहीं किया गया है, किन्तु वे इस प्रकार के विलय से भी अधिक महत्त्व उस स्थिति को देते हैं, जिसमें जीव ब्रह्म के साथ सहअस्तित्व का आनन्द उठाता रहे। किन्तु उस अवस्था में जीव ब्रह्म से भिन्न रहता है या अभिन्न। यह प्रश्न या इसका उत्तर चौतन्य मतानुयायियों के अनुसार श्अचिन्त्य है।

चौतन्य महाप्रभु का प्रभाव

चौतन्य महाप्रभु ने श्अचिन्त्य भेदाभेदवाद का प्रवर्तन किया, किन्तु प्रामाणिक रूप से इनका कोई ग्रन्थ उपलब्ध नहीं होता। इनके कुछ शिष्यों के मतानुसार श्दशमूल श्लोक इनके रचे हुए हैं। अन्य सम्प्रदायों के प्रवर्तकों ने अपने मत की पुष्टि के लिए भाष्य और अन्य ग्रन्थ लिखे हैं, जबकि चौतन्य ने ब्रह्मसूत्र, गीता आदि पर भी भाष्य नहीं लिखे।

यह आश्चर्यजनक की बात ही है कि भाष्य आदि की रचना न करने पर भी महाप्रभु चौतन्य को एक बड़े भारी सम्प्रदाय का प्रवर्तक माना गया। यह सम्भवतः इस कारण सम्भव हुआ कि इनका मत अत्यधिक भावात्मक रहा, अतः उसको आम लोगों का समर्थन प्राप्त हो गया। इस प्रकार यह भी कहा जा सकता है कि चौतन्य महाप्रभु का आचार्यात्व शास्त्र विश्लेषण पर उतना आधारित नहीं, जितना कि उनके व्यावहारिक प्रभाव पर आधारित रहा। इनके उत्तरवर्ती शिष्यों ने उस शास्त्रीय आधार के अभाव की भी पूर्ति कर दी, जो भाष्य की रचना न करने के कारण इस सम्प्रदाय में चल रहा था। भक्ति को आधार बनाकर चौतन्य ने यथापि कोई नई परम्परा नहीं चलाई, फिर भी भावविह्लता का जितना पुट चौतन्य ने भक्ति में मिलाया, उतना किसी अन्य ने नहीं।

वल्लभाचार्य आदि ने धर्म के और भक्ति के विधानात्मक पक्ष को महत्त्व दिया था, जबकि चौतन्य ने भावात्मक पक्ष को प्रश्रय दिया। चौतन्य की विचारधारा पर पांचरात्र साहित्य, भागवत, पुराण तथा गीत गोविन्द का सर्वाधिक प्रभाव पड़ा। विभिन्न रूपों में प्रचलित और लिपिबद्ध कृष्ण की कथा ने उनके व्यक्तित्व को भीतरी भाग तक अवश्य ही छुआ होगा।

यों तो सारा भारत ही चौतन्य से प्रभावित हुआ, किन्तु पश्चिम बंगाल का जनजीवन तो उनकी विचारधारा के साथ आमूलचूल एकाकार हो गया। फलस्वरूप न केवल हिन्दू अपितु तत्कालीन मुसलमान भी उनके मत से प्रभावित हुए बिना न रह सके। भक्ति भावना के अपेक्षाकृत ह्रास के बावजूद अब भी चौतन्य का प्रभाव समाज में लगातार अक्षुण्ण बना हुआ है। महाप्रभु की प्रभुता बढ़ाने और बनाए रखने में उनकी सुन्दरता, मृदुता, साहसिकता, सूझबूझ, विद्वत्ता और शालीनता का बड़ा हाथ रहा है।

चौतन्य महाप्रभु का मत

चौतन्य महाप्रभु के मत को अचिन्त्य भेदाभेदवाद के नाम से पुकारा जाता है। अतः यह जानना भी आवश्यक है कि अचिन्त्य का अर्थ क्या है।

श्रीधर स्वामी के अनुसार अचिन्त्य वह ज्ञान है, जो तर्कगम्य नहीं होता। अचिन्त्यम् तर्कासहं यज्ज्ञानूम्।

जबकि जीव गोस्वामी के अनुसार अचिन्त्य का अर्थ है—अर्थापत्तिगम्य-भिन्नाभिन्नत्वादिविकल्पेश्चिन्तयितुमशक्यः केवलमर्थापत्ति ज्ञानगोचररू।

जीव गोस्वामी ने भागवत संदर्भ में यह भी कहा है कि वह शक्ति जो असम्भव को भी सम्भव बना दे अथवा अभेद में भी भेद का दर्शन करवा दे, अचिन्त्य कहलाती है।

दुर्घटघटकत्वम् अचिन्त्यत्वम।ष रूप गोस्वामी का यह कथन है कि पुरुषोत्तम में एकत्व और पृथकत्व अंशत्व और अंशित्व युगपद रूप में रह सकते हैं। जिस प्रकार अग्नि में ज्वलन शक्ति तथा जैसे भगवान श्रीकृष्ण में सोलह हजार रानियों के समक्ष एक साथ ही रहने की शक्ति है, किन्तु उसकी कोई तार्किक व्याख्या नहीं की जा सकती, उसी प्रकार अभेद में भेद की सत्ता है, किन्तु उसका तार्किक विश्लेषण नहीं किया जा सकता, वह अचिन्त्य है।

बलदेव विद्याभूषण ने अचिन्त्य की व्याख्या में विशेष शब्द का भी सन्निवेश कर दिया और इस प्रकार उन्होंने अभेद में भेद का आधार विशेष को ही बतलाया और एक प्रकार से विशेष को अचिन्त्य का पर्यायवाची मानने का उपक्रम किया।

विशेषबलात् तद् भेद व्यवहारो भवतिविशेषश्च भेदप्रतिनिधिरू भेदाभावेऽपि तत् कार्य प्रत्याय्यम।

चौतन्य मतानुयायियों के अनुसार न केवल भेदाभेद के विश्लेषण के लिए, अपितु श्रुतियों की व्याख्या के लिए भी अचिन्त्य शक्ति के अस्तित्व को स्वीकार करना आवश्यक है। उदाहरण के लिए बृहदारण्यक उपनिषद में कहा गया है- शविज्ञानम् आनन्दं ब्रह्म। इस श्रुति वाक्य में यदि आनन्द और विज्ञान को समानार्थक माना जाये तो दोनों शब्दों में से एक का प्रयोग व्यर्थ हो उठेगा। इसके विपरीत यदि दोनों शब्दों को समानार्थक न माना जाये तो ब्रह्म में स्वतः ही भेद मानना पड़ेगा। इस समस्या का समाधान अचिन्त्य शक्ति के आधार पर ही सम्भव है। अतः चौतन्य का मत, यदि अचिन्त्य भेदाभेद नाम से प्रसिद्ध हुआ तो यह श्रुति व्याख्यान की दृष्टि से भी उपयुक्त ही है।

चिन्त्य भेदाभेदवाद का तुलनात्मक विश्लेषण

शंकर के अनुसार निर्विकल्पक ब्रह्म ही एकमात्र परम सत्य है और सम्यक ज्ञान ही उसकी प्राप्ति का एक मात्र साधन है। जबकि चौतन्य ब्रह्म को सविकल्पक मानते हैं और भक्ति को ही उसकी प्राप्ति का साधन बतलाते हैं। शंकर के अनुसार ब्रह्म सत्-चित्-आनन्दमयष है। पर श्रद्धालुओं का भजन-कीर्तन, गोवर्धन, मथुरा,, निर्विकल्पक प्रत्यक्ष से सत् का ज्ञान होता है। सत् ही चिन्मय है। रामानुज, वल्लभ और मध्व निर्विकल्पक ज्ञान की सत्ता को स्वीकार नहीं करते। चौतन्य मतानुयायी

जीव गोस्वामी भी वैसे तो निर्विकल्पक ब्रह्म की सत्ता को स्वीकार नहीं करते, किन्तु उनका यह भी कथन है कि यदि निर्विकल्पक ब्रह्म को मानना ही हो तो अधिक से अधिक यह कहा जा सकता है कि वह सविकल्पक ब्रह्म का अपूर्ण दर्शन है। चौतन्य मतानुयायियों के अनुसार ब्रह्म केवल भक्तिगम्य है। वल्लभाचार्य का भक्ति मार्ग और चौतन्य का भक्ति मार्ग प्रायः एक जैसा ही है। निम्बार्क का श्द्वैताद्वैतवाद और चौतन्य का श्अचिन्त्य भेदाभेदवाद भी एक दूसरे से बहुत भिन्न नहीं है। मध्व के मत से तो चौतन्य मत का अत्यधिक साम्य स्पष्ट होता है। श्री मध्व और चौतन्य दोनों के मतानुसार ब्रह्म सगुण और सर्विशेष है।

जीव अणु और सेवक है। जीव की मुक्ति भक्ति से होती है। जगत सत्य है और ब्रह्म भी जगत का निमित्त और उपादान कारण है। जीव और ब्रह्म मुक्तावस्था में भी भिन्न रहते हैं। किन्तु मध्व के मत से इतना साम्य होने पर भी चौतन्य का मत इस दृष्टि से कुछ पृथक है कि चौतन्य के मत में गुण और गुणी भाव से जीव और ब्रह्म को अभिन्न और भिन्न माना जाता है। उपासना की दृष्टि से भी दोनों में यह अन्तर है कि जहाँ मध्व ब्रह्म और जीव में सेव्य-सेवक भाव को ही स्फूर्ति मानते हैं, वहाँ गौड़ीय वैष्णव सम्प्रदाय में ब्रह्म और जीव के बीच दास्य के अतिरिक्त शान्त, सख्य, वात्सल्य और मधुर भाव को भी स्थान दिया गया है। जीव गोस्वामी ब्रह्म को अद्वय ज्ञानतत्व बतलाते हैं। अद्वैतवादियों ने भी यद्यपि इस प्रकार के शब्दों का प्रयोग किया है किन्तु वहाँ पर शंकर का यह विचार कि ब्रह्म श्अद्वय है, क्योंकि उसके अतिरिक्त कोई दूसरा तत्व है ही नहीं, वहाँ रूप गोस्वामी के अनुसार ब्रह्म अद्वय है, क्योंकि वैसा ही कोई दूसरा तत्व ब्रह्माण्ड में विद्यमान नहीं है। जीव गोस्वामी भगवान को परम तत्व और ब्रह्म को निर्विशेष मानते हैं। ब्रह्म में शक्तियाँ अव्यक्त रूप से रहती हैं। भगवान में वे क्रियाशीलता के साथ रहती हैं। इन दोनों स्थितियों के बीच की एक अन्य स्थिति है, जिसमें ब्रह्म को परमात्मा कहा जाता है। माया शक्ति का सम्बन्ध परमात्मा से ही है।

चौतन्य महाप्रभु की कृष्ण भक्ति

चौतन्य को इनके अनुयायी कृष्ण का अवतार भी मानते रहे हैं। सन 1509 में जब ये अपने पिता का श्राद्ध करने बिहार के गया नगर में गए, तब वहां इनकी मुलाकात ईश्वरपुरी नामक संत से हुई। उन्होंने निमाई से श्कृष्ण-कृष्ण रटने को कहा। तभी से इनका सारा जीवन बदल गया और ये हर समय भगवान श्रीकृष्ण की भक्ति में लीन रहने लगे।

कृष्ण के प्रति निष्ठा

भगवान श्रीकृष्ण के प्रति इनकी अनन्य निष्ठा व विश्वास के कारण इनके असंख्य अनुयायी हो गए। सर्वप्रथम नित्यानंद प्रभु व अद्वैताचार्य महाराज इनके शिष्य बने। इन दोनों ने निमाई के भक्ति आंदोलन को तीव्र गति प्रदान की। निमाई ने अपने इन दोनों शिष्यों के सहयोग से ढोलक, मृदंग, झाँझ, मंजीरे आदि वाद्य यंत्र बजाकर व उच्च स्वर में नाच-गाकर श्हरि नाम संकीर्तन करना प्रारंभ किया।

महामन्त्र

हरे-कृष्ण, हरे-कृष्ण, कृष्ण-कृष्ण, हरे-हरे। हरे-राम, हरे-राम, राम-राम, हरे-हरे

उपरोक्त अठारह शब्दीय कीर्तन महामन्त्र निमाई की ही देन है। इनका पूरा नाम श्विश्वम्भर मिश्र और कहीं श्श्रीकृष्ण चौतन्यचन्द्र मिलता है। चौबीसवें वर्ष की समाप्ति पर इन्होंने वैराग्य ले लिया। वे कर्मकांड के विरोधी और श्रीकृष्ण के प्रति आस्था के समर्थक थे। चौतन्य मत का एक नाम श्गौड़ीय वैष्णव मत भी है। चौतन्य ने अपने जीवन का शेष भाग प्रेम और भक्ति का प्रचार करने में लगाया। उनके पंथ का द्वार सभी के लिए खुला था। हिन्दू और मुसलमान सभी ने उनका शिष्यत्व ग्रहण किया। इनके अनुयायी चौतन्य को विष्णु का अवतार मानते हैं। अपने जीवन के अठारह वर्ष उन्होंने उड़ीसा में बिताये। छह वर्ष तक वे दक्षिण भारत, वृन्दावन आदि स्थानों में विचरण करते रहे। छरू वर्ष मथुरा से जगन्नाथ तक के सुविस्तृत प्रदेश में अपने सिद्धांतों का प्रचार किया तथा कृष्ण की भक्ति की ओर लोगों को प्रवृत्त किया।

चौतन्य महाप्रभु की विलक्षण प्रतिभा

चौतन्य महाप्रभु विलक्षण प्रतिभा के धनी थे। न्यायशास्त्र में इनको प्रकांड पाण्डित्य प्राप्त था। कहते हैं कि इन्होंने न्यायशास्त्र पर एक अपूर्व ग्रंथ लिखा था, जिसे देख कर इनके एक मित्र को बड़ी ईर्ष्र्या हुई, क्योंकि उन्हें भय था कि इनके ग्रंथ के प्रकाश में आने पर उनके द्वारा प्रणीत ग्रंथ का आदर कम हो जाएगा। इस पर श्री चौतन्य ने अपने ग्रंथ को गंगा जी में बहा दिया।

चौबीस वर्ष की अवस्था में चौतन्य महाप्रभु ने गृहस्थाश्रम का त्याग करके सन्न्यास लिया। इनके गुरु का नाम केशव भारती था। इनके जीवन में अनेक अलौकिक घटनाएं हुईं, जिनसे इनके विशिष्ट शक्ति-सम्पन्न भगवद्विभूति होने का परिचय मिलता है। इन्होंने एक बार अद्वैत प्रभु को अपने विश्वरूप का दर्शन कराया था। नित्यानंद प्रभु ने इनके नारायण रूप और श्रीकृष्ण रूप का दर्शन किया था।

इनकी माता शची देवी ने नित्यानंद प्रभु और इनको बलराम और श्रीकृष्ण रूप में देखा था। चौतन्य-चरितामृत के अनुसार इन्होंने कई कोढ़ियों और असाध्य रोगों से पीड़ित रोगियों को रोग मुक्त किया था।

राधा-भाव

चौतन्य महाप्रभु के जीवन के अंतिम छरू वर्ष तो राधा-भाव में ही बीते। उन दिनों इनके अंदर महाभाव के सारे लक्षण प्रकट हुए थे। जिस समय यह कृष्ण प्रेम में उन्मत्त होकर नृत्य करने लगते थे, लोग देखते ही रह जाते थे। इनकी विलक्षण प्रतिभा और श्रीकृष्ण की भक्ति का लोगों पर ऐसा प्रभाव पड़ा कि वासुदेव सार्वभौम और प्रकाशानंद सरस्वती जैसे वेदांती भी इनके क्षण मात्र के सत्संग से श्रीकृष्ण प्रेमी बन गए। इनके प्रभाव से विरोधी भी इनके भक्त बन गए और जगाई, मधाई जैसे दुराचारी भी संत हो गए। इनका प्रधान उद्देश्य भगवन्नाम का प्रचार करना और संसार में भगवद् भक्ति और शांति की स्थापना करना था।

उपदेश

महाप्रभु के भक्ति-सिद्धांत में द्वैत और अद्वैत का बड़ा ही सुंदर समन्वय हुआ है। इन्होंने कलिमल ग्रसित जीवों के उद्धार के लिए भगवन्नाम-संकीर्तन को ही प्रमुख उपाय माना है। इनके उपदेशों का सार है-

मनुष्य को चाहिए कि वह अपने जीवन का अधिक से अधिक समय भगवान के सुमधुर नामों के संकीर्तन में लगाए। यही अंतरूकरण की शुद्धि का सर्वोत्तम उपाय है।

कीर्तन करते समय वह प्रेम में इतना मग्न हो जाए कि उसके नेत्रों से प्रेमाश्रुओं की धारा बहने लगे, उसकी वाणी गद्‌गद् हो जाए और शरीर पुलकित हो जाए।

भगवन नाम के उच्चारण में देश-काल का कोई बंधन नहीं है। भगवान ने अपनी सारी शक्ति और अपना सारा माधुर्य अपने नामों में भर दिया है। यद्यपि भगवान के सभी नाम मधुर और कल्याणकारी हैं किंतु

हरे राम हरे राम राम राम हरे हरे। हरे कृष्ण हरे कृष्ण कृष्ण कृष्ण हरे हरे।।

यह महामंत्र सबसे अधिक मधुर और भगवत प्रेम को बढ़ाने वाला है।

10

मालिक मुहम्मद जायसी के काव्य में लोक जीवन

मलिक मुहम्मद जायसी (जन्म—1397 ई और 1494 ई के बीच, मृत्यु—1542 ई.) भक्तिकाल की निर्गुण प्रेमाश्रयी शाखा व मलिक वंश के कवि है। जायसी अत्यंत उच्चकोटि के सरल और उदार सूफी महात्मा थे। हिन्दी के प्रसिद्ध सूफी कवि, जिनके लिए केवल श्जायसी शब्द का प्रयोग भी, उनके उपनाम की भाँति, किया जाता है। यह इस बात को भी सूचित करता है कि वे जायस नगर के निवासी थे। इस संबंध में उनका स्वयं भी कहना है।

जन्म

जायस नाम का एक नगर उत्तर प्रदेश के रायबरेली जिले में आज भी वर्तमान है, जिसका पुराना नाम उद्यान नगर उद्यानगर या उज्जालिक नगर बतलाया जाता है तथा उसके कंचाना खुर्द नामक मुहल्ले में मलिक मुहम्मद जायसी का जन्म स्थान होना कहा जाता है। कुछ लोगों की धारणा है कि जायसी की जन्म भूमि गाजीपुर में कहीं हो सकती है किन्तु इसके लिए कोई प्रमाण नहीं मिलता। जायस के विषय में कवि ने अन्यत्र भी कहा है—

जायस नगर धरम अस्थानू।
तहवाँ यह कवि कीन्ह बखानू।

इससे जान पड़ता है कि वह उस नगर को धर्म का स्थान समझता था और वहाँ रहकर उसने अपने काव्य पद्मावत की रचना की थी। यहाँ पर नगर का धर्म स्थान होना कदाचित यह भी सूचित करता है कि जनश्रुति के अनुसार वहाँ

उपनिषदकालीन उद्दालक मुनि का कोई आश्रम था। गार्सां द तासी नामक फ्रेंच लेखक का तो यह भी कहना है कि जायसी को प्रायः जायसीदास के नाम से अभिहित किया जाता रहा है।

जन्म को लेकर मतभेद

जायसी की किसी उपलब्ध रचना के अन्तर्गत उसकी निश्चित जन्म-तिथि अथवा जन्म-संवत का कोई स्पष्ट उल्लेख नहीं पाया जाता। एक स्थल पर वे कहते हैं–

भा आवतार मोर नौ सदी।
तीस बरिख ऊपर कवि बदी।

जिसके आधार पर केवल इतना ही अनुमान किया जा सकता है कि उनका जन्म सम्भवतः 800 हिजरी एवं 900 हिजरी के मध्य, अर्थात सन् 1397 ई और 1494 ई के बीच किसी समय हुआ होगा तथा तीस वर्ष की अवस्था पा चुकने पर उन्होंने काव्य-रचना का प्रारम्भ किया होगा।

परिवार

जायसी के नाम के पहले मलिक उपाधि लगी रहने के कारण कहा जाता है कि उनके पूर्वज ईरान से आये थे और वहीं से उनके नामों के साथ यह जमींदार सूचक पदवी लगी आ रही थी किन्तु उनके पूर्वपुरुषों के नामों की कोई तालिका अभी तक प्राप्त नहीं हो सकी है। उनके पिता का नाम मलिक राजे अशरफ बताया जाता है और कहा जाता है कि वे मामूली जमींदार थे और खेती करते थे। इनके नाना का नाम शेख अल-हदाद खाँ था। स्वयं जायसी को भी खेती करके जीविका-निर्वाह करना प्रसिद्ध है। कुछ लोगों का अनुमान करना कि मलिक शब्द का प्रयोग उनके किसी निकट सम्बन्धी के बारह हजार का रिसालदार होने के कारण किया जाता होगा अथवा यह कि सम्भवतः स्वयं भी उन्होंने कुछ समय तक किसी सेना में काम किया होगा, प्रमाणों के अभाव में संदिग्ध हो जाता है। सैयद आले का मत है कि "मोहल्ला गौरियाना के निगलामी मलिक खानदान से थे" और "उनके पुराने सम्बन्धी मुहल्ला कंचाना में बसे थे।" उन्होंने यह बतलाया है कि जायसी का मलिक कबीर नाम का एक पुत्र भी था। मलिक मुहम्मद जायसी कुरूप और एक आँख से काने थे। कुछ लोग उन्हें बचपन से ही काने मानते हैं जबकि अधिकांश लोगों का मत है कि चेचक के प्रकोप के कारण ये कुरूप हो गये थे और उसी में इनकी एक आँख चली गयी थी। उसी ओर का बायाँ कान भी नाकाम हो गया। अपने काने होने का उल्लेख उन्होंने स्वयं ही किया है–

एक नयन कवि मुहम्मद गुमी।
सोइ बिमोहो जेइ कवि सुनी।।
चांद जइस जग विधि ओतारा।
दीन्ह कलंक कीन्ह उजियारा।।
जग सुझा एकह नैनाहां।
उवा सूक अस नखतन्ह मांहां।।
जो लहिं अंबहिं डाभ न होई।
तो लाहि सुगंध बसाई न सोई।।
कीन्ह समुद्र पानि जों खारा।
तो अति भएउ असुझ अपारा।।
जो सुमेरु तिरसूल बिना सा।
भा कंचनगिरि लाग अकासा।।
जौं लहि घरी कलंक न परा।
कांच होई नहिं कंचन करा।।
एक नैन जस दापन, और तेहि निरमल भाऊ।
सब रुपवंत पांव जहि, मुख जोबहिं कै चाउ।।
मुहम्मद कवि जो प्रेम या, ना तन रकत न मांस।
जेइं मुख देखा तइं हंसा, सुना तो आये आंहु।।

उपर्युक्त पंक्तियों से अनुमान होता है कि बाएँ कान से भी उन्हें कम सुनाई पड़ता था। एक बार जायसी शेरशाह के दरबार में गए, तो बादशाह ने इसका मुँह देखकर हँस दिया। जायसी ने शांत भाव से पूछा—

मोहि कां इससि कि कोहरहि?
अर्थात तू मुझ पर हंसा या उस कुम्हार पर,
इस पर शेरशाह ने लज्जित होकर क्षमा माँगी।

जायसी एक सन्त प्रकृति के गृहस्थी थे। इनके सात पुत्र थे लेकिन दीवार गिर जाने के कारण सभी उसमें दब कर मर गये थे। तभी से इनमें वैराग्य जाग गया और ये फकीर बन गये।

शिक्षा

जायसी की शिक्षा भी विधिवत् नहीं हुई थी। जो कुछ भी इन्होनें शिक्षा-दीक्षा प्राप्त की वह मुसलमान फकीरों, गोरखपन्थी और वेदान्ती साधु-सन्तों से ही प्राप्त

की थी। जायसी ने अपनी कुछ रचनाओं में अपनी गुरु-परम्परा का भी उल्लेख किया है। उनका कहना है, "सैयद अशरफ, जो एक प्रिय सन्त थे मेरे लिए उज्ज्वल पन्थ के प्रदर्शक बने और उन्होंने प्रेम का दीपक जलाकर मेरा हृदय निर्मल कर दिया। उनका चेला बन जाने पर मैं अपने पाप के खारे समुद्री जल को उन्हीं की नाव द्वारा पार कर गया और मुझे उनकी सहायता से घाट मिल गया, वे जहाँगीर चिश्ती चाँद जैसे निष्कलंक थे, संसार के मखदूम (स्वामी) थे और मैं उन्हीं के घर का सेवक हूँ"। "सैयद अशरफ जहाँगीर चिश्ती के वंश में निर्मल रत्न जैसे हाजी हुए तथा उनके अनन्तर शेख मुबारक और शेख कमाल हुए"।

जायसी ने पद्मावत (22) में अपने चार मित्रों की चर्चा की है, जिनमें से युसुफ मलिक को पण्डित और ज्ञानी कहा है, सालार एवं मियाँ सलोने की युद्ध-प्रियता एवं वीरता का उल्लेख किया है तथा बड़े शेख को भारी सिद्ध कहकर स्मरण किया है और कहा है कि ये चारों मित्र उनसे मिलकर एक चिह्न हो गए थे परन्तु उनके पूर्वजों एवं वंशजों की भाँति इन लोगों का भी कोई प्रमाणिक परिचय उपलब्ध नहीं है। जायसी सैय्यद अशरफ को प्यारे पीर मानते हैं और स्वयं को उनके द्वार का मुरीद बताते हैं। उनकी काव्य शैली में --

सो मोरा गुरु तिन्ह हों चला।
धोवा पाप पानिसिर मेला।।
पेम पियालाया पंथ लखावा।
अरपु चाखि मोहिं बूँद चखावा।।
जो मधु चढ़ा न उतरइ कावा।
परेउ माति पसउं फेरि अरवा।।

एक स्थान पर वो अपने बारे में काफी विनम्र भाव से कहते हैं—

मुहम्मद मलिक पेम मधुभोरा।
नाउँ बड़ेरा दरपन थोरा।।
जेव-जेंव बुढ़ा तेवं-तेवं नवा।
खुदी कई ख्याल न कवा।।
हाथ पियाला साथ सुराईं।
पेम पीतिलई आरे निबाही।।
बुधि खोई और लाज गँवाई।
-अजहूँ अइस धरी लरिकाई।।
पता न राखा दुहवई आंता।

माता कलालिन के रस मांता।।
दूध पियसववइ तेस उधारा।
बालक होई परातिन्ह बारा।।
खउं लाटउं चाहउं खेला।
भएउ अजान चार सिर मेला।।
पेम कटोरी नाइके मता पियावइ दूध।
बालक पीया चाहइ, क्या मगर क्या बूध।।

इस पंक्तियों से लगता है कि ये प्रेम- मधु के भ्रमर थे। जायसी संसार को अस्थिर मानते थे, उनके हिसाब से प्रेम और सद्भाव ही स्थिर है या रहेगा, जबकि संसार की तमाम वस्तुएँ अस्थिर है। जायसी ने संसार की अस्थिरता का वर्णन अन्य स्थल पर इस प्रकार किया है–

यह संसार झूठ थिर नाहिं।
तरुवर पंखि तार परछाहीं।।
मोर मोर कइ रहा न कोई।
जाऐ उवा जग अथवा सोई।।
समुद्र तरंग उठै अद्य कूपा।
पानी जस बुलबुला होई।
फूट बिस्मादि मिलहं जल सोई।।
मलिक मुहम्मद पंथी घर ही माहिं उदास।
कबहूँ संवरहि मन कै, कवहूँ टपक उबास।।

एक स्थान पर चित्ररेखा में उन्होंने अपने बारे में लिखा है–

मुहमद सायर दीन दुनि, मुख अंब्रित बेनान। बदन जइस जग चंद सपूरन, एक जइस नेनान।

कृतियाँ

जायसी की 21 रचनाओं के उल्लेख मिलते हैं जिसमें पद्मावत, अखरावट, आखिरी कलाम, कहरनामा, चित्ररेखा आदि प्रमुख हैं पर उनकी ख्याति का आधार पद्मावत ग्रंथ ही है। इसकी भाषा अवधी है और इसकी रचना शैली पर आदिकाल के जैन कवियों की दोहा चौपाई पद्धति का प्रभाव पड़ा है। पद्मावत का रचनाकाल उन्होंने 147 हिजरी (सन नौ से सैंतालीस अहै- पद्मावत 24)। अर्थात 1540 ई बतलाया है। पद्मावत के अन्तिम अंश (653) के आधार पर यह भी कहा जा सकता

है कि उसे लिखते समय तक वे वृद्ध हो चुके थे, "उनका शरीर क्षीण हो गया था, उनकी दृष्टि मन्द पड़ गयी थी, उनके दाँत जाते रहे थे उनके कानों में सुनने की शक्ति नहीं रह गयी थी, सिर झुक गया था, केश श्वेत हो चले थे तथा विचार करने तक की शक्ति क्षीण हो चली थी" किन्तु इसका कोई संकेत नहीं है कि इस समय वे कितने वर्ष की अवस्था तक पहुँच चुके थे। जायसी ने आखिरी कलाम का रचनाकाल देते समय भी केवल इतना ही कहा है–

नौ से बरस छतीस जो भए।
तब यह कविता आखर कहे।

अर्थात् 936 हिजरी अथवा सन् 1529 ई. के आ जाने पर मैने इस काव्य का निर्माण किया। पद्मावत (पद्मावत 13-17), में सुल्तान शेरशाह सूर (सन 1540-1545 ई.) तथा आखिरी कलाम में मुगल बादशाह बाबर (सन 1526-1530 ई.) के नाम शाहे वक्त के रूप में अवश्य लिये हैं और उनकी न्यूनाधिक प्रशंसा भी की है, जिससे सूचित होता है कि वे उनके समकालीन थे। नेरशरीफ (जिला पटना, बिहार) वाले खानकाह के पुस्तकालय में फारसी अक्षरों में लिखित पुरानी प्रतियों का एक संग्रह मिला है, जिसमें जायसी की अखरावत की भी एक प्रति मिली है। उसमें उसका लिपिकाल जुमा 8 जुल्काद सन् 911 हिजरी अर्थात सन् 1505 ई. दिया गया जान पड़ता है, जो प्रत्यक्षतः पुराना समय है। प्रोफेसर सैयद हसन असकरी का अनुमान है कि वह वस्तुतः श्अखरावट का रचनाकाल होगा, जो प्रतिलिपि करते समय मूल प्रति से ज्यों का त्यों उद्धृत कर लिया होगा। तदनुसार उनका कहना है कि यदि वह जायसी की सर्वप्रथम रचना सिद्ध की जा सके तो उनके जन्म संवत का पता लगा लेना हमारे लिए असम्भव नहीं रह जाता। सन् 911 हिजरी अर्थात सन् 1505 ई. में उपर्युक्त 30 वर्ष का समय घटाकर सन् 881 हिजरी अर्थात 1475 ई. लाया जा सकता है और यह सरलतापूर्वक बतलाया जा सकता है कि जायसी का जन्म इसके आस-पास हुआ होगा। इन प्रसंग में 910-11 हिजरी के उस प्रचण्ड भूकम्प का भी उल्लेख किया गया है, जिसकी चर्चा अब्दुल्लाह की तारीख दाऊदी तथा बदायूनी की मुन्तखबुअत्तारीख जैसे इतिहास-ग्रन्थों में की गयी है और उसके साथ जायसी द्वारा आखिरी कलाम (4) में वर्णित भूकम्प की समानता दिखलाकर उपर्युक्त अनुमान की पुष्टि का प्रयत्न भी किया गया है परन्तु यहाँ उपर्युक्त "तीस बरिस ऊपर कवि बदी" के अनन्तर आये हुए "आवत उद्यतभार बड़हाना" के आवात शब्द की ओर कदाचित यथेष्ट ध्यान नहीं दिया गया है। यदि उसका अभिप्राय

जन्म लेते समय माना जाये तो उससे ग्रन्थ-रचना के समय का अर्थ नहीं लिया जा सकता। अतः जब तक अन्य स्पष्ट प्रमाण उपलब्ध न हों, जन्मसम्बन्धी उपर्युक्त धारणा संदिग्ध बनी रहती है।

मृत्यु

मुहम्मद जायसी के जन्म की तरह ही इनकी मृत्यु के भी मतभेद मिले है। सैयद आले मुहम्मद मेहर जायसी ने किसी काजी सैयद हुसेन की अपनी नोटबुक में दी गयी जिस तारीख 5 रज्जब 949 हिजरी (सन 1542 ई.) का मलिक मुहम्मद जायसी की मृत्यु तिथि के रूप में उल्लेख किया है , उसे भी तब तक स्वीकार नहीं किया जा सकता, जब तक उसका कहीं से समर्थन न हो जाए। कहा जाता है कि इनका देहांत अमेठी के आसपास के जंगलो में हुआ था। अमेठी के राजा ने इनकी समाधी बनवा दी, जो अभी भी है।

जायसी की प्रमुख रचनाओं का संक्षिप्त परिचय

अखरावट का रचनाकाल

जायसी द्वारा लिखा गया अखरावट एक सिद्धांत प्रधान ग्रंथ है। इस काव्य में कुल 54 दोहे 54 सोरठे और 317 अर्द्धलिया हैं। इसमें दोहा, चौपाई और सोरठा छंदों का प्रयोग हुआ है। एक दोहा पुनः एक सोरठा और पुनः 7 अर्द्धलियों के क्रम का निर्वाह अंत तक किया गया है। अखरावट में मूलतः चेला गुरु संवाद को स्थान दिया गया है। जायसी ने अखरावट के विषय में इस बात का वर्णन नहीं किया है कि यह किस काल में रचा गया है। सैय्यद कल्ब मुस्तफा इसे जायसी की अंतिम रचना बताते हैं। इससे यह स्पष्ट होता है कि अखरावट पद्‌मावत के बाद लिखी गई होगी, क्योंकि जायसी के अंतिम दिनों में उनकी भाषा ज्यादा सुदृढ़ एवं सुव्यवस्थित हो गई थी, इस रचना की भाषा ज्यादा व्यवस्थित है। इसी में जायसी ने अपनी वैयक्तिक भावनाओं का स्पष्टीकरण किया है। यह इस बात की दृष्टि भी करता है, क्योंकि कवि अपनी भावनाओं का स्पष्टीकरण प्रायः अंत में ही करता है।

मनेर शरीफ से प्राप्त पद्‌मावत के साथ अखरावट की कई हस्तलिखित प्रतियों में इसकी रचना काल का संकेत मिलता है। अखरावट की हस्तलिखित प्रति पुष्पिका में जुम्मा 8 जुल्काद 911 हिजरी का उल्लेख मिलता हैं जो अखरावट का रचनाकाल 911 हिजरी या उसके आस पास बताता है।

अखरावट का कथावस्तु

अखरावट के आरंभ में जायसी ने इस्लामिक धर्मग्रंथों और विश्वासों के आधार पर आधारित सृष्टि के उद्भव तथा विकास की कथा लिखी है। उनकी यह कथा बताती है कि, सृष्टि के आदि में महाशुन्य था, उसी शुन्य से ईश्वर ने सृष्टि की रचना की है। उस समय गगन, धरती, सूर्य, चंद्र जैसी किसी भी चीज का अस्तित्व नहीं था। ऐसे शुन्य के अंधकार में सबसे पहले पैगम्बर मुहम्मद ने ज्योति उत्पन्न की।

गगन हुता नहिं महि दुती, हुते चंद्र नहिं सूर
ऐसइ अंधकूप महं स्पत मुहम्मद नूर।।

कुरान शरीफ एवं इस्लामी रवायते यह कहती हैं कि जब कुछ नहीं था, तो केवल अल्लाह था। प्रत्येक जगह घोर अंधकार था। भारतीय साहित्य में भी इस संसार की कल्पना अश्वत्थ रुप में की गई है।

सातवां सोम कपार महं कहा जो दसवं दुवार।
जो वह पवंकिंर उधारै, सो बड़ सिद्ध अपार।।

इस पंक्तियों में जायसी द्वारा मनुष्य शरीर के परे, गुह्येन्द्रिय, नाभि, स्तन, कंठ, भौंहों के बीच के स्थान और कपाल प्रदेशों में क्रमशः शनि, वृहस्पिति, मंगल, आदित्य, शुक्र, बुध और सोम की स्थिति का निरोपण किया गया है। ब्रह्मा अपने व्यापक रुप में मानव देह में भी समाया हुआ है–

माथ सरग घर धरती भयऊ।
मिलि तिन्ह जग दूसर होई गयऊ।।
माटी मांसु रकत या नीरु।
नसे नदी, हिय समुद्र गंभीरु।।

कवि ने इस्लामी धर्म के तीर्थ आदि को भी शरीर में ही प्रदर्शित किया है--

सातौं दीप, नवौ खंड, आठो दिशा जो आहिं।
जो ब्राह्मड सो पिंड है हेरत अंत न जाहिं।।
अगि, बाड, धुरि, चारि मरइ भांड़ा गठा।
आपु रहा भरि पूरि, मुहमद आपुहिं आपु महं।।

कवि कहता है कि शरीर ही जग है। धरती और आकाश इसी में उपस्थित है। मस्तक, मक्का तथा हृदय मदीना है, जिसमें नवी या पैगम्बर का नाम सदा रहता है। इसी प्रकार अन्य वस्तुओं को भी इसी प्रकार निर्देशित किया गया–

नाकि कंवल तर नारद लिए पांच कोतवार।
नवो दुवारि फिरै निति दसई कारखवार।।

अर्थात, नाभि कमल के पास कोतवाल के रुप में शैतान का पहरा है।

जीव ब्रह्मा

मलिक मुहम्मद जायसी कहते हैं कि ब्रह्मा ही यह समस्त सृष्टि बनायी है। वह आगे कहते हैं कि जीव बीज रुप में ब्रह्मा में ही था, इसी से अठारह सहस्त्र जीवयोगियों की उत्पत्ति हुई है–

वै सब किछु करता किछु नाहीं।
जैसे चलै मेघ परिछाही।।
परगट गुपुत विचारि सो बूझा।
सो तजि दूसर और न सूफा।।

अर्थात् जीव पहले ईश्वर का ही हिस्सा था जिसका बाद में उसका बिछोह हो गया। ईश्वर का कुछ अंश घट- घट में समाया है–

सोई अंस छटे घट मेला।
जो सोइ बरन- बरन होइ खेला।।

जायसी इस बात पर जोर देते हैं और कहते हैं कि संपूर्ण जगत ईश्वर की ही प्रभुता का विकास है। कवि कहता है कि मनुष्य पिंड के भीतर ही ब्रह्मा और समस्त ब्रह्माण्ड है, जब अपने भीतर ही ढूँढ़ा तो वह उसी अनंत सत्ता में विलीन हो गया–

बुंदहिं समुद्र समान, यह अचरज कासों कहों।
जो हेरा सो हेरान, मुहमद आपुहि आप महं।।

इससे आगे कवि कहता है कि जैसे दूध में घी और समुद्र में पोती की स्थिति है, वही स्थिति उस परम ज्योति की है, जो जगत भीतर- भीतर भासित हो रही है। कवि के अनुसार वस्तुतः एक ही ब्रह्म के चित अचित् दो पक्ष हुए, दोनों पक्षों के भीतर तेरी अलग सत्ता कहाँ से आई। आज के सामाजिक परिदृश्य में उनका यह प्रश्न अधिक उचित है–

एक हि ते हुए होइ, दुइ सौ राज न चलि सके।
बीचतें आपुहि खोइ, मुहम्मद एकै होइ रहु।।

साधना

प्रेम-प्रभु की साधना ही सूफी साधना है। इसके अन्तर्गत साधक अपने भीतर बिछुड़े हुए प्रियतम के प्रति प्रेम की पीड़ा को जगाता है। पहले जीव- ब्रह्मा एक थे। वह पुनः अपने बिछुड़े हुए प्रियतम से मिलकर अभेदता का आनंद पाना चाहता है।

हुआ तो एक ही संग, हम तुम काहे बिछुड़े।
अब जिउ उठै तरंग, महमद कहा न जाईन किछु।।

कबीर की तरह जायसी भी प्रेम को अत्यंत ही महत्वपूर्ण बताते हुए कहते हैं–

परै प्रेम के झेल, पिउ सहुँ धनि मुख सो करे।
जो सिर संती खेल, मुहम्मद खेल हो प्रेम रस।।

जायसी के कथनानुसार किसी सिद्धांत विशेष का यह कहना कि ईश्वर ऐसा ही है, भ्रम है–

सुनि हस्ती का नाव अंधरन रोवा धाइ के।
जेइ रोवा जेइ ठांव मुहम्मद सो तेसे कहे।।

यह इस बात को स्पष्ट करता है कि, प्रत्येक मत में सत्य का कुछ- न- कुछ अंश रहता है। जायसी भी मुहम्मद के मार्ग को श्रेष्ठ मानते हुए भी विद्या के अनेक मार्गों को स्वीकार करते हैं। वह अपने लेखन में या साधना में एक सिद्धांत में बंधना नहीं चाहते हैं। जायसी अपनी उदास और सारग्रहिणी बुद्धि के फलस्वरुप योग, उपनिषद्, अद्वेतवाद, भक्ति, इस्लामी, एकेश्वरवाद आदि से बहुत कुछ सीखते हैं। उनका कहना है कि, वह सभी तत्व जो ग्राम्ह है, प्रेम की पीर जगाने में समर्थ है। ब्रह्मावाद, योग और इस्लामी- सूफी सिद्धांतों का समन्वय जायसी की अपनी विशेषता है। अखरावट में वह कहते हैं–

मा-मन मथन करै तन खीरु।
हुहे सोइ जो आपु अहिरु।।
पाँचों भुत आनमहि मारैं।
गरग दरब करसी के जारे।।
मन माठा- सम अस के धोवै।
तन खेला तेहि माहं बिलोबे।।
जपहु बुद्धि के दुइ सन फरेहु।
दही चूर अस हिंया अभेरहु।।
पछवां कदुई केसन्ह फेरहु।
ओहि जोति महं जोति अभेरहु।।
जस अन्तपट साढ़ी फूटे।
निरमल होइ मयां सब टूटे।।
मखनमूल उठे लेइ जोति।
समुद माहं जस उलटे कोती।।

जस घिड़ होइ मराइ के, तस जिऊ निरमल होइ।
महै महेरा दूरि करि, भोग कर सुख सोइ।।

जायसी ने मूल्यतः अपने अध्यात्म जगत का निर्माण अद्वैतवाद के आधार पर ही किया है–

अस वह निरमल धरति अकासा।
जैसे मिली फूल महं बरसा।।
सबै ठांव ओस सब परकारा।
ना वह मिला, न रहै निनारा।।
ओहि जोति परछाहीं, नवो खण्ड उजियार।
सुरुज चाँद कै जोती, उदित अहै संसार।।

जायसी ने अखरावट में उदारतापूर्वक इस्लामी भावनाओं के साथ भारतीय हिंदू भावनाओं के सामंजस्य की कोशिश है। जायसी की इस्लाम धर्म में पूर्ण आस्था थी और उनकी यह इस्लाम भावना सुफी मत की नवीन व्यवस्थाओं से संबंधित है। उनका इस्लाम योगमत योगाचार- विधानों से मण्डित है और उन्होंने हिंदू-मुस्लिम दोनों को एक ब्रह्मा की संतान हैं, कहकर अलंकृत किया है। ब्रह्मा विष्णु और महेश के उल्लेख प्रसंग वश अल्लिफ एक अल्लाह बड़ मोइ केवल एक स्थान पर अल्लाह का नामोल्लेख, कुरान के लिए कुरान और पुराण के नामोल्लेख, स्वर्ग या बिहिश्त के लिए सर्वत्र कैलाश या कविलास के प्रयोग अहं ब्राह्मास्मि या अनलहक के लिए सांह का प्रयोग, इब्लीस या शैतान के स्थान पर नारद का उल्लेख योग साधना के विविध वर्णन प्रभृति बातें इस बात की ओर इंगित करती है कि जायसी हिंदू- मुस्लिम भावनाओं में एकत्व को दृष्टि में रखते हुए समन्वय एवं सामंजस्य की कोशिश करते हैं। मलिक मुहम्मद जायसी ने हिंदू-मुस्लिम की एकता के विषय में अत्यंत नम्रतापूर्वक कहा–

तिन्ह संतति उपराजा भांतिन्ह भांति कुलीन।
हिंदू तुरुक दुवौ भए, अपने अपने दीन।।
मातु कै रक्त पिता के बिंदू।
उपने दुवौ तुरुक और हिंदू।।

जायसी की यह सामंजस्य भावना उनके उदार मानवतावादी दृष्टिकोण की परिचायक है।

आखिरी कलाम

जायसी द्वारा रचित महान ग्रंथ का सर्वप्रथम प्रकाशन फारसी लिपि में हुआ था। मसनवी शैली के अनुसार जायसी ने इस काव्य में ईश्वर-स्तुति की है। अपने

अवतार ग्रहण करने तथा भुकंप एवं सूर्य- ग्रहण का भी वर्णन किया है। इस के अलावा उन्होंने मुहम्मद स्तुति, शाहतरत- बादशाह की प्रशस्ति और सैय्यद अशरफ की वंदना, जायस नगर का परिचय बड़ी सुंदरता से दिया है। जैसा कि जायसी ने अपने काव्य अखरावट में संसार की सृष्टि के विषय में लिखा था। इस आखरी काव्य में जायसी ने आखरी कलाम नाम के अनुसार संसार के समापन एवं पुनः सारे मानवों को जगाकर उसे अपना दर्शन कराने एवं जन्नत की भोग विलास के सूपुर्द करने को वर्णित किया है।

चित्ररेखा

पदभावत की ही तरह जायसी ने चित्ररेखा की शुरुआत भी संसार के सृजनकर्ता की वंदना के साथ किया है। इसमें जायसी ने सृष्टि की उद्भाव की कहानी कहते हुए करतार की प्रशंसा में बहुत कुछ लिखा है। इसके अलावा इसमें उन्होंने पैगम्बर मुहम्मद साहब और उनके चार मित्रों को बड़ी सुंदरता से वर्णित किया है। इस प्रशंसा के उपरान्त जायसी ने इस काव्य की असल कथा आरंभ किया है।

इसमें चंद्रपुर नामक एक अत्यंत सुंदर नगर के राजा, जिनका नाम चंद्रभानु था, की कथा प्रारंभ किया है। इसमें राजा चंद्रभानु की चाँद के समान अवतरित हुई पुत्री चित्ररेखा के सौन्दर्य एवं उसकी शादी को इस प्रकार वर्णन किया है–

चंद्रपुर की राजमंदिरों में 700 रानियाँ थी। जिनमें रुपरेखा अधिक लावण्यमयी थी। उसके गर्भ से बालिका का जन्म हुआ। ज्योतिष और गणक ने उसका नाम चित्ररेखा रखा तथा कहा कि इसका जन्म चंद्रपुर में हुआ है, किंतु यह कन्नौज की रानी बनेगी। धीरे- धीरे वह चाँद की कली के समान बढ़ती ही गयी। जब वह सयानी हो गयी, तो राजा चंद्रभानु ने वर खोजने के लिए अपने दूत भेजे जो ढूंढ़ते- ढूंढ़ते सिंहद देश के राजा सिंघनदेव के यहाँ पहुँचे जहां उसक संबंध राजा के कुबड़े बेटे से तय कर दिया गया।

कन्नौज के राजा कल्याणसिंह के पास अपार दौलत, जन व पदाति, हस्ति आदि सेनाएँ थी। तमाम संपन्नता के बावजूद उसके पास एक पुत्र नहीं था। घोर तपस्या एवं तप करने के बाद उनके यहां एक राजकुमार पैदा हुआ, जिसका नाम प्रितम कुँवर रखा गया। ज्योतिषियों ने कहा कि यह भाग्यवान अल्पायु है। इसकी आयू केवल बीस वर्ष की है। जैसे ही पता चला कि उसकी उम्र सिर्फ ढ़ाई दिन ही रह गई है, तो वह पूरा राजपाट छोड़कर कांशी की ओर अंतिम गति लेने के लिए चल पड़ा।

रास्ते में राजकुमार की राजा सिंघनदेव से मुलाकात हुई। राजा सिंघनदेव ने राजकुमार प्रीतम कुँवर के पैर पकड़ लिए। उसकी पुरी और नाम पूछा तथा विनती की, कि हम इस नगर में ब्याहने आए हैं। हमारा वर कुबड़ा है, तुम आज रात ब्याह कराकर चले जाना और इस प्रकार चित्ररेखा का ब्याह, प्रीतम सिंह से हो जाता है। प्रीतम सिंह को व्यास के कहने से नया जीवन मिलता है।

चित्ररेखा में प्रेम की सर्वोच्चयता

जायसी को प्रेम पंथ का महान साधन-संत कहा जाता है। प्रेम पंथ में उन्होंने प्रेम पीर की महत्ता का प्रतिपादन किया है। उनके अनुसार व्यर्थ की तपस्या, काम-कलेश महत्वहीन थीं।

का भा पागट क्या पखारे।
का भा भगति भुइं सिर मारें।।
का भा जटा भभूत चढ़ाए।
का भा गेरु कापरि जाए।।
का भा भेस दिगम्बर छांटे।
का भा आयु उलटि गए कांटे।।
जो भेखहि तजि तु गहा।
ना बग रहें भगत व चहा।।
पानिहिं रहइं मंछि औदादुर।
टागे नितहिं रहहिं फुनि गादुर।।
पसु पंछी नांगे सब खरे।
भसम कुम्हार रहइं नित भरे।।
बर पीपर सिर जटा न थोरे।
अइस भेस की पावसि भोऐ।।
जब लगि विरह न होइ तन हिये न उपजइ प्रेम।
तब लगि हाथ न आव पत- काम- धरम- सत नेम।।

अपने समय के कृच्छ- काय- क्लेश और नाना विध बाह्माडम्बर को जायसी साक्ष्य करते हुए कहते हैं कि प्रकट भाव से काया प्रक्षालन से कोई फायदा नहीं हो सकता है। धरती पर सिर पटक-पटक कर करने वाली साधना बेकार है। जटा और भभुत बढ़ाने चढ़ाने का कोइ मूल्य नहीं है। गैरिक वसन धारण करने से कुछ नहीं होता है। दिगम्बर योगियों का सा रहना भी बेकार हे। काँटे पर उत्तान सोना और

साधक होने का स्वांग भरना निष्प्रयोजन है। देश त्याग का मौन व्रती होना भी व्यर्थ है। वे इस प्रकार के योगी की तुलना वर बगुला और चमगादड़ से करते हैं। वे कहते हैं कि ईश्वर की प्राप्ति केश-वेश से कभी नहीं हो सकती। जब वह विरह नहीं होता, हृदय में प्रेम की निष्पति नहीं हो सकती है। तप, कर्म, धर्म और सतनेम की सच्चे अर्थों में प्राप्ति बिना प्रेम के नहीं हो सकती है। जायसी के अनुसार सहजप्रेम विरह की साधना ही सर्वश्रेष्ठ है।

कहरानामा

947 हिजरी कहरानामा का रचना काल बताया गया है। यह काव्य ग्रंथ कहरवा या कहार गीत उत्तर प्रदेश के एक लोक- गीत के आधार पर कवि ने कहरानाम के द्वारा संसार से डोली जाने की बात की है।

या भिनुसारा चलै कहारा होतहि पाछिल पहारे।
सबद सुनावा सखियन्ह माना, हंस के बोला मारा रे।।

कहारा लोक धुनि के आधार पर जायसी ने हिंदी में इस ग्रंथ की रचना करके स्वयं को गाँव के लोक जीवन एवं सामाजिक सौहार्द बनाने का प्रयत्न किया है। कहरानामा में कहरा का अर्थ कहर, कष्ट, दुख या कहा और गीत विशेष है। हमारे देश भारत में ब्रह्मा का गुणगान करना, आत्मा और परमात्मा के प्रेम परक गीत गाना की अत्यंत प्राचीन लोक परंपरा है।

कहरानामा की कथा

जायसी द्वारा रचित कहरानामा तीस पदों की एक प्रेम कथा है। इस कथानुमा काव्य में लेखक ने संसार को एक सागर के समान बताया है। इसमें धर्म की नौका पड़ी हुई है। इस नौका का केवट एक ही है। वे कहते हैं कि कोई पंथ को तलवार की धार कहता है, तो कोई सूत कहता है। कई लोग इस सागर में तैरते हुए हार गया हैं और बीच में खड़े हैं, कोई मध्य-सागर में डूबता है और सीप ले आता है, कोई टकटोर करके छूंछे ही लौटता है, कोई हाथ-छोड़ कर पछताता है। इसमें जायसी द्वारा बड़े ही अच्छे अंदाज में दुनिया की बेवफाई और संसार के लोगों की बेरुखी को जगजाहिर किया गया है–

नाव पर चड़ने बाला व्यक्ति पार उतरता है और नाव चले जाने पर, जो बांह उठाकर पुकारता है और केवट लौटता नहीं, तो वह पछताता है, ऐसे लोगों को मुखे अनाड़ी कहते हैं। बहुत दूर जाना है, रोने पर कौन सुनता है। जो गाँट पूरे हैं, जो

दानी हैं, उन्हें हाथ पकड़ कर केवट नाव पर चढ़ा लेता है, वहाँ कोई भाई, बंधु और सुंघाती नहीं। जायसी कहते हैं कि साधक को इस संसार में परे संभाल कर रखना चाहिए अन्यथा पदभ्रश होने की संभावना है। जायसी ने योग युक्ति, मन की चंचलता को दूर करने भोगों से दूर रहने और प्रेम प्रभु में मन रमाने की बातें कहीं हैं। इससे आगे वे कहते हैं, ईश्वर जिसे अपना सेवक समझता है, उसे वह भिखारी बना देता है।

जो सेवक आपून के जानी तेहि धरि भीख मंगावे रे।
कबिता पंडित दूक्ख- दाद महं, मुरुख के राज करावै रे।।
चनदन गहां नाग हैं तहवां। जदां फूल तहां कंटा रे।।
मधू जहवां है माखी तहवा, गुर जहवा तहं चांटा रे।।

केहरानामा में कहारों के जीवन और वैवाहिक वातावरण के माध्यम से कवि ने अपने आध्यात्मिक विचारों इस प्रकार को अभिव्यक्त किया है–

या भिनुसारा चलै कंहारा, होता हि पाछिल पहरा रे।
सखी जी गवहि हुडुक बाजाहिं हंसि के बोला मंहा रे।।
हुडुक तबर को झांझ मंजीरा, बांसुरि महुआ बाज रे।
सेबद सुनावा सखिन्ह गावा, घर- घर महरीं साजै रे।
पुजा पानि दुलहिन आनी, चुलह भा असबारा रे।।
बागन बाजे केवट साजै या बसंत संसारा रे।
मंगल चारा होइझंकारा औ संग सेन सेहली रे।
जनु फुलवारी फुलीवारी जिनकर नहिं रस केली रे।।
सेंदूर ले- ले मारहिं धै- धै राति मांति सुभ डोली रे।
भा सुभ मेंसु फुला टेसू, जनहु फाग होइ होरी रे।।
कहै मुहम्मद जे दिन अनंदा, सो दिन आगे आवे रे।
है आगे नग रेनि सबहि जग, दिनहि सोहाग को पखे रे।

मसला

यह जायसी एक काव्य रचना है। जायसी इसके आरम्भ में अल्लाह से मन लगाने की बात करते हैं।

यह तन अल्लाह मियां सो लाई।
जिहि की षाई तिहि की गाई।।
बुधि विद्या के कटक मो हों मन का विस्तार।

जेहि घर सासु तरुणि हे, बहुअन कौन सिंगार।।

जायसी का कहना है कि, निष्प्रेम भाव से जीवन-निर्वाह किया जाना व्यर्थ है, जिस हृदय में प्रेम नहीं, वहाँ ईश्वर का वास नहीं हो सकता है। भला सुने गांव में कोई आता है–

बिना प्रेम जो जीवन निबाहा।
सुने गाऊँ में आवै काहा।।

पद्मावत

हिंदी भाषा के सर्वश्रेष्ठ कवियों में जायसी की एक कवि हैं। उनके द्वारा रचित महानकाव्य पद्मावत हिंदी भाषा के प्रबंध काव्यों में शब्द अर्थ और अलंकृत तीनों दृष्टियों से अद्वितीयकाव्य है। इस कृति में श्रेष्टतम प्रबंध काव्यों के सभी गुण विद्यमान हैं। धार्मिक स्थलों की बहुलता, उदात्त लौकिक और ऐतिहासिक कथा वस्तु-भाषा की अत्यंत विलक्षण शक्ति, जीवन के गंभीर सर्वागिंण अनुभव, सशक्त दार्शनिक चिंतन इसे विशेष बनाती हैं। सचमुच पद्मावत हिंदी साहित्य का एक जगमगाता हुआ हीरा है। अवधी भाषा के इस उत्तम काव्य में मानव- जीवन के चिरंतन सत्य प्रेम- तत्व की उत्कृष्ट कल्पना है। कवि के शब्दों में इस प्रेम कथा का मर्म है। गाढ़ी प्रीति नैन जल भेई। रत्नसेन और पद्मावती दोनों के जीवन का अंतर्यामी सूत्र है। प्रेम- तत्व की दृष्टि से पद्मावत का जितना भी अध्ययन किया जाए, कम है। संसार के उत्कृष्ट महाकाव्यों में इसकी गिनती होने योग्य है। सूफी और भारतीय सिद्धांतों के समन्वय का सहारा लेकर पदमावत में प्रेम पीर की उत्कृष्ट अभिव्यक्ति की गई है।

पद्मावत का रचनाकाल

मलिक मुहम्मद जायसी ने पद्मावत के रचनाकाल का उल्लेख करते हुए लिखा है–

सन नौ से सैतांलिस अहे।
कथा आरंभ बेन कवि कहे।।

यह वह काल है जब दिल्ली की गद्दी पर शेरशाह बैठ चुका था। जायसी ने शाह तत्वत के रुप में दिल्ली के सुल्तान शेरशाह के वैभव का अत्यंत वैभववंत उल्लेख किया है–

सेरसादि दिल्ली सुल्तानू।
चरिऊ खण्ड तपइ जसभानू।।

कुलश्रेष्ट जी ने 927 हिजरी को इस महानकाल का रचनाकाल माना है। उनका कहना था, इस समय जायसी का पद्मावत अधुरा पड़ा था, उन्होंने इसी समय पूरा किया और इसे 936 तक पूरा कर लिया था।

पद्मावत की लिपि

कुछ विद्वानों का मानना है कि इसका निश्चित रूप फारसी लिपि में लिखा है। कुछ भागराक्षरों में और कुछ विद्वान केथी अक्षरों में लिखा मानते हैं।

डॉ. ग्रियसन लिखते हैं कि, मूलतः पद्मावत फारसी अक्षरों में लिखा गया है और जायसी का धर्म ही इसका मूल कारण था।

एक विद्वान बताते हैं कि, जासयी की पद्मावत नागरी अक्षरों में लिखी गई थी। इनका मानना है कि जायसी के समय में उर्दू का नाम नहीं था और हिंदी भाषा को लिखने के लिए फारसी अक्षरों में आवश्यक विचार भी नहीं हुए थे। अतः जासयी ने अपनी रचना के लिए उर्दू लिपि को नहीं चुना था, क्योंकि उस काल में ऐसे अक्षर वर्तमान नहीं थे। यह भी कहा जाता है कि जायसी हिन्दू जनता में सूफी मत का प्रचार करना चाहते थे। इसलिए उन्होंने स्वभवतः नागरी लिपि में लिखा होगा। अब उपरोक्त सभी बाते इस ओर इशारा करती हैं कि पद्मावत की रचना नागरी लिपि में हुई थी। इसी लिपि में जायसी, जनता व साधारण जनता के सामने मकबूल थे। इसलिए उन्होंने इस लिपि को अपने सूफी मत के प्रचार के लिए चुना होगा। पूरब की हिन्दी को ही पद्मावत की भाषा बताया गया है।

प्रबंध काव्य

पद्मावत मसनवी शैली में रचित एक प्रबंध काव्य है। इस महाकाव्य में कुल 57 खंड हैं। इस महाकाव्य में पद्मावती एवं रत्नसेन की लौकिक प्रेम कहानी के द्वारा अलौकिक प्रेम की व्यंजना की गयी है। इस काव्य का प्रारम्भ काल्पनिक कथा से है और अंत इतिहास पर आधारित है। जायसी ने इतिहास और कल्पना, दोनों का मिश्रण किया है। जायसी ही लिखते हैं कि उन्होंने पद्मावत की रचना 927 हिजरी में प्रारंभ की।

कथानक

कवि सिंहलद्वीप, उसके राजा गन्धर्वसेन, राजसभा, नगर, बगीचे इत्यादि का वर्णन करके पद्मावती के जन्म का उल्लेख करता है। राजभवन में हीरामन नाम का एक अद्भुत सुआ था जिसे पद्मावती बहुत चाहती थी और सदा उसी के पास रहकर

अनेक प्रकार की बातें कहा करती थी। पद्मावती क्रमशरू सयानी हुई और उसके रूप की ज्योति भूमण्डल में सबसे ऊपर हुई। जब उसका कहीं विवाह न हुआ तब वह रात दिन हीरामन से इसी बात की चर्चा किया करती थी। सूए ने एक दिन कहा कि यदि कहो तो देश देशान्तर में फिर कर मैं तुम्हारे योग्य वर ढूंढूं। राजा को जब इस बातचीत का पता लगा तब उसने क्रुद्ध होकर सूए को मार डालने की आज्ञा दी। पद्मावती ने विनती कर किसी प्रकार सूए के प्राण बचाए। सूए ने पद्मावती से विदा माँगी, पर पद्मावती ने प्रेम के मारे सूए को रोक लिया। सूआ उस समय तो रुक गया, पर उसके मन में खटका बना रहा।

सुए का बिकना

एक दिन पद्मावती सखियों को लिए हुए मानसरोवर में स्नान और जलक्रीड़ा करने गई। सूए ने सोचा कि अब यहाँ से चटपट चल देना चाहिए। वह वन की ओर उड़ा, जहाँ पक्षियों ने उसका बड़ा सत्कार किया। दस दिन पीछे एक बहेलिया हरी पत्तियों की टट्टी लिए उस वन में चला आ रहा था। और पक्षी तो उस चलते पेड़ को देखकर उड़ गए पर हीरामन चारे के लोभ में वहीं रहा। अन्त में बहेलिये ने उसे पकड़ लिया और बाजार में उसे बेचने के लिए ले गया। चित्तौड़ के एक व्यापारी के साथ एक दीन ब्राह्मण भी कहीं से रुपये लेकर लोभ की आशा से सिंहल की हाट में आया था। उसने सूए को पण्डित देख मोल ले लिया और लेकर चित्तौड़ आया। चित्तौड़ में उस समय राजा चित्रसेन मर चुका था और उसका बेटा रत्नसेन गद्दी पर बैठा था। प्रशंसा सुनकर रत्नसेन ने लाख रुपये देकर हीरामन सूए को मोल ले लिया।

सुए द्वारा पद्मावती का बखान

एक दिन रत्नसेन कहीं शिकार को गया था। उसकी रानी नागमती सूए के पास आई और बोली - मेरे समान सुन्दरी और भी कोई संसार में है? इस पर सूआ हँसा और उसने सिंहल की पद्मिनी स्त्रियों का वर्णन करके कहा कि उनमें और तुममें दिन और अंधेरी रात का अन्तर है। रानी ने सोचा कि यदि यह तोता रहेगा तो किसी दिन राजा से भी ऐसा ही कहेगा और वह मुझसे प्रेम करना छोड़कर पद्मावती के लिए जोगी होकर निकल पड़ेगा। उसने अपनी धाय से उसे ले जाकर मार डालने को कहा। धाय ने परिणाम सोचकर उसे मारा नहीं, छिपा रखा। जब राजा ने लौटकर सूए को न देखा तब उसने बड़ा कोप किया। अन्त में हीरामन उसके

सामने लाया गया और उसने सब वृत्तान्त कह सुनाया। राजा को पद्मावती का रूप वर्णन सुनने की बड़ी उत्कण्ठा हुई और हीरामन ने उसके रूप का लम्बा चौड़ा वर्णन किया। उस वर्णन को सुन राजा बेसुध हो गया। उसके हृदय में ऐसा प्रबल अभिलाषा जागी कि वह रास्ता बताने के लिए हीरामन को साथ ले जोगी होकर घर से निकल पड़ा।

रत्नसेन का सिंहल जाना

उसके साथ सोलह हजार कुँवर भी जोगी होकर चले। मध्य प्रदेश के नाना दुर्गम स्थानों के बीच होते हुए सब लोग कलिंग देश में पहुँचे। वहाँ के राजा गजपति से जहाज लेकर रत्नसेन ने और सब जोगियों के सहित सिंहल द्वीप की ओर प्रस्थान किया। क्षार समुद्र, क्षीर समुद्र, दधि समुद्र, उदधि समुद्र, सुरा समुद्र और किलकिला समुद्र को पार करके वे सातवें मानसरोवर समुद्र में पहुँचे जो सिंहलद्वीप के चारों ओर है। सिंहलद्वीप में उतरकर जोगी रत्नसेन तो अपने सब जोगियों के साथ महादेव के मन्दिर में बैठकर तप और पद्मावती का ध्यासन करने लगा और हीरामन पद्मावती से भेंट करने गया। जाते समय वह रत्नसेन से कहता गया कि बसंत पंचमी के दिन पद्मावती इसी महादेव के मण्डप में वसन्तपूजा करने आएगीय उस समय तुम्हें उसका दर्शन होगा और तुम्हारी आशा पूर्ण होगी। बहुत दिन पर हीरामन को देख पद्मावती बहुत रोई। हीरामन ने अपने निकल भागने और बेचे जाने का वृत्तान्त कह सुनाया। इसके उपरान्त उसने रत्नसेन के रूप, कुल, ऐश्वर्य, तेज आदि की बड़ी प्रशंसा करके कहा कि वह सब प्रकार से तुम्हारे योग्य वर है और तुम्हारे प्रेम में जोगी होकर यहाँ तक आ पहुँचा है। पद्मावती ने उसकी प्रेमव्यथा सुनकर जयमाल देने की प्रतिज्ञा की और कहा कि वसन्त पंचमी के दिन पूजा के बहाने मैं उसे देखने जाऊँगी। सूआ यह समाचार लेकर राजा के पास मंडप में लौट आया।

वसन्त पंचमी पर पद्मावती और रत्नसेन का मिलना

वसन्त पंचमी के दिन पद्मावती सखियों के सहित मंडप में गई और उधर भी पहुँची जिधर रत्नसेन और उसके साथी जोगी थे। पर ज्योंही रत्नसेन की आँखें उस पर पड़ीं, वह मूर्च्छित होकर गिर पड़ा। पद्मावती ने रत्नसेन को सब प्रकार से वैसा ही पाया जैसा सूए ने कहा था। वह मूर्च्छित जोगी के पास पहुँची और उसे होश में लाने के लिए उस पर चन्दन छिड़का। जब वह न जागा तब चन्दन से उसके

हृदय पर यह बात लिखकर वह चली गई कि जोगी, तूने भिक्षा प्राप्त करने योग्य योग नहीं सीखा, जब फलप्राप्ति का समय आया तब तू सो गया।१

पार्वती द्वारा रत्नसेन की परीक्षा लेना

राजा को जब होश आया तब वह बहुत पछताने लगा और जल कर मरने को तैयार हुआ। सब देवताओं को भय हुआ कि यदि कहीं यह जला तो इसकी घोर विरहाग्नि से सारे लोक भस्म हो जाएँगे। उन्होंने जाकर महादेव पार्वती के यहाँ पुकार की। महादेव कोढ़ी के वेश में बैल पर चढ़े राजा के पास आए और जलने का कारण पूछने लगे। इधर पार्वती की, जो महादेव के साथ आईं थीं, यह इच्छा हुई कि राजा के प्रेम की परीक्षा लें। ये अत्यन्त सुन्दरी अप्सरा का रूप धारकर आईं और बोली - मुझे इन्द्र ने भेजा है। पद्मावती को जाने दे, तुझे अप्सरा प्राप्त हुई। रत्नसेन ने कहा - मुझे पद्मावती को छोड़ और किसी से कुछ प्रयोजन नहीं। पार्वती ने महादेव से कहा कि रत्नसेन का प्रेम सच्चा है। रत्नसेन ने देखा कि इस कोढ़ी की छाया नहीं पड़ती है, इसके शरीर पर मक्खियाँ नहीं बैठती हैं और इसकी पलकें नहीं गिरती हैं अतः यह निश्चय ही कोई सिद्ध पुरुष है। फिर महादेव को पहचानकर वह उनके पैरों पर गिर पड़ा। महादेव ने उसे सिद्धि गुटिका दी और सिंहलगढ़ में घुसने का मार्ग बताया। सिद्धि गुटिका पाकर रत्नसेन सब जोगियों को लिए सिंहलगढ़ पर चढ़ने लगा।

रत्नसेन का पकड़ा जाना

राजा गन्धर्वसेन के यहाँ जब यह खबर पहुँची तब उसने दूत भेजे। दूतों से जोगी रत्नसेन ने पद्मिनी के पाने का अभिप्राय कहा। दूत क्रुद्ध होकर लौट गए। इस बीच हीरामन रत्नसेन का प्रेमसन्देश लेकर पद्मावती के पास गया और पद्मावती का प्रेमभरा सँदेसा आकर उसने रत्नसेन से कहा। इस सन्देश से रत्नसेन के शरीर में और भी बल आ गया। गढ़ के भीतर जो अगाध कुण्ड था वह रात को उसमें धँसा और भीतरी द्वार को, जिसमें वज्र के किवाड़ लगे थे, उसने जा खोला। पर इस बीच सबेरा हो गया और वह अपने साथी जोगियों के सहित घेर लिया गया। राजा गन्धर्वसेन के यहाँ विचार हुआ कि जोगियों को पकड़कर सूली दे दी जाय। दल बल के सहित सब सरदारों ने जोगियों पर चढ़ाई की। रत्नसेन के साथी युद्ध के लिए उत्सुक हुए पर रत्नसेन ने उन्हें यह उपदेश देकर शान्त किया कि प्रेममार्ग में क्रोध करना उचित नहीं। अन्त में सब जोगियों सहित रत्नसेन पकड़ा गया। इधर

यह सब समाचार सुन पद्मावती की बुरी दशा हो रही थी। हीरामन सूए ने जाकर उसे धीरज बँधाया कि रत्नसेन पूर्ण सिद्ध हो गया है, वह मर नहीं सकता।

युद्ध और रत्नसेन का पद्मिनी से विवाह

जब रत्नसेन को बाँधकर सूली देने के लिए लाए तब जिसने जिसने उसे देखा सबने कहा कि यह कोई राजपुत्र जान पड़ता है। इधर सूली की तैयारी हो रही थी, उधर रत्नसेन पद्मावती का नाम रट रहा था। महादेव ने जब जोगी पर ऐसा संकट देखा तब वे और पार्वती भाट भाटिनी का रूप धरकर वहाँ पहुँचे। इस बीच हीरामन सूआ भी रत्नसेन के पास पद्मावती का यह संदेसा लेकर आया कि मैं भी हथेली पर प्राण लिए बैठी हूँ, मेरा जीना मरना तुम्हारे साथ है। भाट (जो वास्तव में महादेव थे) ने राजा गन्धर्वसेन को बहुत समझाया कि यह जोगी नहीं राजा और तुम्हारी कन्या के योग्य वर है, पर राजा इस पर और भी क्रुद्ध हुआ। इस बीच जोगियों का दल चारों ओर से लड़ाई के लिए चढ़ा। महादेव के साथ हनुमान आदि सब देवता जोगियों की सहायता के लिए आ खड़े हुए। गन्धर्वसेन की सेना के हाथियों का समूह जब आगे बढ़ा तब हनुमान जी ने अपनी लम्बी पूँछ में सबको लपेटकर आकाश में फेंक दिया। राजा गन्धर्वसेन को फिर महादेव का घण्टा और विष्णु का शंख जोगियों की ओर सुनाई पड़ा और साक्षात शिव युद्धस्थल में दिखाई पड़े। यह देखते ही गन्धर्वसेन महादेव के चरणों पर जा गिरा और बोला - कन्या आपकी है, जिसे चाहिए उसे दीजिएश। इसके उपरान्त हीरामन सूए ने आकर राजा रत्नसेन के चित्तौड़ से आने का सब वृत्तान्त कह सुनाया और गन्धर्वसेन ने बड़ी धूमधाम से रत्नसेन के साथ पद्मावती का विवाह कर दिया। रत्नसेन के साथी जो सोलह हजार कुँवर थे उन सबका विवाह भी पद्मिनी स्त्रियों के साथ हो गया और सब लोग बड़े आनन्द के साथ कुछ दिनों तक सिंहल में रहे।

नागमती का विरह

इधर चित्तौड़ में वियोगिनी नागमती को राजा की बाट जोहते एक वर्ष हो गया। उसके विलाप से पशु पक्षी विकल हो गए। अन्त में आधी रात को एक पक्षी ने नागमती के दुःख का कारण पूछा। नागमती ने उससे रत्नसेन के पास पहुँचाने के लिए अपना संदेसा कहा। वह पक्षी नागमती का संदेसा लेकर सिंहलद्वीप गया और समुद्र के किनारे एक पेड़ पर बैठा। संयोग से रत्नसेन शिकार खेलते खेलते उसी पेड़ के नीचे जा खड़ा हुआ। पक्षी ने पेड़ पर से नागमती की

दुःख कथा और चित्तौड़ की हीन दशा का वर्णन किया। रत्नसेन का जी सिंहल से उचटा और उसने स्वदेश की ओर प्रस्थान किया। चलते समय उसे सिंहल के राजा के यहाँ से विदाई में बहुत सा सामान और धन मिला। इतनी अधिक सम्पत्ति देख राजा के मन में गर्व और लोभ हुआ। वह सोचने लगा कि इतना अधिक धन लेकर यदि मैं स्वदेश पहुँचा तो फिर मेरे समान संसार में कौन है। इस प्रकार लोभ ने राजा को आ घेरा।

समुद्र का क्रोध

समुद्रतट पर जब रत्नसेन आया तब समुद्र याचक का रूप धरकर राजा से दान माँगने आया, पर राजा ने लोभवश उसका तिरस्कार कर दिया। राजा आधे समुद्र में भी नहीं पहुँचा था कि बड़े जोर का तूफान आया जिससे जहाज दक्खिन लंका की ओर बह गए। वहाँ विभीषण का एक राक्षस माँझी मछली मार रहा था। वह अच्छा आहार देख राजा से आकर बोला कि चलो हम तुम्हें रास्ते पर लगा दें। राजा उसकी बातों में आ गया। वह राक्षस सब जहाजों को एक भयंकर समुद्र में ले गया जहाँ से निकलना कठिन था। जहाज चक्कर खाने लगे और हाथी, घोड़े, मनुष्य आदि डूबने लगे। वह राक्षस आनन्द से नाचने लगा। इस बीच समुद्र का राजपक्षी वहाँ आ पहुँचा जिसके डैनों का ऐसा घोर शब्द हुआ मानो पहाड़ के शिखर टूट रहे हों। वह पक्षी उस दुष्ट राक्षस को चंगुल में दबाकर उड़ गया। जहाज के एक तख्ते पर एक ओर राजा बहा और दूसरे तख्ते पर दूसरी ओर रानी।

पद्मावती का विलाप

पद्मावती बहते बहते वहाँ जा लगी जहाँ समुद्र की कन्या लक्ष्मी अपनी सहेलियों के साथ खेल रही थी। लक्ष्मी मूर्च्छित पद्मावती को अपने घर ले गई। पद्मावती को जब चेत हुआ तब वह रत्नसेन के लिए विलाप करने लगी। लक्ष्मी ने उसे धीरज बँधाया और अपने पिता समुद्र से राजा की खोज कराने का वचन दिया। इधर राजा बहते बहते एक ऐसे निर्जन स्थान में पहुँचा जहाँ मूँगों के टीलों के सिवा और कुछ न था। राजा पद्मिनी के लिए बहुत विलाप करने लगा और कटार लेकर अपने गले में मारना ही चाहता था कि ब्राह्मण का रूप धरकर समुद्र उसके सामने आ खड़ा हुआ और उसे मरने से रोका। अन्त में समुद्र ने राजा से कहा कि तुम मेरी लाठी पकड़कर आँख मूँद लोय मैं तुम्हें जहाँ पद्मावती है उसी तट पर पहुँचा दूँगा।

लक्ष्मी द्वारा रत्नसेन की परीक्षा

जब राजा उस तट पर पहुँच गया तब लक्ष्मी उसकी परीक्षा लेने के लिए पद्मावती का रूप धारण कर रास्ते में जा बैठीं। रत्नसेन उन्हें पद्मावती समझ उनकी ओर लपका। पास जाने पर वे कहने लगी - मैं पद्मावती हूँ। पर रत्नसेन ने देखा कि यह पद्मावती नहीं है, तब चट मुँह फेर लिया। अन्त में लक्ष्मी रत्नसेन को पद्मावती के पास ले गई। रत्नसेन और पद्मावती कई दिनों तक समुद्र और लक्ष्मी के मेहमान रहे। पद्मावती की प्रार्थना पर लक्ष्मी ने उन सब साथियों को भी ला खड़ा किया जो इधर उधर बह गए थे। जो मर गए थे वे भी अमृत से जिला दिए गए। इस प्रकार बड़े आनन्द से दोनों वहाँ से विदा हुए। विदा होते समय समुद्र ने बहुत से अमूल्य रत्न दिए। सबसे बढ़कर पाँच पदार्थ दिए–

अमृत,
हंस,
राजपक्षी,
शार्दूल और
पारस पत्थर।

इन सब अनमोल पदार्थों को लिए अन्त में रत्नसेन और पद्मावती चित्तौड़ पहुँच गए। नागमती और पद्मावती दोनों रानियों के साथ रत्नसेन सुखपूर्वक रहने लगे। नागमती से नागसेन और पद्मावती से कमलसेन ये दो पुत्र राजा को हुए।

राघव को देश निकाला

चित्तौड़गढ़ की राजसभा में राघवचेतन नाम का एक पण्डित था जिसे यक्षिणी सिद्ध थी। एक दिन राजा ने पण्डितों से पूछा, दूज कब है? राघव के मुँह से निकला आजश। और सब पण्डितों ने एक स्वर से कहा कि आज नहीं हो सकती, कल होगी। राघव ने कहा कि यदि आज दूज न हो तो मैं पण्डित नहीं। पण्डितों ने कहा कि राघव वाममार्गी हैय यक्षिणी की पूजा करता है, जो चाहे सो कर दिखावे, पर आज दूज नहीं हो सकती। राघव ने यक्षिणी के प्रभाव से उसी दिन संध्या के समय द्वितीया का चन्द्रमा दिखा दिया। पर जब दूसरे दिन चन्द्रमा देखा गया तब वह द्वितीया का ही चन्द्रमा था। इस पर पण्डितों ने राजा रत्नसेन से कहा - देखिए, यदि कल द्वितीया रही होती, तो आज चन्द्रमा की कला कुछ अधिक होतीय झूठ और सच की परख कर लीजिए। राघव का भेद खुल गया और वह वेद विरुद्ध आचार करने वाला प्रमाणित हुआ। राजा रत्नसेन ने उसे देश निकाले का दण्ड दिया।

राघव का बदला

पद्मावती ने जब यह सुना तब उसने ऐसे गुणी पण्डित का असन्तुष्ट होकर जाना राज्य के लिए अच्छा नहीं समझा। उसने भारी दान देकर राघव को प्रसन्न करना चाहा। सूर्यग्रहण का दान देने के लिए उसने उसे बुलाया। जब राघव महल के नीचे आया तब पद्मावती ने अपने हाथ का एक अमूल्य कंगन, जिसका जोड़ा और कहीं दुष्प्राप्य था, झरोखे पर से फेंका। झरोखे पर पद्मावती की झलक देख राघव बेसुध होकर गिर पड़ा। जब उसे चेत हुआ तब उसने सोचा कि अब यह कंगन लेकर बादशाह के पास दिल्ली चलूँ और पद्मिनी के रूप का उसके सामने वर्णन करूँ। वह लम्पट है, तुरन्त चित्तौड़ पर चढ़ाई करेगा और इसके जोड़ का दूसरा कंगन भी मुझे इनाम देगा। यदि ऐसा हुआ तो राजा से मैं बदला भी ले लूँगा और सुख से जीवन भी बिताऊँगा।

अलाउद्दीन द्वारा चढ़ाई और संधि

यह सोचकर राघव दिल्ली पहुँचा और वहाँ बादशाह अलाउद्दीन को कंगन दिखाकर उसने पद्मिनी के रूप का वर्णन किया। अलाउद्दीन ने बड़े आदर से उसे अपने यहाँ रखा और सरजा नामक एक दूत के हाथ एक पत्र रत्नसेन के पास भेजा कि पद्मिनी को तुरन्त भेज दो, बदले में और जितना राज्य चाहो ले लो। पत्र पाते ही राजा रत्नसेन क्रोध से लाल हो गया और बिगड़कर दूत को वापस कर दिया। अलाउद्दीन ने चित्तौड़ गढ़ पर चढ़ाई कर दी। आठ वर्ष तक मुसलमान चित्तौड़ को घेरे रहे और घोर युद्ध होता रहा, पर गढ़ न टूट सका। इसी बीच दिल्ली से एक पत्र अलाउद्दीन को मिला जिसमें हरेव लोगों के फिर से चढ़ आने का समाचार लिखा था। बादशाह ने जब यह देखा कि गढ़ नहीं टूटता है तब उसने कपट की एक चाल सोची। उसने रत्नसेन के पास सन्धि का एक प्रस्ताव भेजा और यह कहलाया कि मुझे पद्मिनी नहीं चाहिएय समुद्र से जो पाँच अमूल्य वस्तुएँ तुम्हें मिली हैं उन्हें देकर मेल कर लो।

नीतिज्ञों द्वारा विरोध

राजा ने स्वीकार कर लिया और बादशाह को चित्तौड़गढ़ के भीतर ले जाकर बड़ी धूमधाम से उसकी दावत की। गोरा बादल नामक विश्वासपात्र सरदारों ने राजा को बहुत समझाया कि मुसलमानों का विश्वास करना ठीक नहीं, पर राजा ने ध्यान न दिया। वे दोनों वीर नीतिज्ञ सरदार रूठकर अपने घर चले गए। कई दिनों तक

बादशाह की मेहमानदारी होती रही। एक दिन वह टहलते टहलते पद्मिनी के महल की ओर भी जा निकला, जहाँ एक से एक रूपवती स्त्रियाँ स्वागत के लिए खड़ी थीं। बादशाह ने राघव से, जो बराबर उसके साथ साथ था, पूछा कि इनमें पद्मिनी कौन है? राघव ने कहा, पद्मिनी इनमें कहाँ? ये तो उसकी दासियाँ हैं। बादशाह पद्मिनी के महल के सामने ही एक स्थान पर बैठकर राजा के साथ शतरंज खेलने लगा। जहाँ वह बैठा था वहाँ उसने एक दर्पण भी रख दिया था कि पद्मिनी यदि झरोखे पर आवेगी तो उसका प्रतिबिम्ब दर्पण में देखूँगा। पद्मिनी कुतूहलवश झरोखे के पास आई और बादशाह ने उसका प्रतिबिम्ब दर्पण में देखा। देखते ही वह बेहोश होकर गिर पड़ा।

रत्नसेन को पकड़कर दिल्ली ले जाना

अन्त में बादशाह ने राजा से विदा माँगी। राजा उसे पहुँचाने के लिए साथ-साथ चला। एक एक फाटक पर बादशाह राजा को कुछ न कुछ देता चला। अन्तिम फाटक पार होते ही राघव के इशारे से बादशाह ने रत्नसेन को पकड़ लिया और बाँधकर दिल्ली ले गया। वहाँ राजा को तंग कोठरी में बन्द करके वह अनेक प्रकार के भयंकर कष्ट देने लगा। इधर चित्तौड़ में हाहाकार मच गया। दोनों रानियाँ रो रोकर प्राण देने लगीं। इस अवसर पर राजा रत्नसेन के शत्रु कुम्भलनेर के राजा देवपाल को दुष्टता सूझी। उसने कुमुदनी नाम की दूती को पद्मावती के पास भेजा। पहले तो पद्मिनी अपने मायके की स्त्री सुनकर बड़े प्रेम से मिली और उससे अपना दुःख कहने लगी, पर जब धीरे धीरे उसका भेद खुला तब उसने उचित दण्ड देकर उसे निकलवा दिया। इसके पीछे अलाउद्दीन ने भी जोगिन के वेश में एक दूती इस आशा से भेजी कि वह रत्नसेन से भेंट कराने के बहाने पद्मिनी को जोगिन बनाकर अपने साथ दिल्ली लाएगी। पर उसकी दाल भी न गली।

गोरा बादल

अन्त में पद्मिनी गोरा और बादल के घर गई और उन दोनों क्षत्रिय वीरों के सामने अपना दुःख रोकर उसने उनसे राजा को छुड़ाने की प्रार्थना की। दोनों ने राजा को छुड़ाने की दृढ़ प्रतिज्ञा की और रानी को बहुत धीरज बँधाया। दोनों ने सोचा कि जिस प्रकार मुसलमानों ने धोखा दिया है उसी प्रकार उनके साथ भी चाल चलनी चाहिए। उन्होंने सोलह सौ ढकी पालकियों के भीतर सशस्त्र राजपूत सरदारों को बिठाया और जो सबसे उत्तम और बहुमूल्य पालकी थी उसके भीतर औजार के साथ

एक लोहार को बिठाया। इस प्रकार वे यह प्रसिद्ध करके चले कि सोलह सौ दासियों के सहित पद्मिनी दिल्ली जा रही है।

गोरा बादल का रत्नसेन को छुड़ाना

गोरा के पुत्र बादल की अवस्था बहुत थोड़ी थी। जिस दिन दिल्ली जाना था उसी दिन उसका गौना आया था। उसकी नवागता वधू ने उसे युद्ध में जाने से बहुत रोका पर उस वीर कुमार ने एक न सुनी। अन्त में सोलह सौ सवारियों के सहित वे दिल्ली के किले में पहुँचे। वहाँ कर्मचारियों को घूस देकर अपने अनुकूल किया जिससे किसी ने पालकियों की तलाशी न ली। बादशाह के यहाँ खबर गई कि पद्मिनी आई है और कहती है कि राजा से मिल लूँ और उन्हें चित्तौड़ के खजाने की कुंजी सुपुर्द कर दूँ तब महल में जाऊँ। बादशाह ने आज्ञा दे दी। वह सजी हुई पालकी वहाँ पहुँचाई गई जहाँ राजा रत्नसेन कैद था। पालकी में से निकलकर लोहार ने चट राजा की बेड़ी काट दी और वह शस्त्र लेकर एक घोड़े पर सवार हो गया जो पहले से तैयार था। देखते देखते और हथियारबन्द सरदार भी पालकियों में से निकल पड़े। इस प्रकार गोरा और बादल राजा को छुड़ाकर चित्तौड़गढ़ चले।

रत्नसेन का बदला लेना और शहीद होना

बादशाह ने जब सुना तब अपनी सेना सहित पीछा किया। गोरा बादल ने जब शाही फौज पीछे देखी तब एक हजार सैनिकों को लेकर गोरा तो शाही फौज को रोकने के लिए डट गया और बादल राजा रत्नसेन को लेकर चित्तौड़ की ओर बढ़ा। वृद्ध वीर गोरा बड़ी वीरता से लड़कर और हजारों को मारकर अन्त में सरजा के हाथ से मारा गया। इस बीच में राजा रत्नसेन चित्तौड़ पहुँच गया। पहुँचते ही उसी दिन रात को पद्मिनी के मुँह से रत्नसेन ने जब देवपाल की दुष्टता का हाल सुना तब उसने उसे बाँध लाने की प्रतिज्ञा की। सबेरा होते ही रत्नसेन ने कुम्भलनेर पर चढ़ाई कर दी। रत्नसेन और देवपाल के बीच द्वन्द्व युद्ध हुआ। देवपाल की साँग रत्नसेन की नाभि में घुसकर उस पार निकल गई। देवपाल साँग मारकर लौटना ही चाहता था कि रत्नसेन ने उसे जा पकड़ा और उसका सिर काटकर उसके हाथ-पैर बाँधें। इस प्रकार अपनी प्रतिज्ञा पूरी कर और चित्तौड़गढ़ की रक्षा का भार बादल को सौंप रत्नसेन ने शरीर छोड़ा।

रानियों का सती होना

राजा के शव को लेकर पद्मावती और नागमती दोनों रानियाँ सती हो गईं। इतने में शाही सेना चित्तौड़गढ़ आ पहुँची। बादशाह ने पद्मिनी के सती होने का

समाचार सुना। बादल ने प्राण रहते गढ़ की रक्षा की पर अन्त में वह फाटक की लड़ाई में मारा गया और चित्तौड़गढ़ पर मुसलमानों का अधिकार हो गया।

पद्मावत की ऐतिहासिकता

पद्मावत की सम्पूर्ण आख्यायिका को हम दो भागों में विभक्त कर सकते हैं–

पूवार्द्ध–रत्नसेन की सिंहलद्वीप यात्र से लेकर चित्तौड़ लौटने तक हम कथा का पूर्वार्ध मान सकते हैं। पूर्वार्ध एक कल्पित कहानी है।

उत्तरार्द्ध–राघव के निकाले जाने से लेकर पद्मिनी के सती होने तक उत्तरार्ध। उत्तरार्ध ऐतिहासिक आधार पर है।

टॉड के अनुसार–अलाउद्दीन ने संवत 1346 में फिर चित्तौड़गढ़ पर चढ़ाई की। इसी दूसरी चढ़ाई में राणा अपने ग्यारह पुत्रों सहित मारे गए। जब राणा के ग्यारह पुत्र मारे जा चुके और स्वयं राणा के युद्धक्षेत्र में जाने की बारी आई तब पद्मिनी ने जौहर किया। कई सौ राजपूत ललनाओं के साथ पद्मिनी ने चित्तौड़गढ़ के उस गुप्त भूधारे में प्रवेश किया जहाँ उन सती स्त्रियों को अपनी गोद में लेने के लिए आग दहक रही थी। इधर यह कांड समाप्त हुआ उधर वीर भीमसी ने रणक्षेत्र में शरीरत्याग किया। टाड ने जो वृत्तान्तश दिया है वह राजपूताने में रक्षित चारणों के इतिहासों के आधार पर है।

ठीक यही वृत्तान्त आइना ए अकबरी में दिया हुआ है। आइना ए अकबरी में भीमसी के स्थान पर रतनसी (रत्नसिंह या रत्नसेन) नाम है।

इन दोनों ऐतिहासिक वृत्तान्तों के साथ जायसी द्वारा वर्णित कथा का मिलान करने से कई बातों का पता चलता है। पहली बात तो यह है कि जायसी ने जो रत्नसेन नाम दिया है यह उनका कल्पित नहीं है, क्योंकि प्रायः उनके समसामयिक या थोड़े ही पीछे के ग्रन्थ आइने अकबरी में भी यही नाम आया था। यह नाम अवश्य इतिहासज्ञों में प्रसिद्ध था।

जायसी ने रत्नसेन का मुसलमानों के हाथ से मारा जाना न लिखकर जो देवपाल के साथ द्वन्द्वयुद्ध में कुम्भलनेरगढ़ के नीचे मारा जाना लिखा है उसका आधार शायद विश्वासघाती के साथ बादशाह से मिलने जाने वाला वह प्रवाद हो जिसका उल्लेख आइने अकबरीकार ने किया है।

उत्तर भारत में प्रचलित कथा–अब पद्मावत की पूर्वार्ध कथा जायसी द्वारा कल्पित है अथवा जायसी के पहले से कहानी के रूप में जनसाधारण के बीच प्रचलित चली आती है। उत्तर भारत में, विशेषतः अवध में, पद्मिनी रानी और

हीरामन सूए की कहानी अब तक प्रायः उसी रूप में कही जाती है जिस रूप में जायसी ने उसका वर्णन किया है।

जायसी इतिहासविज्ञ थे इससे उन्होंने रत्नसेन, अलाउद्दीन आदि नाम दिए हैं, पर कहानी कहनेवाले नाम नहीं लेते हैंय केवल यही कहते हैं कि एक राजा थाश, दिल्ली का एक बादशाह था, इत्यादि। यह कहानी बीच बीच में गा गाकर कही जाती है। जैसे, राजा की पहली रानी जब दर्पण में अपना मुँह देखती है तब सूए से पूछती है–

देस देस तुम फिरौ हो सुअटा।
मोरे रूप और कहु कोई।।

सूआ उत्तर देता है–

काह बखानौं सिंहल के रानी। तोरे रूप भरै सब पानी।।

अनुमान है कि जायसी ने प्रचलित कहानी को ही लेकर सूक्ष्म ब्योरों की मनोहर कल्पना करके, इसे काव्य का सुन्दर स्वरूप दिया है। इस मनोहर कहानी को कई लोगों ने काव्य के रूप में बाँधा।

हुसैन गजनवी ने किस्सा ए पद्मावत नाम का एक फारसी काव्य लिखा।

सन् 1652 ई. में रायगोविंद मुंशी ने पद्मावती की कहानी फारसी गद्य में तुकफतुल कुलूब के नाम से लिखी।

उसके बाद मीर जियाउद्दीन इब्रत और गुलामअली इशरत ने मिलकर सन् 1769 ई. में उर्दू शेरों में इस कहानी को लिखा।

मलिक मुहम्मद जायसी ने अपनी पद्मावत सन् 1520 ई. में लिखी थी।

पद्मावत की प्रेमपद्धति

पद्मावत एक प्रेम कहानी है। अब संक्षेप में यह देखना चाहिए कि कवियों में दाम्पत्य प्रेम का आविर्भाव वर्णन करने की जो प्रणालियाँ प्रचलित हैं उनमें से पद्मावत में वर्णित प्रेम किसके अन्तर्गत जाता है।

जायसी के श्रृंगार में मानसिक पक्ष प्रधान है, शारीरिक गौण है। चुम्बन, आलिंगन आदि का वर्णन कवि ने बहुत कम किया है, केवल मन के उल्लास और वेदना का कथन अधिक किया है। प्रयत्न नायक की ओर से है और उसकी कठिनता द्वारा कवि ने नायक के प्रेम को नापा है। नायक का यह आदर्श लैला मजनूँ, शीरीं फरहाद आदि अरबी फारसी कहानियों के आदर्श से मिलता जुलता है

भारतीय प्रेमपद्धति आदि में तो लोकसम्बद्ध और व्यवहारात्मक थी ही, पीछे भी अधिकतर वैसी ही रही। आदिकवि के काव्य में प्रेम लोकव्यवहार से कहीं अलग

नहीं दिखाया गया है, जीवन के और विभागों के सौन्दर्य के बीच उसके सौन्दर्य की प्रभा फूटती दिखाई पड़ती है।

जायसी ने यद्यपि इश्क के दास्तानवाली मसनवियों के प्रेम के स्वरूप को प्रधान रखा है पर बीच बीच में भारत के लोक व्यवहार संलग्न स्वरूप का भी मेल किया है। इश्क की मसनवियों के समान पदमावत लोकपक्षशून्य नहीं है। राजा जोगी होकर घर से निकलता है, इतना कहकर कवि यह भी कहता है कि चलते समय उसकी माता और रानी दोनों उसे रो रोकर रोकती हैं। जैसे कवि ने राजा से संयोग होने पर पद्मावती के रसरंग का वर्णन किया वैसे ही सिंहलद्वीप से विदा होते समय परिजनों और सखियों से अलग होने का स्वाभाविक दुःख भी। कवि ने जगह जगह पद्मावती को जैसे चन्द्र, कमल इत्यादि के रूप में देखा है, वैसे ही उसे प्रथम समागम से डरते, सपत्नी से झगड़ते और प्रिय के हित के अनुकूल लोकव्यवहार करते भी देखा है।

राघवचेतन के निकाले जाने पर राजा और राज्य के अनिष्ट की आशंका से पद्मावती उस ब्राह्मण को अपना खास कंगन दान देकर सन्तुष्ट करना चाहती है। लोकव्यवहार के बीच भी अपनी आभा का प्रसार करने वाली प्रेमज्योति का महत्त्व कुछ कम नहीं।

जायसी ऐकान्तिक प्रेम की गूढ़ता और गम्भीरता के बीच में जीवन के और अंगों के साथ भी उस प्रेम के सम्पर्क का स्वरूप कुछ दिखाते गए हैं, इससे उनकी प्रेमगाथा पारिवारिक और सामाजिक जीवन से विच्छिन्न होने से बच गई है।पर है वह प्रेमगाथा ही, पूर्ण जीवनगाथा नहीं। ग्रन्थ का पूर्वार्ध-आधे से अधिक भाग-तो प्रेममार्ग के विवरण से ही भरा है।उत्तरार्ध में जीवन के और अंगों का सन्निवेश मिलता है पर वे पूर्णतया परिस्फुट नहीं हैं। में भावात्मक और व्यवहारात्मक दोनों शैलियों का मेल है।

दाम्पत्य प्रेम के अतिरिक्त मनुष्य की और वृत्तियाँ, जिनका कुछ विस्तार के साथ समावेश है, वे यात्रा, युद्ध, सपत्नीकलह, मातृस्नेह, स्वामिभक्ति, वीरता, छल और सतीत्व हैं। पर इनके होते हुए भी पद्मावत को हम शृंगार रस प्रधान काव्य ही कह सकते हैं। रामचरित के समान मनुष्य जीवन की भिन्न भिन्न बहुत सी परिस्थितियों और सम्बन्धोंय का इसमें समन्वय नहीं है।

रूपलोभ और प्रेमलक्षण

राजा रत्नसेन तोते के मुँह से पद्मावती का अलौकिक रूपवर्णन सुन जिस भाव की प्रेरणा से निकल पड़ता है वह पहले रूपलोभ ही कहा जा सकता है।

प्रेमलक्षण उसी समय दिखाई पड़ता है जब वह शिवमन्दिर में पद्मावती की झलक देख बेसुध हो जाता है। इस प्रेम की पूर्णता उस समय स्फुट होती है जब पार्वती अप्सरा का रूप धारण करके उसके सामने आती हैं और वह उनके रूप की ओर ध्यान न देकर कहता है कि-

भलेहि रंग अछरी तोर राता।
मोहि दुसरे सौं भाव न बाताए।।

उक्त कथन से रूपलोभ की व्यंजना नहीं होती, प्रेम की व्यंजना होती है।

जायसी के वर्णन में संयोग और वियोग दोनों का मिश्रण है। रत्नसेन का नाम तक सुनने के पहले वियोग की व्याकुलता कैसे हुई, इसका समाधान कवि के पास यदि कुछ है तो रत्नसेन के योग का अलक्ष्य प्रभाव–

पदमावति तेहि जोग सँजोगा।
परी प्रेम बस गहे वियोगा।।

नागमती का प्रेम

साधनात्मक रहस्यवाद में योग जिस प्रकार अज्ञात ईश्वर के प्रति होता है उसी प्रकार सूफियों का प्रेमयोग भी अज्ञात के प्रति होता है। पद्मावती के नवप्रस्फुटित प्रेम के साथ साथ नागमती का गार्हस्थ्य परिपुष्ट प्रेम भी अत्यन्त मनोहर है। पद्मावती प्रेमिका के रूप में अधिक लक्षित होती है, पर नागमती पतिप्राण हिन्दू पत्नी के मधुर रूप में ही हमारे सामने आती है। उसे पहले पहल हम रूपगर्विता और प्रेमगर्विता के रूप में देखते हैं। ये दोनों प्रकार के गर्व दाम्पत्य सुख के द्योतक हैं।

नागमती का वियोग

जायसी के भावुक हृदय ने स्वकीया के पुनीत प्रेम के सौन्दर्य को पहचाना। नागमती का वियोग हिन्दी साहित्य में विप्रलम्भ श्रृंगार का अत्यन्त उत्कृष्ट निरूपण है। पुरुषों के बहुविवाह की प्रथा से उत्पन्न प्रेममार्ग की व्यावहारिक जटिलता को जिस दार्शनिक ढंग से कवि ने सुलझाया है वह ध्यान देने योग्य है। नागमती और पद्मावती को झगड़ते सुनकर दक्षिण नायक राजा रत्नसेन दोनों को समझाता है-

एक बार जेइ प्रिय मन बूझा। सो दुसरे सौं काहे क जूझा।
ऐस ज्ञान मन जान न कोई। कबहूँ राति , कबहूँ दिन होई।
धूप छाँह दूनौ एक रंगा। दूनों मिले रहहिं एक संगा।
जूझब छाँड़हु , बूझहु दोऊ। सेव करहु, सेवाफल होऊ।

ऊपर की चौपाइयों में पति पत्नी के पारस्परिक प्रेमसम्बन्धों की बात बचाकर सेव्य-सेवक भाव पर जोर दिया गया है। इसी प्रकार की युक्तियों से पुरानी रीतियों का समर्थन प्रायः किया जाता है। हिन्दुओं और मुसलमानों दोनों में कई स्त्रियों से विवाह करने की रीति बराबर से है। अतः एक प्रेमगाथा के भीतर भी जायसी ने उसका सन्निवेश करके बड़े कौशल से उसके द्वारा मत सम्बन्धी विवाद शान्ति का उपदेश निकाला है।

शैली

जायसी ने इस महाकाव्य की रचना दोहा-चौपाइयों में की है। जायसी संस्कृत, अरबी एवं फारसी के ज्ञाता थे, फिर भी उन्होंने अपने ग्रंथ की रचना ठेठ अवधी भाषा में की। इसी भाषा एवं शैली का प्रयोग बाद में गोस्वामी तुलसीदासजी ने अपने ग्रंथरत्न रामचरित मानस में किया। पद्मावत की भाषा अवधी है। चौपाई नामक छंद का प्रयोग इसमे मिलता है। इनकी प्रबंध कुशलता कमाल की है। जायसी के महत्व के सम्बन्ध में बाबू गुलाबराय लिखते है–

"जायसी महान कवि है, उनमें कवि के समस्त सहज गुण विद्यमान है। उन्होंने सामयिक समस्या के लिए प्रेम की पीर की देन दी। उस पीर को उन्होंने शक्तिशाली महाकाव्य के द्वारा उपस्थित किया। वे अमर कवि है।"

जायसी ने पद्मावत के माध्यम से हिन्दू और मुसलमानों की पृथक संस्कृतियों, धर्मो, मान्यताओं एवं परंपराओं के बीच समन्वय तथा प्रेम का निर्झर प्रवाहित किया। वैष्णवों के ईश्वरोन्मुख प्रेम एवं सूफियों के रहस्यवाद को जायसी ने मिला दिया है। पद्मावत जायसी की काव्य-कला का उत्कृष्ट उदाहरण है। हिन्दी के महाकाव्यों में तुलसीकृत रामचरित मानस के बाद पद्मावत की समकक्षता में कोई भी ग्रंथ नहीं ठहरता। साहित्यिक रहस्यवाद एवं दार्शनिक सौन्दर्य से परिपुष्ट जायसी की यह कृति उनकी कीर्ति को अमर रखेगी, इसमें संदेह नहीं है। उनकी दूसरी प्रसिद्ध पुस्तक अखरावट है, जिसमें वर्णमाला के एक-एक अक्षर पर सूफी सिद्धांतों से संबंधित बातों का विवेचन है। आखिरी कलाम में मृत्यु के बाद जीव की दशा तथा कयामत के अंतिम न्याय का वर्णन है।

सन्दर्भ-ग्रन्थ सूची

- हिन्दी अनुसंधान (गूगल पुस्तक य लेखक - विजय पाल सिंह)
- हिन्दीकुंज : हिन्दी साहित्य व भाषा की वेब पत्रिका
- हिन्दी के बारे में सम्पूर्ण जानकारी (अंग्रेजी)
- हिन्दी में करियर (रोजगार समाचार)
- हिन्दी हितार्थ - हिन्दी के विकास के विभिन्न पहलुओं से सम्बन्धित लेखों का संग्रह
- हिन्दी साहित्य कोश भाग-2 (नामवाची शब्दावली) पृ-409
- राजभाषा हिन्दी (गूगल पुस्तक य लेखक - भोलानाथ तिवारी)
- हिंदी भाषा के विकास में पत्र-पत्रिकाओं का योगदान (प्रो. ऋषभदेव शर्मा)
- विश्व में हिंदी फिर पहले स्थान पर (डॉ. जयंती प्रसाद नौटियाल द्वारा कृत भाषा शोध अध्ययन 2007 का निष्कर्ष)
- शब्दांकन : हिन्दी की ई-पत्रिका
- हिन्दीऋनेस्ट : हिन्दी की विविध सामग्री से परिपूर्ण साहित्यिक पत्रिका
- अनुभूति : विश्वजाल पर हिंदी की पद्य पत्रिका
- अनुरोधरू भारतीय भाषाओं के प्रतिष्ठापन को समर्पित जाल-पत्रिका
- हिन्दी : गानों की भाषा, किसानों की भाषा, विद्वानों की भाषा
- हिन्दी-पुस्तकालय - सम्पूर्ण देश के विश्वविद्यालयों में पढ़ाये जाने वाले हिन्दी साहित्य के पाठ्यक्रम तथा उससे संबंधित तमाम जानकारियां एवं पाठ्य सामग्री का संग्रह
- देवनागरी परिचय (अंग्रेजी)
- हिन्दी वर्णमाला (अंग्रेजी)

- हिन्दी फ्रेजबुक (अंग्रेजी)
- हिन्दी माध्यम से 50 भाषाएँ सीखें
- जनमानस (हिन्दी भाषा मंच)
- कविता कोश : हिन्दी काव्य का अकूत खजाना
- सृजनगाथा : साहित्य, संस्कृति और भाषा की गंभीर एकमात्र पत्रिका
- अभिव्यक्ति : हिंदी की वेब पत्रिका
- नाटक का इतिहास। जनमानस-एक हिन्दी मंच। 2 अक्टूबर 2009। अजय सिंह

■■■